LIBANIOS

DISCOURS

XXXIV, XXXV & XXXVI

COLLECTION DES UNIVERSITÉS DE FRANCE
publiée sous le patronage de l'ASSOCIATION GUILLAUME BUDÉ

LIBANIOS

DISCOURS

XXXIV, XXXV & XXXVI

TEXTE ÉTABLI ET TRADUIT
PAR
CATHERINE BRY
Docteur en études grecques de l'EPHE

PARIS

LES BELLES LETTRES

2020

Conformément aux statuts de l'Association Guillaume Budé, ce volume a été soumis à l'approbation de la commission technique, qui a chargé Mme Catherine Saliou et M. Michel Casevitz d'en faire la révision et d'en surveiller la correction en collaboration avec Mme Catherine Bry.

© 2020. Société d'édition Les Belles Lettres
95 boulevard Raspail, 75006 Paris
www.lesbelleslettres.com

ISBN : 978-2-251-00637-6
ISSN : 0184-7155

INTRODUCTION

Outre qu'ils se suivent dans l'édition de référence de R. Foerster dont nous suivons ici la numérotation, les discours XXXIV, XXXV et XXXVI de Libanios présentent des caractéristiques communes qui en justifient la publication dans un même volume.

Il s'agit en effet de compositions rapprochées dans le temps : ces discours datent tous de la seconde moitié de la décennie 380. Libanios est alors un homme âgé. Né en 314, il a plus de soixante-dix ans, ce qui ne nuit pourtant pas à sa fécondité rhétorique. La période et ses aléas nécessitent en outre de nombreuses prises de position du sophiste antiochéen qui espère atteindre ainsi un grand nombre de ses concitoyens et jusqu'aux fonctionnaires impériaux.

Les difficultés à l'origine de ces trois discours sont d'ordre personnel et concernent essentiellement les conditions dans lesquelles Libanios exerce son métier de professeur de rhétorique. Mis en cause par un pédagogue qui critique ses méthodes de travail et sa manière de diriger sa classe, Libanios doit se défendre (discours XXXIV). Ses anciens élèves n'exerçant pas comme il se doit leurs fonctions de curiales et restant mutiques au cours des séances de la curie municipale, la réputation de l'enseignant est encore une fois mise à mal car on juge l'expertise d'un professeur au niveau d'excellence de ceux qu'il a formés (discours XXXV). Enfin, la magie noire mise en œuvre contre Libanios au sein même de l'école d'Antioche témoigne de l'hostilité de certaines personnes à son encontre, ces ennemis pouvant être des collègues. Cette situation est d'autant plus pénible que les Antiochéens ne sont pas sensibles aux malheurs du maître et ne lui témoignent aucune sympathie à cette occasion. Les discours XXXIV, XXXV et XXXVI partagent donc une thématique scolaire. Ils constituent à eux seuls un témoignage éclairant sur l'enseignement de la rhétorique grecque dans l'empire romain d'Orient et sur les problèmes que même un professeur de renom dans cette discipline pouvait rencontrer.

Ce travail est l'aboutissement d'une thèse de Doctorat de IIIᵉ cycle (*Discours XXXIV, XXXV, XXXVI et XLIII de Libanios, édition, traduction et commentaire*) entreprise sous la direction de Pierre-Louis Malosse, professeur de grec à l'université Paul Valéry Montpellier III et lui-même éditeur et traducteur de Libanios (*Discours LIX*, tome IV). La maladie de Pierre-Louis Malosse, puis son décès survenu trop tôt l'ont empêché d'accompagner ce travail jusqu'au bout. La thèse a ensuite bénéficié de l'expertise de Catherine Saliou, Professeur d'histoire romaine à l'université Paris VIII, directeur d'études à l'EPHE et auteur des commentaires sur le *Discours XI*, *Antiochicos* de Libanios (tome III), qui a accepté d'en reprendre la direction.

L'auteur de ce volume tient à exprimer ici sa profonde reconnaissance à ces deux professeurs qui l'ont successivement aidée et soutenue. Elle souhaite aussi remercier les membres du jury de soutenance pour leurs remarques et commentaires bénéfiques et bienveillants ainsi que les réviseurs de cet ouvrage, tous ayant contribué à son amélioration.

LA TRADITION MANUSCRITE

Les discours XXXIV, XXXV et XXXVI[1] de Libanios ont fait l'objet de plusieurs éditions, aux XVIIe, XVIIIe puis XXe siècles. La plus récente, réalisée par R. Foerster pour Teubner en 1906, est une référence mais elle ne correspond plus aux conventions modernes d'édition. Il était indispensable de la reprendre en questionnant certains choix effectués : ajouts ou suppressions d'éléments textuels ainsi que conjectures allant à l'encontre de toute la tradition.

Les apparats critiques de R. Foerster sont négatifs, ce qui n'en simplifie pas la lecture, et chargés : y figurent les variantes d'accentuation, d'orthographe, les abréviations ou ligatures, les conjectures d'éditeurs comme F. Morel (XVIIe siècle) et J. Reiske (XVIIIe siècle) ou de philologues modernes. Les plus fréquemment cités sont G. Cobet

---

1. Dans les développements relatifs à l'histoire des textes, les discours sont numérotés selon la tradition, c'est-à-dire en fonction de l'ordre adopté dans les manuscrits A et C. Dans son édition des œuvres de Libanios, R. Foerster a toutefois adopté une autre numérotation à la suite du discours XI. Pour les distinguer, on emploie habituellement les chiffres romains en référence à l'édition R. Foerster et les chiffres arabes en référence à la tradition manuscrite. Pour les discours XXXIV et XXXV, les deux numérotations se rejoignent mais il est à noter que le discours XXXVI chez R. Foerster correspond en fait au discours 37 selon la tradition.

(XIXe siècle) et C. Sintenis[2] (XIXe siècle). On y trouve aussi des références à M. Chrysocéphale qui rassembla autour de 1345 des extraits des discours de Libanios dans *Rhodonia*[3] et à M. Planude[4].

Cette nouvelle édition propose à plusieurs reprises une version des discours légèrement différente de celle de R. Foerster ; nous avons alors choisi d'inclure ses conjectures dans l'apparat critique, et d'y associer le nom des éditeurs ou philologues modernes qu'il avait suivis, le cas échéant, considérant ces informations comme partie intégrante de l'histoire des textes.

Les apparats sont positifs et ne font pas état de certaines variantes orthographiques : fautes d'iotacisme entraînant la confusion entre les graphies ι /ει /η /υ /οι par exemple, redoublements ou simplifications de consonnes, présence ou absence d'iota souscrit ou adscrit, fautes d'esprit et d'accent sauf lorsque ces écarts ont une valeur morphologique et donc sémantique.

Tous les manuscrits qui ont été utilisés pour l'établissement de ces apparats et la grande majorité des autres ont été collationnés par nos soins, soit sous forme de microfilms conservés au centre Libanios de Montpellier ou à l'IRHT, soit directement à la Bibliothèque Vaticane à Rome.

Ces manuscrits ont déjà été décrits notamment par R. Foerster dans son édition complète des œuvres de Libanios puis par J. Martin et P.-L. Malosse. À partir

2. Le nom de Gisbertus Koenius (1742-1826) est cité aussi dans l'apparat critique du discours XXXIV (R. Foerster, vol. III, p. 200) pour avoir proposé une correction au texte (§ 19) dans : *Gregorii Corinthii et aliorum grammaticorum Libri de dialectis linguae graecae ; quibus additur nunc primum editus Manuelis Moschopuli Libellus de vocum passionibus. Recensuit et cum notis Gisb. Koenii, Fr. Jac. Bastii, Jo. Franc. Boissonadi suisque edidit Godofr. Henr. Schaefer. Accedit Fr. Jac. Bastii commentatio palaeographica*, Leipzig, 1811.

3. Pour une description de cet ouvrage, voir R. Foerster, vol. I, fasc. II, p. 351-352.

4. Voir R. Foerster, vol. I, fasc. I, p. 73-74.

de ces travaux et de certaines de nos observations personnelles, nous avons réuni des informations présentant chacun d'entre eux dans son ensemble[5]. Certaines ont par
ailleurs servi de base à des hypothèses relatives à l'histoire de la tradition. Suit l'étude de détail des textes et des
liens entre les différentes copies. Ces collations sont
toutes précédées du numéro de discours, de paragraphe
puis de ligne dans notre édition. Parce qu'elles ont en
commun une part de leur histoire, les trois pièces oratoires
y sont regroupées autant que possible.

Leurs stemmas sont présentés à la fin de ce chapitre. Ils
tiennent compte des travaux de J. Martin dans les années
90 qui ont corrigé l'histoire des textes telle qu'elle avait
été fixée par R. Foerster.

La bibliographie qui suit présente les éditeurs de Libanios, d'abord ceux des discours XXXIV, XXXV, XXXVI
— nous y citons aussi les philologues dont les conjectures
ont influencé l'édition de R. Foerster — puis, de manière
plus générale, tous ceux qui ont fourni dans leurs travaux
d'édition des descriptions des manuscrits présentés ci-
dessous.

LES MANUSCRITS

Dans les descriptions ci-dessous, les chiffres arabes
renvoient à la numérotation de la tradition (manuscrits A
et C), les chiffres romains à celle adoptée par R. Foerster
(pour nos discours : 34/XXXIV, 35/XXXV, 37/XXXVI).
Par souci de simplification, le titre des discours ne figurant pas dans la tradition sont abrégés en *Daphné* pour la
Monodie sur le temple d'Apollon à Daphné et en *Danseurs* pour *Contre Aristide en faveur des danseurs*.

---

5. Les indications bibliographiques sont fournies dans chaque des-
criptif de manuscrit.

Monacensis gr. **483** (A)

BIBLIOGRAPHIE :
R. Foerster 1903, vol. I, p. 15-20
J. Martin 1979, p. 52-59
J. Martin 1988, p. 13-15
Manuscrit numérisé par la Bayerische Staatsbibliothek.

Parchemin, 230 × 175 mm environ, 265 folios

A ancien

DATATION :
Xe-XIe s.

DISCOURS ET FOLIOTATION :
34/XXXIV (f. 157v-161r)
35/XXXV (f. 161r-164v)
37/XXXVI (f. 167r-169r)

Ce manuscrit, provenant d'Augsbourg, a été transféré
en 1806 à la Bibliothèque nationale de Bavière, à Münich.

A est constitué de deux ensembles : A ancien (Xe-XIe s.)
et A récent (XIVe s.). Les discours 34, 35 et 37/XXXVI se
trouvent dans A ancien.

À l'origine, le manuscrit présentait les mêmes discours
que C, dans le même ordre, et contenait au moins qua-
rante-deux quaternions et un cahier final. Mais il a subi
des pertes : les plus anciennes ont été réparées – A a été
complété à l'aide de C ancien au XIVe siècle – ; d'autres,
ultérieures, ne l'ont pas été.

On y trouve, en marge, des variantes signalées par les
mentions γρ(άφεται) ou ἐν ἄλλῳ et très certainement de
la main du scribe principal, bien que d'une écriture plus
lâche. Ces variantes renvoient à un autre manuscrit que C,
puisqu'elles ne figurent pas dans ce dernier et se
retrouvent, pour certaines, dans le *Vindobonensis phil. gr.*
93 (V). Il existe donc une source principale et une source
auxiliaire pour A ancien.

C, DESCENDANT DE A

Vaticanus Chisianus R VI 43 (C)

BIBLIOGRAPHIE :
R. Foerster 1903, vol. I, p. 10-15
J. Martin 1979, p. 41-51
J. Martin 1988, p. 13-17

Parchemin, 275/280 × 205 mm environ, 406 folios

C récent

DATATION :
XIVe s.

DISCOURS ET FOLIOTATION :
34/XXXIV (f. 269r-271v)
35/XXXV (f. 271v-274v)
37/XXXVI (f. 276r-277v)

Ce manuscrit, faisant partie de la collection de Fabio Chigi, pape Alexandre VII de 1655 à 1667, a été transféré au Vatican en 1923.

Comme A, C est constitué de deux ensembles : C ancien (X^e-XIe s.) et C récent (XIVe s.). Les discours 34, 35 et 37/XXXVI se trouvent dans C récent.

XIVe s.

La partie ancienne (C ancien), datant du Xe ou XIe siècle et comprenant les discours 1 à 32 (folios 42 à 264) est complétée à l'aide de A ancien (ajout des folios 265 à 403 correspondant aux discours 33 à 62). La perte des quaternions 36 et 37 a fait disparaître en grande partie le discours 54 (*Apologie de Socrate*) de A ancien et cette lacune se retrouve dans C récent.

Fin du XIVe s.

Sont ajoutés par un copiste les folios 1 à 37 correspondant à des déclamations et les folios 183-184 complétant le discours 20, resté tronqué. L'écriture n'est pas la même que celle des folios 265 à 403 et la source n'est plus A qui présente des lacunes.

Fin du XIVe s.-Début du XVe s.

Une table des matières et des feuillets sont ajoutés pour compléter certains discours lacunaires, ainsi que les folios 41 et 404-406. Les folios 38-40, restés blancs, sont complétés. Ces dernières interventions seraient l'œuvre, selon A. Thuryn, de Johannes Chortasmenos (mais voir le commentaire de J. Martin 1979, p. 50-51).

MANUSCRITS DESCENDANTS DE C

L'ordre des discours adopté dans les trois manuscrits suivants présente les mêmes écarts par rapport à celui des manuscrits A et C. Cet ordre est donc précisé entre parenthèses et les séries identiques d'un discours à un autre sont notées selon le même code (chiffres en gras, italiques ou soulignés).

Patmiacus 471 (Pa)

BIBLIOGRAPHIE :
R. Foerster 1903, vol. I, p. 41-44 ; p. 69
J. Martin 1979, p. 63-66
P.-L. Malosse 2003, p. 92-93

Papier, 340 folios

DATATION :
XIVes.

DISCOURS ET FOLIOTATION :
34/XXXIV (f. 270-274)

Ce manuscrit, incomplet au début, contient des lettres de Démétrios Cydonès, un choix de trente-huit discours libaniens (1, 7, 8, 4, **3, 5, 6,** 16, 13, 17, 11, 14, *Danseurs*, 50, *20, 19, 25, 12, 15*, <u>18, 21, 22, 39, 31, 26, 59</u>, 41, 47, 42, 34, 2, ***27, 28, 23***, 61, 62, 29, 40), puis un discours d'Aelius Aristide.

Vaticanus gr. **939 (Vat. 939)**

BIBLIOGRAPHIE :
R. Foerster 1903, vol. I, p. 44-47
J. Martin 1979, p. 63
J. Martin 1988, p. 15-16
H. Hunger 1997, p. 125
P.-L. Malosse 2003, p. 94
Manuscrit numérisé par la Biblioteca Apostolica Vaticana.

Papier, 205 folios

DATATION :
Fin du XIVe s.

DISCOURS ET FOLIOTATION :
34/XXXIV (f. 170-172r)
35/XXXV (f. 172r-174r)

Ce manuscrit est constitué de trois ensembles : le premier présente des déclamations et une lettre, le deuxième (folios 41-174), les discours 61, 20, 19, 23, 24, 25, 26, 27, 30, <u>**12, 15, 11, 50, 62, 53, 2**</u>, **3, 5, 6,** <u>16, 17, 13, 14, 34, 35</u>) puis une lettre de Démétrios Cydonès. Des notes et corrections pourraient être de la main de Johannes Chortasmenos. Le troisième ensemble (folios 175r-205), d'une seconde main, réunit les discours 1, 7, 8, 4, le début de 3, *Danseurs* et trois lettres de Démétrios Cydonès.

Laurentianus 57. 27 (Laur.)

BIBLIOGRAPHIE :
R. Foerster 1903, vol. I, p. 59-64
J. Martin 1979, p. 62-63 ; p. 64-67
P.-L. Malosse 2003, p. 94

Papier, 215 × 140 mm environ, 558 folios
Manuscrit numérisé par la Biblioteca Medicea
Laurenziana.

DATATION :
1392

DISCOURS ET FOLIOTATION :
Double foliotation (angles supérieur et inférieur)
34/XXXIV (f. 469r/472r-f. 473r/476r)
35/XXXV (f. 474r/477r-f. 479r/482r)

Ce manuscrit en deux volumes reliés est signé Théopemptos. Les folios 89r-183v sont de la main d'un autre scribe.

Le premier volume contient les déclamations, le second un choix de discours libaniens selon l'ordre suivant : 1, **3, 5, 6,** 16, 17, 13, 14, lettre attribuée à Démétrios Cydonès, *20, 19, 25, **12, 15,** 11, 50, 62, 53, 2*, *27, 28, 23*, 34, 35, 61, *Danseurs,* 18, 21, 22, 39, 31, 26, 59.

SOUS-FAMILLE DE C :
LES DESCENDANTS DU LAURENTIANUS 57. 27

Ces deux manuscrits composites, réalisés à Florence, forment avec le *Vaticanus Ottobonianus gr.* 69 un

ensemble présentant de grandes similitudes (format, fili-
granes, types d'écriture...)

DATATION :
Vers 1515-1535

Monacensis gr. **101 (Mo)**

BIBLIOGRAPHIE :
R. Foerster 1903, vol. I, p. 220-222
J. Martin 1988, p. 50-57
P.-L. Malosse 2003, p. 94

Papier filigrané, 269 folios

DISCOURS ET FOLIOTATION :
34/XXXIV (f. 173-177)
35/XXXV (f. 177v-182)

Le *Monacensis gr.* 101 et le *Monacensis gr.* 113 constituent un manuscrit unique, le premier complétant le
second. L'ensemble ainsi formé renferme trois séries de
textes libaniens. C'est l'œuvre de trois scribes.
Le *Monacensis gr.* 101 est en majeure partie de la
troisième écriture. Il contient la deuxième série de discours libaniens, dont les discours 34 et 35, présentés
dans l'ordre suivant : *20, 19, 25, **12, 50, 62, 53**, 27, 28,
34, 35, 31.*

Mutinensis gr. **181 α.J.4.5 (Mu)**

BIBLIOGRAPHIE :
R. Foerster 1904, vol. II, p. 48-50
J. Martin 1988, p. 53-57
P.-L. Malosse 2003, p. 94

Papier filigrané, 320 × 230 mm environ, 201 folios

DISCOURS ET FOLIOTATION :
34/XXXIV (f. 184-188)
35/XXXV (f. 188v-193)

Le *Mutinensis gr.* 181 *a*.J.4.5 constitue un manuscrit unique avec le *Mutinensis gr.* 236 *a*.H.6.30. Les discours 34 et 35 y apparaissent dans une série obéissant au même ordre que dans Mo : 53, 27, 28, 34, 35, 31.

AUTRES DESCENDANTS DE A

Vindobonensis phil. gr. 93 (V)

BIBLIOGRAPHIE :
R. Foerster 1903, vol. I, p. 35-39
H. Hunger 1961, p. 201-202
A. Turyn 1974, tab. 128
J. Martin 1979, p. 78-81
J. Martin 1988, p. 22

Papier, 280 × 210 mm environ, 312 folios

DATATION :
Vers 1335-1345

DISCOURS ET FOLIOTATION :
34/XXXIV (f. 190v-195v)
35/XXXV (f. 195v-201r)
37/XXXVI (f. 205v-208r)

Ce manuscrit contient un choix de quarante-trois discours de Libanios. Leur ordre reproduit globalement celui qu'ils présentent dans A et C : discours 1 à 6, 15, 16, 18 à 48, *Danseurs*, 14, 17, 13. Les discours de A omis par V (7 à 12) ou placés comme compléments (13, 14, 17) correspondent à des quaternions perdus de A ancien. V descend donc de A avant restauration. Selon J. Martin, l'existence d'un intermédiaire est possible du fait de certaines particularités de V. Les annotations et scholies marginales sont de la main du scribe.

Des folios restent blancs.

Plus tardivement au XIVe s.

Le manuscrit est révisé. Les parties vides sont complétées avec des textes de différents auteurs. Des notes et variantes empruntées à C ou à ses descendants pourraient relever de la main de Démétrios Cydonès.

Vaticanus Urbinas gr. 125 (u)

BIBLIOGRAPHIE :
R. Foerster 1903, vol. I, p. 214-216
B. L. Fonkitch 1979, p. 161-162 ; pl. 12, 13, 16, 17
J. Martin 1988, p. 17-22
P.-L. Malosse 2003, p. 95-96
G. De Gregorio 2014, p. 178-179, n. 2
Manuscrit numérisé par la Biblioteca Apostolica
Vaticana.

Papier oriental, 240 × 160 mm environ, 309 folios

DATATION :
Autour de 1300

DISCOURS ET FOLIOTATION :
35/XXXV (f. 120v-124v)

Il s'agit d'un ouvrage collectif, résultat, selon B. L. Fonkitch, de la collaboration de neuf scribes ; le scribe principal pourrait être Planude qui aurait supervisé, corrigé et complété lui-même le travail. Les folios où se trouve le discours 35 n'appartiennent pas au groupe de ceux qui seraient son œuvre. En revanche, il serait l'auteur des notes marginales du folio 123v. Une main plus récente

a repassé des bas de pages abîmés par l'humidité –
B. L. Fonkitch distingue cinq mains du xve s. qui ont complété et annoté le manuscrit –.

Outre vingt-huit discours de Libanios, le manuscrit contient des textes d'autres auteurs.

Les folios 136v et 137, d'abord réservés pour être complétés plus tard par le discours 17, révèlent que le premier modèle de *u* était A avant restauration puisqu'on y trouve la même lacune. *u* est une copie de A pour tous ses discours conservés par A ancien, ce qui est le cas pour le discours 35.

Palatinus Vaticanus gr. **282 (P)**

BIBLIOGRAPHIE :
R. Foerster 1903, vol. I, p. 20-23
J. Martin 1979, p. 71-77
J. Martin 1988, p. 26
P.-L. Malosse 2003, p. 104-107
St. Serventi 2004, p. 27-28
D. Bianconi 2007, p. 9
Manuscrit numérisé par l'Universitätsbibliothek
d'Heidelberg.

Parchemin, 292 folios

DATATION :
XIVe s.
Vers 1300 (selon J. Martin)

DISCOURS ET FOLIOTATION :
34/XXXIV (f. 130r-132v)
35/XXXV (f. 132v-135v)
37/XXXVI (f. 236v-238r)

Ce manuscrit contient les discours 1 à 62 – hormis le 54 ou *Apologie de Socrate* – ainsi que *Daphné* et les *Danseurs*. L'ordre de succession des textes a été modifié et réorganisé en séries à l'intérieur desquelles l'ordre de A est généralement conservé.

R. Foerster y décèle cinq correcteurs différents, J. Martin 1988 « plusieurs scribes » dont l'un pourrait être Nicolas Triclinios (p. 26, n. 1). D. Bianconi 2007 n'y voit qu'une seule main non encore identifiée.

La filiation A, ancien et récent → P a été démontrée par J. Martin (une lacune de P dans le discours 40/XXXVIII correspond à une ligne sautée dans A ancien). P a peut-être été complété à l'aide d'autres sources.

FAMILLE DE P

Ces manuscrits, très proches, présentent les mêmes discours de Libanios et dans le même ordre, excepté pour *Daphné* omis par le *Vaticanus*.

Neapolitanus **II E 17** (*gr.* **152**) (**N**)

BIBLIOGRAPHIE :
R. Foerster 1903, vol. I, p. 211-213
A. Turyn 1973, p. 444
J. Martin 1988, p. 31-37
P.-L. Malosse 2003, p. 106
D. Bianconi 2005, p. 107 ; 116-117

Papier oriental (bombycin), 250 × 170 mm, 303 folios

DATATION :
Vers 1315

DISCOURS ET FOLIOTATION :
37/XXXVI (f. 182-183)

Ce manuscrit, mutilé au début, résulte du travail de deux scribes dont l'un serait, d'après A. Turyn, Nicolas Triclinios. Toujours selon A. Turyn, des notes, copiées de P pour certaines, seraient dues à Démétrios Triclinios. Ce dernier point est contesté par J. Martin 1988 qui voit cependant une similitude dans l'écriture des notes de N et de P.

Les discours libaniens sont suivis par des déclamations et des *progymnasmata*.

Vaticanus gr. 81 (Va)

BIBLIOGRAPHIE :
R. Foerster 1903, vol. I, p. 209-211
A. Turyn 1973, p. 444
J. Martin 1988, p. 31-37
P.-L. Malosse 2003, p. 106
D. Bianconi 2005, p. 129-30 ; 134 ; 168 ; 181 ; 187 ; 251

Papier, 233 × 150 mm, 295 folios

DATATION :
Début du XIVe s.

DISCOURS ET FOLIOTATION :
37/XXXVI (f. 250v- 252v)

L'écriture ressemble à celle de Nicolas Triclinios. Les discours retenus sont les mêmes que dans N et ils suivent le même ordre, à une exception près : *Daphné* est ici manquante. Avant les discours, le manuscrit présente la *Vie de Libanios* par Eunape. Les notes de marges, de seconde main en N, relèvent ici de l'écriture du scribe, ce qui tendrait à prouver que Va est une copie de N.

SOUS-FAMILLE DE P

MANUSCRITS MIXTES, RELEVANT EN PARTIE SEULEMENT DE L'ORDRE DE P

Marcianus gr. VIII, 9 (coll. 1038) (I)

BIBLIOGRAPHIE :
R. Foerster 1903, vol. I, p. 217-220

E. Mioni 1960, p. 132-135
A. Turyn 1973, p. 445
B. L. Fonkitch 1979, p. 161-163 et pl. 14, 15
J. Martin 1988, p. 28-29
P.-L. Malosse 2003, p. 107

Papier, 368 folios

DATATION :
Vers 1315

DISCOURS ET FOLIOTATION :
34/XXXIV (f. 164-168)
35/XXXV (f. 295-298)
37/XXXVI (f. 258-260)

Les cinq premiers folios du manuscrit datent du xve siècle ; ils présentent un index et la *Vie de Libanios* par Eunape. Suivent deux séries de discours avec deux écritures différentes selon J. Martin, une seule selon E. Mioni et A. Turyn : les folios 6r à 280r comprennent quarante-cinq discours numérotés de Libanios dont les 34 et 37/XXXVI, dans un ordre qui a à voir avec celui de P ; les folios 283r à 351v comprennent quinze discours dont le 35. L'ordre de cette seconde série s'éloigne de l'ordre de P. Suivent de 351v à 359r des *progymnasmata* (les mêmes que dans N) écrits par une nouvelle main identifiée par A. Turyn et B. L. Fonkitch comme celle de Démétrios Triclinios. Un certain nombre de notes et d'additions seraient aussi de lui selon Fonkitch, dont celles des folios 164v, 258r et 260r, concernés par nos discours. Les folios 361r-368r portent le discours 30/XXX copié par la main (J. Martin) ou une des mains des discours.

Vaticanus Barberinianus gr. **220 (B)**

BIBLIOGRAPHIE :
R. Foerster 1903, vol. I, p. 24-35

J. Martin 1979, p. 72-77
J. Martin 1988, p. 29-30
P.-L. Malosse 2003, p. 95-96
Manuscrit numérisé par la Biblioteca Apostolica
Vaticana.

Papier, 479 folios

DATATION :
Fin du XIVe s.
(XVe selon R. Foerster)

DISCOURS ET FOLIOTATION :
35/XXXV (f. 194v-197r)
37/XXXVI (f. 254r-255r)

Ce manuscrit contient un corpus presque complet de
Libanios, sauf pour les lettres. Des deux parties qui le
constituent, la première propose les *progymnasmata* puis
les discours, la seconde – à partir du folio 280 – les déclamations et un choix de lettres. Dans la première partie est
intervenue une seconde main qui a ajouté des scholies
empruntées à Thomas Magister.

L'ordre de succession des dix-sept premiers discours
est proche de celle de P même si B contient une lettre que
P ignore. Une deuxième série allant jusqu'au discours 46
reprend des sous-ensembles de *u* ; le discours 35 y figure.
À partir du discours 30, le modèle de B est plus difficile
à distinguer. On peut seulement constater que les discours
37/ XXXVI et 45/XLIII s'y succèdent comme en P, I, N
et Va.

Les marges du discours 37/XXXVI portent des
variantes écrites par la seconde main dans une encre plus
foncée. Leur source est indiquée : V81 (*Vaticanus gr.* 81)
et P 292 (*Palatinus gr.* 282). En 255v, la variante de P est
accompagnée du commentaire afférent recopié de ce
même manuscrit (définitions de ἔκδεια et ἔνδεια).

Marcianus gr. **437 (M)**

BIBLIOGRAPHIE :
R. Foerster 1903, vol. I, p. 213
J. Martin 1988, p. 30
P.-L. Malosse 2003, p. 102

Papier, 183 folios

DATATION :
Fin du XIVes.
(XVe selon R. Foerster)

DISCOURS ET FOLIOTATION :
35/XXXV (f. 158r-162r)

Ce manuscrit ne contient qu'un choix de trente-trois discours de Libanios copiés d'une seule main. Deux autres mains, peut-être même trois selon Foerster, auraient ajouté des corrections et pour la troisième, des conjectures introduites par κάλλιον.

L'ordre des dix-sept premiers discours dérive de P alors que la suite est proche de l'ordre de B et/ou de *u*. Le discours 35 appartient à cette seconde série.

DESCENDANT DE V

Parisinus Suppl.gr. **656**

BIBLIOGRAPHIE :
R. Foerster 1903, vol. I, p. 234
J. Martin 1979, p. 80-81
J. Martin 1988, p. 22

DATATION :
1455-1460

DISCOURS ET FOLIOTATION :
37/XXXVI (f. 161-163)

Ce manuscrit contient une partie de l'*Iliade*, les dis-
tiques de Dionysius Cato traduits du latin par Maxime
Planude, deux μελέται de Libanios puis ses discours 2, 3,
4, 6, 15, 19, 20, 37, 41, 46, 13. La numérotation des sept
premiers discours ne correspond pas à leur ordre de succession dans le manuscrit mais à celui qu'ils ont dans V.
Après les discours Libaniens, le traité de Plutarque περὶ
ἀρετῆς καὶ κακίας, fidèlement copié de V, garantit la
filiation entre les deux manuscrits.

DESCENDANT DE VA

Cheltenhamensis 10618

BIBLIOGRAPHIE :
R. Foerster 1903, vol. I, p. 282-284

DATATION :
XVIIᵉ/XVIIIᵉ s.

DISCOURS ET FOLIOTATION :
37/XXXVI (f. 46-48)

D'après R. Foerster, ce manuscrit serait lié à P et Va.
C'est Va qui lui aurait servi de modèle pour le discours
37/XXXVI.

*

Dix-sept manuscrits interviennent donc dans l'histoire
des discours XXXIV, XXXV et XXXVI, et douze d'entre
eux datent de la fin du XIIIᵉ siècle ou du XIVᵉ siècle – si on
exclut de ce décompte la partie récente du témoin A –, ce
qui prouve l'intérêt des érudits pour l'œuvre de Libanios

dans la Byzance des empereurs Paléologues. Cinq manuscrits nous ont transmis les trois discours, les autres n'en ont conservé qu'un ou deux. C'est le discours XXXV qui a été recopié le plus grand nombre de fois : il apparaît dans douze témoins, les discours XXXIV et XXXVI dans dix.

Les cinq manuscrits contenant la totalité de notre corpus sont :

— Le *Monacensis gr.* 483 dit *Augustanus* (A) : c'est le manuscrit le plus ancien (X^e ou XIe siècle) dont descendent tous les autres. Tous les témoins appartiennent donc à une seule et même famille.

— La partie récente du *Vaticanus Chisianus* R VI 43 (C), complétée au XIVe siècle à partir de A ancien (la filiation A → C a été établie par J. Martin 1979, p. 59).

— Trois autres manuscrits eux aussi datés du XIVe siècle : le *Palatinus Vaticanus gr.* 282 (P), le *Marcianus gr.* VIII 9 (I) et le *Vindobonensis phil. gr.* 93 (V).

Cinq manuscrits conservent deux discours sur les trois. À une exception près – le *Vaticanus Barberinianus gr.* 220 (B), daté de la fin du XIVe siècle et qui contient la quasi-totalité de l'œuvre de Libanios, sauf pour les lettres, n'a pas retenu le discours XXXIV mais les discours XXXV et XXXVI –, c'est le couple formé par les discours XXXIV et XXXV qui est représenté. L'histoire de ces deux discours et celle du discours XXXVI divergent donc quelque peu comme le font apparaître les stemmas : pour les discours XXXIV et XXXV, les descendants du *Chisianus* (C) sont présents en nombre alors qu'ils disparaissent dans la tradition manuscrite du discours XXXVI, un plus grand nombre de manuscrits venant alors de l'*Augustanus* (A) par l'intermédiaire du *Palatinus* (P).

Les discours XXXIV et XXXV figurent dans :

— Le *Laurentianus* 57. 27 (Laur.)
— Le *Monacensis gr.* 101 (Mo)
— Le *Mutinensis gr.* 181 α.J.4.5 (Mu)
— Le *Vaticanus gr.* 939 (Vat. 939).

Les sept manuscrits restants n'ont conservé qu'un seul discours sur les trois :
— Le discours XXXIV dans le *Patmiacus* 471 (Pa)
— Le discours XXXV dans le *Vaticanus Urbinas gr.* 125 (*u*) et le *Marcianus gr.* 437 (M)
— Le discours XXXVI dans le *Neapolitanus* II E 17 *gr.* 152 (N), le *Vaticanus gr.* 81 (Va), le *Parisinus* Suppl. 656 et le *Cheltenhamensis* 10618, manuscrit perdu qui est une copie de Va.

Ces premières observations peuvent contribuer à la reconstitution de l'histoire des trois discours.

Les manuscrits qui nous ont transmis les textes de notre corpus appartenant tous à une seule famille issue de l'*Augustanus Monacensis* 483 (A), plus précisément des parties anciennes de ce manuscrit qui datent du Xe ou XIe siècle, leur histoire peut paraître simple ; elle présente effectivement une certaine uniformité, comme le montre la configuration des stemmas. Cependant, elle s'avère plus délicate quand il s'agit de déterminer la généalogie d'un groupe de manuscrits en relation plus ou moins étroite avec le *Palatinus Vaticanus gr.* 282 (P) : en effet, un faisceau d'indices tend à prouver que les plus anciens de ces manuscrits (INVa), datés du début du XIVe siècle, résultent du travail des humanistes Démétrios Triclinios et Nicolas Triclinios[6] qui résidaient à Thessalonique à cette époque. Ces manuscrits ont été utilisés pour se corriger les uns les autres et les divergences entre eux sont si ténues que l'histoire de leurs relations est très difficile

---

6. Démétrios Triclinios, natif de Thessalonique, fut l'élève et le collaborateur de Maxime Planude à Constantinople. Il est connu pour avoir été le premier éditeur critique moderne des tragiques grecs. Il édita aussi Aristophane et des poètes comme Pindare, Théocrite et Hésiode. Nicolas Triclinios, peut-être son frère, évolua dans le même cercle philologique et l'assista dans ses travaux. Voir L. D. Reynolds, N. G. Wilson 1991, p. 75-78 ; J. Irigoin 1997, p. 98-103 et p. 123-137 ; E. Fryde 2000, p. 268-273.

à reconstituer. L'examen de l'ordre des discours permet de formuler des hypothèses mais ce sont les études antérieures menées par J. Martin et P.-L. Malosse sur d'autres discours présentés par ces mêmes manuscrits qui nous apportent surtout une aide inestimable.

LES RELATIONS ENTRE L'*AUGUSTANUS* ET LE *CHISIANUS*

Ce qui a été dit par J. Martin sur la filiation entre A ancien → C récent se trouve confirmé par l'étude des trois discours. Plusieurs types de preuves étayent cette filiation :

— Les discours XXXIV, XXXV et XXXVI figurent dans A ancien et C récent dans le même ordre de succession.

— Les textes proposés par A ancien et C récent sont très proches.

— Les variantes de C par rapport à A relèvent de fautes d'orthographe (ajout ou retrait fautif d'une consonne double), d'erreurs d'inattention ou de mémorisation (oubli d'un mot ou d'une lettre dans un mot, permutation de termes[7]):

34, 26, 3 τηνάλλως A : τηνάλως C ‖ 34, 20, 7 τὸ om. C ‖ 34, 13, 23 ἐνταῦθα κατηγορεῖν A : κατηγορεῖν ἐνταῦθα C ‖ 34, 2, 1 γενέσθαι συνέβη A : συνέβη γενέσθαι C ‖ 34, 26, 4 λόγοι λόγοις A : λόγοις λόγοι C ‖ 35, 24, 12 πάντα ταῦτα A : ταῦτα πάντα C.

On relève des fautes d'iotacisme, sans conséquence ou avec conséquence pour la sémantique ; dans ce dernier

---

7. Par souci de simplifier la lecture de ces relevés, nous avons conservé les chiffres arabes pour les discours 34 et 35 qui ont la même numérotation dans la tradition et dans l'édition R. Foerster. Seul le discours XXXVI (discours 37 selon la tradition) est indiqué en chiffres romains.

cas, elles portent le plus souvent sur des formes verbales :

34, 1, 8 διαφύγοιτε A : διαφύγητε C ‖ 34, 10, 22 ἐγκαλοῖ A : ἐγκαλῇ C ‖ 35, 5, 22 καλοῖτο A : καλείτω C ‖ 35, 9, 15 εὕροι A : εὕρῃ C ‖ XXXVI, 7, 20 λέγοι A : λέγει C.

Il en va de même d'autres types de fautes (ajout ou modification d'une lettre, transformation de forme, fautes d'esprit, d'accent) :

34, 4, 13 δεδειγμένοις A : δεδεγμένοις C ‖ 35, 26, 16-17 συγγράμματι A : συγγράμμασι C ‖ XXXVI, 10, 7 τῶν A : τὸν C ‖ 34, 18, 17 ἐπιμελεῖσθαι A : ἐπιλελῆσθαι C ‖ XXXVI, 1, 7 τι A : τί C ‖ 34, 10, 18 αὐτοῖς A : αὑτοῖς C ‖ XXXVI, 4, 15 ἡμέραν A : ἡμέρα C.

Certaines formes proches par le sens sont confondues au moment de la graphie, ce qui peut traduire une bonne connaissance du grec par le copiste :

34, 12, 11 τοῦδε A : τούτου C ‖ 35, 18, 10 ἐκ βιβλίου A : ἐκ βίβλου C.

Le copiste de C adopte parfois les variantes supralinéaires de A quand celles-ci permettent de conserver un tour correct ainsi que les variantes marginales précédées de γρ :

34, 9, 12 μήτ'ἂν A : μήποτ'ἂν A^{γρ}C ‖ 34, 2, 10 τῷ A : -ὸ A^{γρ} τὸ C ‖ 35, 3, 16 φαίαιτ'ἂν A : φαίητ'ἂν A^{γρ} C ‖ XXXVI, 5, 6 μὴ A : δὴ A^{γρ}C.

Il ne suit cependant pas systématiquement les variantes de A :

34, 17, 27 ἐρεῖς AC : φῂς A^{γρ} ‖ 34, 14, 1 οἵπερ AC : οἱοίπερ A^{γρ}.

Une autre variante de C par rapport à A restitue au texte un sens satisfaisant :

35, 9, 18 φόβος A : χρόνος C.

L'existence d'une source secondaire pour le *Chisianus* est attestée par la présence dans son texte d'un γρ renvoyant à un autre manuscrit que A :

34, 19, 1 παρὰ πάντων AC : παρὰ πάντων θεατῶν A^γρ παρὰ πάντων τῶν θεατῶν C^γρ.

J. Martin 1979, p. 89, évoque bien l'existence d'un manuscrit contemporain de A et C anciens et dont une partie aurait subsisté jusqu'au XIVe siècle, époque à laquelle l'*Augustanus* et le *Chisianus* furent complétés. Le *Parisinus gr.* 3016, du XIVe siècle lui aussi, en porterait d'« excellentes » leçons s'opposant, du moins pour les discours 56 à 61 (LIII à LVIII Foerster), à celles de A ancien et C récent.

Les descendants du *Chisianus*

Aucun des descendants du *Chisianus* ne contient le corpus complet. Tous, mis à part le *Patmiacus* 471 (Pa) qui n'a transmis que le discours XXXIV, ont opéré le même choix des deux discours XXXIV et XXXV, preuve supplémentaire de leur affiliation.

Le groupe est formé de cinq manuscrits : au *Patmiacus* 471 (Pa) s'ajoute l'ensemble Laur.Vat.939MoMu constitué des *Laurentianus* 57. 27, *Vaticanus gr.* 939, *Monacensis gr.* 101 et *Mutinensis gr.* 181 (α.J.4.05). Les trois premiers datent du XIVe siècle, les deux derniers du XVIe.

Ils partagent avec C un grand nombre de ses divergences avec A ancien, ce qui prouve qu'ils ne descendent pas directement de A. Dans les collations suivantes, le sigle Mu est barré lorsque l'état du manuscrit endommagé par l'humidité en a rendu toute lecture impossible.

34, 1, 8 διαφύγοιτε A : διαφύγητε CPaVat.939Laur.MoMu ‖ 34, 2, 10 τῷ A : -ὸ A^γρ τὸ CPaVat.939Laur.MoMu ‖ 34, 10, 18 αὐτοῖς APa : αὐτοῖς CVat.939Laur.MoMu ‖ 34, 18, 17 ἐπιμελεῖσθαι APa : ἐπιλελῆσθαι CVat.939Laur.MoMu ‖ 34, 26, 4 λόγοι λόγοις A : λόγοις λόγοι CPaVat.939Laur.MoMu.

Dans certains cas, C et sa famille dérogent à toute la tradition manuscrite (rell.) :

34, 2, 1 συνέβη γενέσθαι CPaVat.939Laur.MoMu : γενέσθαι συνέβη rell. ‖ 34, 4, 13 δεδεγμένοις CPaVat.939Laur.MoMu : δεδειγμένοις rell. ‖ 34, 10, 19 τῶν ὅτι τῶν CPaVat.939Laur.MoMu : τὸν ὅτι τῶν rell. ‖ 34, 10, 24 δι' ὑμῶν CPaVat.939Laur.MoMu : δι'ἡμῶν rell. ‖ 34, 12, 11 τούτου CPaVat.939Laur.MoMu : τοῦδε rell. ‖ 34, 20, 7 τὸ om. CPaVat.939Laur.MoMu ‖ 35, 5, 22 καλείτω CVat.939Laur.MoMu : καλοῖτο rell. ‖ 35, 18, 10 ἐκ βίβλου CVat.939Laur.MoMu : ἐκ βιβλίου rell. ‖ 35, 9, 15 εὕρῃ CVat.939Laur.MoMu : εὕροι rell. ‖ 35, 26, 16-17 συγγράμμασι CVat.939Laur.MoMu : συγγράμματι rell.

Il arrive, rarement, que ses descendants contredisent C :

34, 13, 22 ἐβλάψατε ACPa : ἐβλέψατε Vat.939Laur.MoMu ‖ 34, 13, 24 ἐπεθυμεῖτε ACPa : ἐπιθυμεῖτε Vat.939Laur.MoMu.

Patmiacus 471 (Pa)

Le discours XXXIV est le seul de notre corpus à avoir été retenu par le *Patmiacus*. Il s'agit certainement du manuscrit le plus ancien du groupe. C'est celui qui déroge quelque peu à l'ordre de succession des discours commun aux manuscrits de cette famille dont il s'éloigne à partir du discours 15 et qui s'écarte parfois de C pour rejoindre A :

34, 27, 17 ἴσον τόκον APa : ἴσω τήκον CLaur.MoMu ἴσω ///// Vat.939 ‖ 34, 18, 17 ἐπιμελεῖσθαι APa : ἐπιλελῆσθαι CVat.939Laur.MoMu.

C'est aussi le manuscrit qui fait preuve d'une singulière originalité dans certains choix de leçons et s'oppose ainsi à toute la tradition (rell.) :

34, 8, 7 φωνάς Pa : τιμάς rell.

Cette leçon a été conservée dans l'édition de Foerster et l'est aussi dans la nôtre. Elle ne relève pas du copiste principal mais d'une seconde main qui a repris le texte, lui a ajouté des gloses marginales ou supralinéaires et l'a corrigé, tantôt en faisant référence à un autre manuscrit par le biais de l'indication γρ, tantôt sans cette indication. Or, l'originalité du manuscrit relève uniquement de ce second scribe dont les propositions non pourvues du signe γρ révèlent une lecture attentive du discours, une bonne connaissance du grec et un sens de la correction propre à en révéler le sens : quand Libanios évoque le fait que ses anciens élèves ont fui Antioche au moment des émeutes de 387, il leur reproche d'avoir eu une mauvaise estimation de la situation et d'avoir eu peur de ce qui n'était pas à craindre – la répression théodosienne – tout en misant sur ce qui l'était : un départ sur des routes infestées de brigands. Tous les manuscrits descendant de C font un mauvais usage de la négation οὐ qui, mal placée, aboutit à un sens opposé au sens attendu. Seul Pa propose, après une correction qui a entraîné des grattages et des ajouts, une version cohérente que nous avons conservée tout comme R. Foerster et, avant lui, J. Reiske :

34, 8, 9-10 τὰ μὲν οὐ δεινὰ δεδοικότων Pa^pc Reiske Foerster : τὰ μὲν δεδοικότων δεινά, τὰ δὲ οὐ δεινὰ θαρρούντων ACPa^acVat.939Laur. MoMu.

D'autres leçons sont propres à Pa sans être aussi remarquables :

34, 25, 23 τοὺς νόμους Pa : τὸν νόμον rell.

Le couple *Laurentianus* 57. 27 (Laur.) et *Vaticanus gr.* 939 (Vat. 939)

Ces deux manuscrits révèlent une grande similitude. Le même constat a été établi par P.-L. Malosse 2003, p. 94, qui reconnaît que la confrontation du *Laurentianus* 57. 27 et du *Vaticanus* avec le *Patmiacus* montre que « l'originalité des fautes » est « plus grande quand elle sépare le *Patmiacus* de ses cousins que quand elle distingue ceux-ci l'un de l'autre. » Les écarts entre les deux manuscrits sont en effet insignifiants :

35, 3, 15 ὑμῖν CVat.939 : ἡμῖν Laur. ‖ 35, 6, 2 δοκεῖ Vat.939 : δοκοῖ Laur. ‖ 35, 6, 6 αὐτοὺς Vat.939 : αὐτοὺς Laur. ‖ 35, 7, 19 αὐτῷ Vat.939 : αὐτῷ Laur. ‖ 35, 24, 12 ταῦτα πάντα CVat.939 : πάντα ταῦτα Laur.

Les leçons par lesquelles ils se démarquent du *Chisianus* ne sont pas de nature à remettre en cause leur affiliation :

35, 9, 18 χρόνος C : θρόνος Laur.Vat.939 ‖ 35, 11, 6 ὀλίγον CLaur.ᵖᶜVat.939ᵃᶜ : ὀλίγως Laur.ᵃᶜVat.939ᵖᶜ ‖ 35, 12, 15 ὑμῖν εἴη C : εἴη ὑμῖν Laur.Vat.939 ‖ 35, 16, 16 πλημμελουμένων C : πλημμελημάτων Laur.Vat.939 ‖ 35, 21, 5 πρὸς Δίος C : om. Laur.Vat.939 ‖ 35, 21, 11 ἴοντες CLaur.ᵖᶜVat.939ᵖᶜ : ἴεντες Laur.ᵃᶜVat.939ᵃᶜ ‖ 35, 24, 17 ἐνεγκόν C : ἐνεγκών Laur.Vat.939 ‖ 35, 27, 21 γὰρ εἴποι τις C : γὰρ ἄν εἴποι τις Laur.Vat.939.

Parmi les trois manuscrits descendants de C et datant du xivᵉ siècle, le *Laurentianus* 57. 27 et le *Vaticanus gr.* 939 révèlent des affinités qui détachent leur groupe de Pa (pour le discours XXXIV uniquement).

34, 10, 22 ἐγκαλῇ CVat.939Laur. : ἐγκαλοῖ Pa ‖ 34, 18, 17 ἐπιλελῆσθαι CVat.939Laur. : ἐπιμελεῖσθαι Pa ‖ 34, 27, 17 ἴσω τήκον CLaur. : ἴσω ////ut videtur Vat.939 ἴσον τόκον Pa.

Surtout, les leçons de Pa qui corrigent le texte de manière fondée (voir le commentaire *supra*) n'apparaissent dans aucun des deux manuscrits :

34, 8, 7 φωνάς Pa : τιμάς rell. ‖ 34, 8, 9-10 τὰ μὲν δεδοικότων οὐ δεινὰ Pa : τὰ μὲν δεδοικότων δεινά, τὰ δὲ οὐ δεινὰ θαρρούντων ACVat.939Laur.MoMu τὰ μὲν οὐ δεινὰ δεδοικότων Foerster.

Enfin, certaines leçons isolent le *Vaticanus* du *Laurentianus* et de toute la tradition. Ces écarts portent à croire que le *Vaticanus* est copié sur le *Laurentianus* :

35, 3, 2 μαχέσθαι Vat.939 : μαχέσασθαι rell. ‖ 35, 11, 9 μάλιστα om.Vat.939 ‖ 35, 14, 19 ἡνιόχοις Vat.939 : ἡνιόχων rell. ‖ 35, 17, 24 ἡττόμενος Vat.939 : ἡττώμενος rell. ‖ 35, 23, 2 ὅλως λέγειν Vat.939 : λέγειν ὅλως rell.

Le couple *Monacensis gr.* 101 (Mo) et *Mutinensis gr.* 181 (Mu)

Ces deux manuscrits sont contemporains et datent du xviᵉ siècle. Selon P.-L. Malosse, il s'agit de « jumeaux tardifs qui furent copiés sur le *Laurentianus* ». Mais il est difficile de savoir s'ils sont jumeaux au sens de « frères issus en même temps d'un même père » ou si l'un est la copie de l'autre. L'observation des quelques leçons qui ne sont pas communes au *Laurentianus* 57. 27 et au *Vaticanus gr.* 939 prouve en tout cas que leur proximité est plus grande avec le premier qu'avec le second. Par exemple, les omissions du *Vaticanus* ne sont pas partagées par le couple MoMu. :

35, 9, 14 ἦν Laur.MoMu : om. Vat.939 ‖ 35, 9, 21 εἰ περιηρεῖτε Laur.MoMu : om. Vat.939 ‖ 35, 11, 9 μάλιστα Laur.MoMu : om. Vat.939 ‖ 35, 19, 11 τὸ Laur.MoMu : om. Vat.939.

Le fait, noté précédemment, que le *Vaticanus* présente des fautes qui lui sont propres étaye aussi nos propos. Voici quelques exemples de rappel et quelques exemples nouveaux :

35, 3, 15 ὑμῖν Vat.939 : ἡμῖν Laur.MoMu ‖ 35, 3, 2 μαχέσθαι Vat.939 : μαχέσασθαι rell. ‖ 35, 14, 19 ἡνιόχοις Vat.939 : ἡνιόχων rell. ‖ 35, 23, 2 ὅλως λέγειν Vat.939 : λέγειν ὅλως rell. ‖ 35, 24, 10 ἔρεσθαι Vat.939 : ἔρεσθε Laur.MoMu ‖ 35, 26, 15 ἢ ζῆν Vat.939 : ἡδὺ ζῆν Laur.MoMu.

Cependant, Mo et Mu présentent en commun quelques leçons qui contrarient à la fois le *Laurentianus* et le *Vaticanus*.

35, 1, 4 ὑμῖν Vat.939Laur. : ἡμῖν MoMu ‖ 35, 3, 18 δέον Vat.939Laur. : δέος MoMu ‖ 35, 3, 3-4 θρόνου Vat.939Laur. : χρόνου MoMu.

Ces erreurs, plutôt banales, peuvent facilement s'expliquer. Pour ce qui est de la confusion entre θρόνου et χρόνου, l'écart d'une seule lettre entre les deux mots ne suffit pas à faire l'hypothèse d'un intermédiaire entre Laur. et MoMu. La même confusion s'est d'ailleurs produite plus tôt dans la lignée de C, l'éloignant ainsi de ses deux descendants du XIVᵉ siècle :

35, 9, 18 χρόνος C : θρόνος Vat.939Laur.

Il semble donc que ces mots, commençant tous les deux par une consonne aspirée, pouvaient facilement être pris l'un pour l'autre. Le fait que les deux frères portent la même erreur porte à croire que l'un a été copié sur l'autre. Or, dans le discours XXXV, Mo se distingue de Mu par deux omissions :

35, 11, 9 ἄν om. Mo ‖ 35, 18, 8 alt. τῶν Mu : om. CMo.

Mo a donc sans doute été copié sur Mu et non l'inverse. Le mauvais état du manuscrit nous ayant empêchée de procéder au même travail comparatif pour le discours XXXIV, nous nous en tiendrons pour ce discours à la même généalogie que pour le discours XXXV.

Autres descendants de A

Le *Vindobonensis phil. gr.* 93 (V)

V reproduit fidèlement, mais avec des lacunes, l'ordre de A et de C. Pour tous les textes conservés par A ancien, V présente plus d'affinités avec A qu'avec C. Lorsque A est porteur de variantes ou de corrections, le plus souvent V les intègre :

34, 14, 1 οἱοίπερ A^{pc}V : οἵπερ A^{ac} ‖ 34, 19, 1 παρὰ πάντων τῶν θεατῶν C^{γρ} : παρὰ πάντων AC παρὰ πάντων θεατῶν A^{γρ}V ‖ 34, 26, 4 λόγοι λόγοις AV : λόγοις λόγοι C ‖ XXXVI, 5, 6 μὴ AV : δὴ A^{γρ}C.

Cependant, J. Martin 1988, p. 25, affirme qu'on peut être certain de l'existence d'un intermédiaire entre A et V pour certains discours. Selon lui, c'est ainsi qu'il faut expliquer certaines particularités de V, par exemple « une ligne entière laissée en blanc » dans le discours XXXV au folio 199 v. En fait, il apparaît plutôt que la partie laissée vierge corresponde à deux lignes. Quoi qu'il en soit, aucun mot ne manque au texte. En revanche, le discours XXXVI présente au verso du folio 207 une lacune de douze mots dans une phrase, sans qu'aucun espace n'ait été réservé pour compléter le texte ultérieurement. Par ailleurs, cette lacune ne correspond à une ligne complète ni dans A, ni d'ailleurs dans C. Correspondrait-elle à une ligne complète d'un autre modèle ? Pour nos discours, cette observation isolée ne suffit pas à établir l'existence d'un intermédiaire entre A et V.

Un écart intéressant est toutefois à noter entre ces deux manuscrits :

35, 9, 18 χρόνος CV : φόβος A.

Là encore, cette dissension peut s'expliquer sans faire appel à un hypothétique intermédiaire. En effet, la leçon de A produisant un non-sens, il est vraisemblable qu'elle ait été corrigée par les copistes de C et V pour rendre à la phrase une signification plausible. C'est donc la leçon commune à C et à V qui a été retenue dans l'édition de R. Foerster ainsi que dans la nôtre.

Toutefois, V présente une quantité assez importante de leçons isolées de A et de C. Mais elles relèvent visiblement de corrections délibérées du texte. En effet, les marges du manuscrit sont riches de gloses, définitions de termes ou reformulations de certains passages, ce qui fait songer au « travail de révision systématique que l'on peut attribuer aux grands philologues de la fin du XIIIᵉ siècle et du début du XIVᵉ[8]. ». Le manuscrit se serait peut-être trouvé à Constantinople dans un milieu de lettrés gravitant autour de Maxime Planude[9]. Certaines de ces leçons, s'écartant de toute la tradition, ont été conservées par R. Foerster pour leur pertinence philologique :

35, 8, 8 ταῦτα V Foerster : ταύταις rell. ‖ 35, 9, 16 ὅτι V Foerster : ὅτῳ rell. ‖ 35, 21, 4 πάντας V Foerster : πάντες rell. ‖ 35, 28, 12

8. J. Martin 1979, p. 87.
9. Sur le philologue Maxime Planude (c. 1255-c. 1305), auteur d'une anthologie grecque et éditeur de textes grecs, voir L. D. Reynolds, N. G. Wilson 1991, p. 73-75 et J. Irigoin 1997, p. 98-101.

ἐκβαλεῖ V Foerster : ἐκβάλῃ AC ‖ 35, 20, 2 ante Ὅμηρος add. ὁ V Foerster.

D'autres, plus douteuses ou relevant seulement de choix stylistiques, ont été écartées :

35, 22, 22 τῇ ῥητορικῇ προσηκόν των γραμμάτων V : τῶν ῥητορικῇ προσηκόντων γραμμάτων rell. ‖ 35, 24, 9 πλεῖον εἴγε AC : πλεῖον οἵ γε V πλείονί γε Foerster.

Le *Palatinus Vaticanus gr.* 282 (P)

Ce manuscrit date du début du XIVe siècle[10]. R. Foerster, en s'appuyant sur des considérations de graphie et d'encre, n'y a décelé pas moins de cinq mains correctrices s'ajoutant à celle du scribe principal. Ses apparats critiques font état d'un nombre assez important de grattages effectués sur le parchemin en vue d'effacer des versions antérieures et de les recouvrir de corrections. L'étude des microfilms réalisée dans les locaux de l'IRHT ne permettant pas de confirmer ou d'infirmer de tels dires, consulter le manuscrit lui-même s'est révélé indispensable. Son examen à la loupe a mis en évidence des grattages invisibles à l'oeil nu. En revanche, la distinction entre les diverses écritures et encres nous a paru une épreuve insurmontable dans la majorité des cas ; il apparaît clairement qu'une encre plus brune a servi à corriger le manuscrit copié en noir mais c'est tout ce qu'il est possible d'affirmer sans risque d'erreur. De plus, ces corrections portent le plus souvent sur quelques lettres d'un mot recouvrant un grattage ; l'écriture correctrice se contraint donc en fonction de l'espace alloué par celle qu'elle remplace et en adopte le format, ce qui rend difficile le travail de distinction. R. Foerster, quant à lui, se montre à plusieurs reprises capable de

---

10. Sur les débats relatifs à la datation de ce manuscrit, voir S. Serventi 2004, n. 46 p. 27-28.

distinguer quelle main a tracé un accent ajouté sur un mot[11]. La question s'est donc posée de savoir si, pour parvenir à un tel degré de certitude, il n'avait pas eu recours à une étude technique du manuscrit, notamment à une analyse scientifique des encres employées. Or, renseignements pris auprès des services compétents de la Bibliothèque Vaticane, il s'avère hautement improbable, pour ne pas dire pratiquement impossible, que R. Foerster, au début du vingtième siècle, ait pu faire réaliser de telles analyses. Surtout, si elles avaient eu lieu, le manuscrit présenterait des zones altérées et une note documentaire aurait fait état de ces recherches[12]. Nous nous sommes donc résolue à mentionner dans les apparats critiques les grattages et corrections sans les rattacher à une main précise.

Sur ce sujet, J. Martin[13] a fait lui aussi preuve de précaution : « L'étude des écritures de P reste à faire. Plusieurs scribes y ont travaillé. Il me semble que l'un d'entre eux est peut-être Nicolas Triclinios (voir par exemple folios 97 sqq.) » Plus récemment, D. Bianconi[14] a contesté cette hypothèse, affirmant que le *Palatinus Vaticanus* était l'œuvre d'un seul copiste non encore identifié pour le moment.

Le manuscrit P est le résultat d'une modification de l'ordre des textes présentés par A. Ceux-ci ont été réorganisés en séries à l'intérieur desquelles l'ordre de A est généralement conservé. J. Martin 1988, p. 26, montre que

---

11. Voir par exemple R. Foerster 1906, vol. III, p. 197 : dans son apparat critique du discours 34 l. 8 puis l. 9, le philologue indique que c'est P3 qui a ajouté l'accent circonflexe sur l'article τω et le même P3 qui a tracé l'accent grave sur το.

12. Ces renseignements nous ont été aimablement fournis par Mme A. Nuñez Gaitan, responsable du laboratoire de restauration dans un échange du 28/06/2016. Nous tenons à l'en remercier.

13. J. Martin 1988, p. 26 n. 1.

14. D. Bianconi 2007, p. 9.

« les rapports de P avec A récent sont aussi étroits qu'avec
A ancien.» Cette filiation A → P trouve une parfaite
illustration dans l'étude de nos discours. P est plus proche
de A que de C et les autres manuscrits issus directement
de A lui sont postérieurs et n'ont pu lui servir de modèles.

35, 9, 18 φόβος AP : χρόνος CV.

D'autres collations, bien que moins remarquables,
confortent cette généalogie :

34, 1, 8 διαφύγοιτε APV : διαφύγητε C ‖ 34, 2, 1 γενέσθαι συνέβη
APV : συνέβη γενέσθαι C ‖ 34, 4, 13 δεδειγμένοις APV : δεδεγμέ-
νοις C ‖ 34, 10, 22 ἐγκαλοῖ APV : ἐγκαλῇ C ‖ 34, 10, 24 ἡμῶν APV :
ὑμῶν C ‖ 34, 12, 11 τοῦδε APV : τούτου C ‖ 34, 13, 23 ἐνταῦθα
κατηγορεῖν APV : κατηγορεῖν ἐνταῦθα C ‖ 34, 18, 17 ἐπιμελεῖσθαι
APV : ἐπιλελῆσθαι C ‖ 34, 26, 4 λόγοι λόγοις APV : λόγοις λόγοι
C ‖ 35, 5, 22 καλοῖτο APV : καλείτω C ‖ 35, 9, 15 εὕροι APV : εὕρῃ
C ‖ 35, 18, 10 ἐκ βιβλίου APV : ἐκ βίβλου C ‖ 35, 24, 12 πάντα ταῦτα
APV : ταῦτα πάντα C ‖ XXXVI, 1, 7 τι AP : τί CV ‖ XXXVI, 4, 15
ἡμέραν APV : ἡμέρα C ‖ XXXVI, 10, 9 τῶν APV : τὸν C ‖ XXXVI,
7, 20 λέγοι AP : λέγει CV.

Quelques écarts rencontrés entre A et P portent sur des
esprits ou sont dus à des fautes d'iotacisme, d'accent ou
d'absence de redoublement de consonne :

34, 10, 18 αὐτοῖς A : αὐτοῖς P ‖ 35, 3, 15 ὑμῖ/ν A : ἡμῖν P ‖ 35,
23, 3 οἳ A : οἱ P ‖ 35, 28, 12 ἐκβάλῃ A : ἐκβάλοι Pᵖᶜ.

En général, P est attentif aux variantes de A qu'il
intègre dans le texte des discours ou reporte aussi comme
variantes :

34, 2, 10 τῷ A : -ὸ Aᵞᵖ τὸ P ‖ 34, 9, 12 μήτ' ἂν A : μήποτ' ἂν
AᵞᵖP ‖ 34, 17, 27 ἐρεῖς A : φηὶς Aᵞᵖ φὴς P ‖ 35, 3, 16 φαίαιτ' ἂν A :
φαίητ' ἂν Aᵞᵖ P ‖ XXXVI, 5, 6 μὴ AP : δὴ AᵞᵖPᵞᵖ.

Il arrive cependant qu'il passe outre ou les amende :

34, 14, 1 οἵπερ AP : οἱοίπερ Aᵞᵖ ‖ 34, 19, 1 παρὰ πάντων A : παρὰ
πάντων θεατῶν AᵞᵖPᵃᶜ παρὰ πάντων τῶν θεατῶν Pᵖᶜ.

Il arrive que P corrige les leçons de A quand celles-ci
ne délivrent pas un sens acceptable ou sont fautives :

35, 3, 4-5 δεδιέναι μᾶλλον ἢ φοβεῖν ACPᵃᶜ : ante δεδιέναι add. μὴ Pᵖᶜ ‖ 35, 26, 16-17 συγγράμματι AP : συγγράμμασι Pˠᵖ.

Le scribe de P aurait-il pu avoir à sa disposition, outre l'*Augustanus*, une source secondaire aujourd'hui perdue ? Une inscription marginale au niveau de : ἐξιόντων δὲ ὑμῶν τοῖς μὲν ἐξ ὧν εἰρήκεσαν ὑπῆρχε μέγα φρονεῖν (*Or.* XXXV, 6, 8-9) semble faire référence à une version antérieure du texte par l'expression ἐνταῦθα πρότερ// [ον] (« ici auparavant »). La variante, malheureusement délicate à lire et dont l'extrêmité droite a été visiblement tronquée par retaillage de la tranche du manuscrit, peut être reconstituée ainsi « ἐνταῦθα πρότερ//[ον] τοῖς μὲν ε/[ι]ρημέν////[οις] ». Ce syntagme figurerait donc dans un autre manuscrit que A où il aurait été transformé en « τοῖς μὲν ἐξ ὧν εἰρήκεσαν ».

Le *Vaticanus Urbinas gr.* 125 (*u*)

Ce manuscrit date du tout début du xivᵉ siècle. Il est donc un parfait contemporain du *Palatinus Vaticanus gr.* 282 (P).

La filiation de *u* à A a été démontrée par J. Martin qui s'est appuyé sur deux preuves. Elles ont déjà été présentées succinctement ; nous les reprenons ici en les développant davantage :

1. Le bas du folio 136v et le folio 137, recto et verso, ont d'abord été réservés puis complétés par le début du discours 17 (XV R. Foerster). L'écriture de cet ajout postérieur est volontairement serrée pour ne pas déborder sur l'espace qui lui a été alloué : la suite de ce discours avait été copiée au préalable à partir du folio 138r. Si le début de ce discours n'a été ajouté qu'après coup, c'est qu'il correspondait à une lacune dans le manuscrit source. Or, cette lacune correspond à la perte du treizième quaternion de A ancien.

2. En *u*, une lacune de onze mots dans le corps du discours 39 (XXIX R. Foerster) rétablis après coup dans

la marge, correspond exactement à une ligne de A ancien.
Le discours XXXV suit immédiatement le discours 39 ;
ils appartiennent tous les deux à la troisième série de discours libaniens constituant ce manuscrit, série dans
laquelle on peut distinguer, selon B. L. Fonkitch, cinq
écritures différentes auxquelles s'adjoignent les interventions du scribe principal et dont l'ordre n'a rien à voir
avec celui de P.

En conséquence, *u* est une copie de A ancien pour tous
les discours conservés par ce dernier ; c'est le cas du discours XXXV. On constate effectivement une proximité
entre les textes des deux manuscrits :

35, 5, 22 καλοῖτο AP*u*I : καλείτω CLaur.Vat.939MoMu ‖ 35, 11,
2 ὅτ' ἄν A*u* : ὅταν rell.

Cette proximité est cependant mise à mal dans quelques
variantes que l'on retrouve dans IBM.

Le groupe NVa *u*IBM

Ces manuscrits forment un groupe complexe. Ils datent
tous du début du XIVe siècle, à l'exception de deux d'entre
eux, B et M, qui datent plutôt de la fin de ce siècle. Pour
rappel, il s'agit des manuscrits : *Neapolitanus II E 17 gr.*
152 (N), *Vaticanus gr.* 81 (Va), *Vaticanus Urbinas gr.*
125 (*u*), *Marcianus gr.* VIII 9 (I), *Vaticanus Barberinianus* gr. 220 (B), *Marcianus gr.* 437 (M).

Certains indices graphologiques, codicologiques et textuels ont amené J. Martin à affirmer qu'ils se sont trouvés
au même moment à Thessalonique dans le cercle philologique de Démétrios Triclinios et Nicolas Triclinios[15].
Cette cohabitation a entraîné entre eux d'étroites relations.

15. J. Martin 1988, p. 35.

Tous les manuscrits qui reproduisent, au moins en partie, l'ordre de P, sont tributaires de ce dernier[16].

De ce point de vue, le manuscrit *u* se démarque du groupe comme l'a montré J. Martin à propos du discours 2[17]. Il a tout de même été en relation avec lui puisque, tout en descendant de A (voir *supra*), il se trouve, conjointement à P, à l'origine de certains manuscrits qui en font partie : c'est le cas des manuscrits B et M dont l'ordre dépend tantôt de P, tantôt de lui.

Pour le discours XXXV, le seul texte du corpus qu'il ait transmis, *u* est à l'origine de ces deux manuscrits.

LE GROUPE *u*IBM

La proximité de ces quatre manuscrits (I et *u* du début du XIVᵉ siècle, B et M de la fin du même siècle) est patente dans certaines leçons qui sont propres à leur groupe et les détachent ainsi de l'ensemble formé par ACPV :

35, 2, 9-10 τοῦ τε λέγοντος καὶ τῶν ἀκουόντων τὸ κέρδος ACPV : τὸ κέρδος τοῦ τε λέγοντος καὶ τῶν ἀκουόντων *u*IBM ‖ 35, 8, 26 πρότερα ACPV : πρῶτα *u*IBM ‖ 35, 21, 13 ὑμῶν οὖν ACPV : ἐμοῦ μὲν *u*IBM ‖ 35, 23, 4 τούτῳ ACPV : τοῦτο *u*IBM.

Le sous-groupe *u*I (discours XXXV)

Les contemporains I et *u* montrent des affinités particulières ; ils constituent un couple, des « quasi-jumeaux » selon P.-L. Malosse[18], qui se distingue parfois de tout le reste de la tradition (rell.). Ce couple n'est représenté que dans le discours XXXV, *u* n'ayant pas reproduit les discours XXXIV et XXXVI :

16. J. Martin 1988, p. 33-34, présente un tableau comparatif de l'ordre des textes dans P et dans un ensemble de sept autres manuscrits dont les six qui intéressent notre étude.

17. J. Martin 1988, p. 21-22.

18. P.-L. Malosse 2000, p. 107.

35, 8, 8 πρὸς *u*I : τὰς rell. ‖ 35, 11, 12 καθεστηκότας *u*I : καθεστηκότες rell. ‖ 35, 24, 12 εὑρήσεται *u*I : εὑρήσετε rell. ‖ 35, 25, 1
ἄψεσθαι *u*I : ἅψασθαι rell. ‖ 35, 25, 25 δεηθησομέμης *u*I : δεησομένης rell. ‖ 35, 28, 12 ἐκβάλλῃ *u*IB : ἐκβάλλοι BʸᴾM ἐκβάλῃ
ACLaur.Vat.939 MoMu ἐκβάλοι P -οι- in ras.

Comme dans tous les cas de manuscrits très proches, il
reste à déterminer s'ils émanent de la même source ou si
l'un est la copie de l'autre. Chronologiquement, I, postérieur
de quelques années à *u*, ne peut être que sa copie, non son
modèle. L'ordre de I (discours 5, 50, 39, 35, 21, 22) paraît
éloigné de celui de *u* pour la série de textes dans laquelle
figure le discours XXXV (discours 26, 30, 35, 39, 52, 53)
même si on note la proximité – inversée d'un manuscrit
à l'autre – des discours XXXV et 39. Mais les considérations d'ordre ne suffisent pas à fixer une généalogie.

Malgré leur grande proximité, *u* et I présentent un certain nombre d'écarts. Quelques-uns peuvent sans doute
être mis au compte de fautes et négligences commises par
le copiste de I ; le texte de notre discours présente par
ailleurs la rature d'un membre de phrase fautivement
copié deux fois puis un doublon non corrigé :

35, 2, 7 τοῖς τὴν πόλιν ἔχουσι iter. et alt. del. ‖ 35, 15, 4 φείσασθε
μὲν iter.

On peut s'interroger sur l'origine des dissensions de *u*I,
et donc de l'ensemble *u*IBM, avec A. Proviennent-ils d'un
intermédiaire ou relèvent-ils simplement de fautes de
copie ordinaires ? En l'absence de preuves certaines, il
n'est pas nécessaire d'introduire un intermédiaire entre A
et son rejeton direct : *u*.

Le sous-groupe B et M ;
ses rapports avec *u*I (pour le discours XXXV)

Le *Vaticanus Barberinianus gr.* 220 (B) et le *Marcianus gr.* 437 (M) datent de la fin du XIVᵉ siècle. Selon
J. Martin[19], leur affiliation à *u* est prouvée par la succes-

---

19. J. Martin 1988, p. 30.

sion des discours 9 et 46 dans ces trois manuscrits. En effet, en *u*, le discours 46 est uniquement destiné à compléter un bas de folio laissé vacant ; c'est pour sa brièveté qu'il a été choisi et placé à cet endroit plutôt que pour des raisons de cohérence thématique. Les manuscrits B et M reproduisent cet ordre que plus rien ne justifie dans leur classement, ce qui tend à démontrer leur dépendance à l'égard de *u*.

Ces deux manuscrits sont aussi constitués de séries de discours dont l'ordre n'est pas redevable à un seul modèle, mais à une combinaison de P et de *u*. Le discours XXXV, seul discours du corpus qu'ils aient conjointement retenu, apparaît dans chacun d'entre eux à l'intérieur d'une série qui suit, à quelques écarts près, plutôt l'ordre de *u*.

Leur couple s'oppose parfois à toute la tradition :

35, 15, 8 δοκεῖ νομίσαι BM : νομίσαι δοκεῖ rell. ‖ 35, 20, 20 οὐδέ γε ἄν BM : οὐδ'ἄν rell. ‖ 35, 28, 12 ἐκβάλλῃ I*u*B : ἐκβάλλοι B[γρ]M ἐκβάλῃ ACLaur.Vat.939MoMu ἐκβάλοι P -οι- in ras.

Cependant, l'existence d'un intermédiaire entre *u* et BM ressort des cas suivants :

35, 2, 13 μένειν *u*BM : εἶναι M[γρ] μεῖναι I ‖ 35, 8, 8 πρὸς I*u* : τὰς ABM ‖ 35, 11, 12 καθεστηκότας I*u* : καθεστήκοτες BM ‖ 35, 15, 8 νομίσαι δοκεῖ I*u* : δοκεῖ νομίσαι BM ‖ 35, 20, 20 οὐδ' ἄν I*u* : οὐδέ γε ἄν BM ‖ 35, 21, 13 ὑμῶν οὖν *u* : ἐμοῦ μὲν IBM ‖ 35, 24, 9 πλεῖον εἴγε *u* : πλεῖον γε B πλείων γε M om. I ‖ 35, 26, 16-17 συγγράμμασι *u*P[γρ] : συγγράμματι IBMP ‖ 35, 28, 12 ἐκβάλλῃ I*u*B : ἐκβάλλοι MB[γρ].

Comme on le voit, cet intermédiaire est probablement I, copie de *u*, qui a pu servir à pallier ses parties dégradées puisque le manuscrit a souffert de l'humidité et que, par voie de conséquence, le bas des pages contenant le discours XXXV est illisible. Ces pages, contrairement à d'autres dans le manuscrit, n'ont pas été repassées par une main plus tardive mais tout de même antérieure, selon J. Martin[20], aux manuscrits B et M. La corruption de *u* est

---

20. J. Martin 1988, p. 18.

donc antérieure à l'existence de BM mais on constate que B et M ne présentent aucune lacune correspondant à ces endroits effacés, ce qui prouve qu'ils viennent d'un intermédiaire antérieur à la dégradation de *u*.

Or, I, contemporain de *u*, est antérieur à *u* dégradé. Des relevés précédents, il ressort qu'il est certes un frère de *u* mais qu'il s'en éloigne parfois. Il semble en fait ne pas être fixement attaché soit à *u*, soit à BM, mais être proche tantôt d'un des deux sous-groupes, tantôt de l'autre, ce qui tendrait à prouver que le couple BM a été copié tantôt de *u* (dans ses parties préservées), tantôt de I.

Nous pouvons donc établir cette partie du stemma pour le discours XXXV :

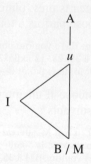

LES DESCENDANTS DE P

Les sources de I et B
en l'absence de *u*

Le *Marcianus gr. Append.*VIII, 9 (I) et le *Vaticanus Barberinianus gr.* 220 (B), dont les recherches de J. Martin ont déjà montré la multiplicité des sources et genèses, occupent dans la généalogie des discours du corpus une place délicate à cerner.

Retour sur B : en l'absence de *u*, B est-il un descendant de A ou de P ? (pour le discours XXXVI)

Seul le discours XXXVI est concerné par cette question ; en effet, B n'appartient pas à l'histoire du discours XXXIV et, comme nous l'avons montré *supra*, il trouve sa source, pour le discours XXXV, dans *u* et I.

On est d'emblée frappé par la grande proximité des manuscrits pour le discours XXXVI (neuf manuscrits, le *Cheltenhamensis* n'ayant pas été pris en compte). Leurs écarts ne sont en eux-mêmes pas assez probants ; ils ne prennent de valeur que dans la mesure où ils confortent les résultats d'études menées antérieurement. La connaissance plus générale de ces manuscrits élaborée grâce aux travaux antérieurs des éditeurs de Libanios est donc d'un grand secours pour procéder à l'histoire des textes.

On sait depuis les travaux de P. Petit et de J. Martin que pour le *Bios*, B descend de P, avec au moins un intermédiaire[21]. Pour les autres discours de Libanios édités par J. Martin et P.-L. Malosse, l'histoire de ce manuscrit s'est révélée variée : si nous limitons notre champ d'investigation à ses relations avec les manuscrits impliqués dans l'histoire des discours XXXV et XXXVI, B descend, par l'intermédiaire de *u*, de A (comme c'est le cas pour le discours XXXV étudié précédemment et les discours 2, 4, 5[22]) ou de C ancien (discours 9[23], 59[24]). Il apparaît aussi qu'il descend plutôt de P quand *u* n'appartient pas à cette tradition (discours 1[25]).

---

21. J. Martin 1979, p. 73-74.

22. J. Martin 1988, p. 58 (stemma d'*Or.* 2), p. 116 (stemma d'*Or.* 4), p. 139 (stemma d'*Or.* 5).

23. J. Martin 1988, p. 193 (stemma d'*Or.* 9).

24. P.-L. Malosse 2003 p. 118 (stemma d'*Or.* 59).

25. J. Martin 1979, p. 92 (stemma d'*Or.* 1). Dans ce cas, il existerait un intermédiaire entre P et B.

La question se pose donc de savoir si, pour le discours XXXVI, B procède de A ou de P, C ancien étant écarté puisque c'est dans sa partie récente que C contient le discours. De fait, les informations fournies par les collations sont trop rares et inconsistantes pour offrir une réponse assurée :

XXXVI, 5, 16 μὴ ABP : δὴ A^{γρ}P^{γρ} ‖ XXXVI, 10, 12 ἐκδείαις AP^{pc} : ἐνδείαις BP^{ac}.

Nous nous appuierons donc sur les conclusions tirées par les éditeurs précédents pour affirmer qu'en l'absence de *u*, le *Barberinianus* (B) descend de P plutôt que de A.

Les variantes et scholies écrites en marge par la seconde main et dont les sources sont précisées : V81 (*Vaticanus gr.* 81) et P 292 (*Palatinus gr.* 282)[26] ne remettent pas en cause cette filiation, le second scribe ayant confronté après coup le *Barberinianus* à ces deux autres manuscrits.

Pour le discours XXXVI, B présente par ailleurs quelques leçons qui lui sont propres :

XXXVI, 3, 19 γε ἐκεῖνο B : om. γε rell. ‖ XXXVI, 10, 9 τῆς B : τῶν AVP τὸν C ‖ XXXVI, 12, 1 τὲ B : δὲ rell. ‖ XXXVI, 14, 15-16 τοῦτο B : τούτων rell.

Faut-il voir ici une trace de l'intermédiaire signalé par J. Martin pour le *Bios* ? Dans le cas du discours XXXVI, ces singularités ne sont pas suffisantes pour l'attester.

Retour sur I : en l'absence de *u*, I est-il un descendant de A ou de P ? (pour les discours XXXIV et XXXVI)

Cette question ne vaut que pour les discours XXXIV et XXXVI puisque, comme nous l'avons montré *supra*, I descend de *u* pour le discours XXXV.

---

26. Voir *supra*, page XXIV.

Les discours XXXIV et XXXVI prennent place dans la première série de discours conservés par I. Or, l'ordre de cette série est dû à l'ordre de P comme l'a montré J. Martin[27]. Mais cette généalogie doit être confirmée par l'examen des textes.

Comme précédemment pour B, on peut se demander si, en l'absence de *u*, le texte de I descend plutôt de P ou directement de A, leur ancêtre commun. Là encore, les constats établis par J. Martin sont d'une aide précieuse : pour les discours 6, 8[28] et 10[29], I descend de P ; seul le discours 3 se démarque de ce point de vue[30].

Pour les discours XXXIV et XXXVI, les relevés, assez équilibrés, ne regorgent pas d'indices vraiment concluants pour répondre à la question :

34, 17, 27 ἐρεῖς AI : φηὶς A^{γρ} φῆς P ‖ 34, 19, 1 παρὰ πάντων τῶν θεατῶν P^{pc} : παρὰ πάντων A παρὰ πάντων θεατῶν A^{γρ}IP^{ac} ‖ XXXVI, 5, 6 μὴ AP : δὴ A^{γρ}I^{γρ}P^{γρ} ‖ XXXVI, 7, 27 εἴην B : ἥειν AIP ‖ XXXVI, 10, 12 ἐκδείαις AIP^{pc} : ἐνδείαις P^{ac}.

Seul le premier de ces cinq relevés témoigne d'une proximité plus grande avec A qu'avec P mais nous savons par ailleurs que la série dans laquelle figurent les discours XXXIV et XXXVI est empruntée à P. C'est donc que I se situe à la croisée de ces deux manuscrits.

On rencontre aussi des leçons, en assez grand nombre, qui sont propres à I et l'éloignent autant de A que de P : on sait déjà grâce au travail effectué sur le discours XXXV que ce manuscrit comporte beaucoup de fautes. Ce fait est confirmé par l'étude des discours XXXIV et XXXVI :

34, 1, 8 διαφύγοιτε AP : διαφύγητε IC ‖ 34, 17, 26 λέγοις ACP : λέγεις IV ‖ 34, 19, 25 κακῶς I : κακὸς rell. ‖ ἔδειξεν I : ἔδοξεν rell. ‖

27. J. Martin 1988, p. 28-29 et tableau p. 33-34.
28. J. Martin 1988, p. 164 (stemmas d'*Or.* VI et VIII)
29. J. Martin 1988, p. 230-231.
30. J. Martin 1988, p. 89 (stemma d'*Or.* III). B découle ici de K (*Vaticanus* gr. 82), manuscrit sans relation avec notre corpus.

34, 26, 3 τηνάλως IC : τηνάλλως rell. ‖ 34, 26, 4 λόγοι λόγοις APV : λόγοις λόγοι IC ‖ 34, 27, 13 ἐθέλοι I : ἐθέλει rell. ‖ 34, 27, 15 τῶν μὲν οὐ βουλομένων I : τὸν μὲν οὐ βουλόμενον rell. ‖ 34, 29, 7 τούσδε δὲ τοὺς om. I ‖ 34, 29, 16-17 αὐτὸ...εὐφραῖνον I : αὐτῷ...εὐφραί-νων ‖ XXXVI, 8, 13 ἀπήρκεσα I : ἐπήρκεσα rell. ‖ XXXVI, 9, 24 κεκοσμημένος I : κεκομίσμενος rell.

Le *Neapolitanus* IIE17 (N)
et Le *Vaticanus gr.* 81 (Va)
(pour le discours XXXVI)

Comme l'a montré J. Martin[31], ces deux manuscrits présentent des similitudes si poussées qu'on ne peut déter-miner s'ils sont jumeaux ou si l'un a été copié sur l'autre. Cependant, N est l'œuvre de deux copistes. Or, les notes marginales, de seconde main en N, relèvent, dans Va, de l'écriture du scribe unique, ce qui tendrait à prouver que Va est une copie de N (le discours XXXVI est dépourvu de ces notes). De plus, Martin note qu'un texte manque dans le *Vaticanus* et nous y avons nous-même remarqué une omission de onze mots dans le discours 45/XLIII (§9 : γνώτω νέος ἅπας, ὡς ἡ διὰ τῶν ἀποστάσεων αὕτη πέπαυται τρυφή) qui ne figure pas dans N, ce qui exclut définitivement que N soit une copie de Va.

Pour le discours XXXVI, les leçons des manuscrits PNVa sont identiques, à de rares exceptions près.

XXXVI, 7, 23 αὐτῶν PVa : αὐτῶν N ‖ XXXVI, 7, 27 εἴην BNVa : ἦειν P ‖ XXXVI, 9, 15-16 ἐγίνετο V. : ἐγένετο rell. ‖ XXXVI, 10, 12 ἐκδείαις ACPᵖᶜVa : ἐνδείαις VPᵃᶜN ‖ XXXVI, 12, 1 τε N : δὲ rell.

Un seul relevé mérite une attention particulière :

XXXVI, 5, 6 μὴ APIBNVa : δὴ AᵞᵖCPᵞᵖ Iᵞᵖ Vaᵞᵖ.

P a reproduit la variante mentionnée par A et tous les membres de la famille triclinienne l'ont reprise à leur tour, sauf B et N. On la retrouve pourtant dans la copie de

31. J. Martin 1988, p. 31-32.

N : Va, ce qui ne suffit pas à infirmer la généalogie N →
Va mais tend à montrer, outre la proximité entre PI et
NVa, le fait que ces manuscrits ont servi à se corriger ou
à s'amender les uns les autres.

Conclusion

L'étude des discours XXXIV, XXXV et XXXVI
conforte et illustre les résultats obtenus par J. Martin et
P.-L. Malosse dans leurs éditions respectives de Libanios.
Nous avons déjà noté qu'il n'existait pas entre les témoins
des trois textes d'écarts majeurs et que les collations
effectuées n'auraient pas toujours suffi par elles-mêmes
à tirer des conclusions si elles ne s'inscrivaient pas dans
ce qui a été établi précédemment grâce à leur travail.

Tous les témoins du corpus découlent d'une source
unique : le *Monacensis gr.* 483 dit *Augustanus* (A). Doit-
on pour autant constituer des apparats critiques uniquement à partir de ce manuscrit ? J. Martin a été confronté
au même type de situation pour l'édition du discours IX :
Éloge des Calendes, dont tous les manuscrits témoins ont
le *Chisianus* R VI 43 (C) pour origine. Il écrit à ce sujet :
« C s'avère source unique. Théoriquement, les huit autres
manuscrits devraient être exclus de l'apparat[32] ». Ce n'est
cependant pas à une telle extrémité qu'il s'est résolu. Au
contraire, il fournit les leçons de tous les manuscrits de la
tradition, considérant qu'on peut se le permettre pour un
texte court, d'autant plus qu'elles étayeront les hypothèses
établies précédemment dans le cadre de l'étude des autres
discours libaniens.

Nous avons choisi de constituer les apparats critiques
à partir du *Monacensis gr.* 483 (A) auquel nous devons la
majorité des leçons adoptées et de trois de ses descendants

---

32. J. Martin 1988, p. 192.

directs[33] : le *Chisianus* R VI 43 (C), le *Palatinus gr.* 282
(P) et le *Vindobonensis phil. gr.* 93 (V) dont les corrections de A ont parfois été conservées dans l'établissement
du texte. Le *Marcianus gr.* VIII, 9 (coll. 1038) (I), qui
procède de A pour les discours XXXIV et XXXVI, a lui
aussi été pris en compte, ainsi que le *Patmiacus* 471 (Pa),
descendant de C, qui propose des variantes intéressantes
dont certaines ont été retenues.

Par ailleurs, l'*Urbinas gr.* 125 (*u*), lui aussi descendant
direct de A pour le discours XXXV et qui, à ce titre,
devrait donc figurer de manière systématique dans son
apparat, n'a pu être mentionné que lorsque l'état du
manuscrit et, par voie de conséquence, des microfilms
consultés, a permis d'effectuer les collations.

D'autres témoins n'ont été mis à contribution que
lorsqu'ils proposaient des leçons finalement adoptées :
c'est le cas du groupe Vat.939Laur.MoMu.

---

33. I n'est toutefois un descendant direct de P que pour les discours
XXXIV et XXXVI ; il procède de *u* pour le discours XXXV.

STEMMAS

Stemma du Discours XXXIV

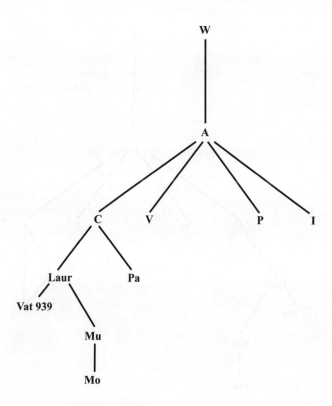

Stemma du Discours XXXV

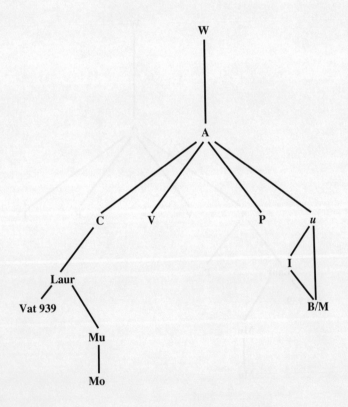

Stemma du Discours XXXVI

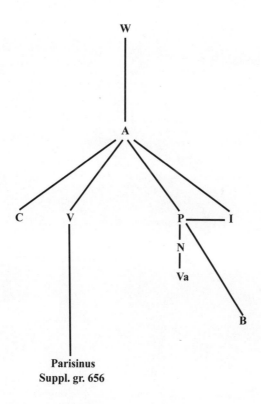

ABRÉVIATIONS

Par souci de simplification, les références des éditions utilisées ne sont précisées que lorsque les œuvres citées n'ont paru ni dans la Collection des Universités de France, dite collection Budé (CUF), ni dans celle des Sources Chrétiennes (SC).

Amm. : Ammien Marcellin, *Histoires*, CUF.

Anon. Seg. : Anonyme de Séguier, *Art du discours politique*, CUF.

Aphth. : Aphthonios, *Progymnasmata*, CUF.

Ar. : Aristophane, *Comédies*, tome IV, CUF.

Ps.-Apollod. : pseudo-Apollodore, *Bibliothèque*, éd. R. Wagner, [*Mythographi Graeci* 1], Leipzig, 1894.

Aristid. : Aelius Aristide, *Or*. 32 : *Oraison funèbre en l'honneur d'Alexandros* ; *Or*. 33 : *À ceux qui lui reprochaient de ne pas déclamer*, éd. Turnhout : Brepols 2010 ; *Sacr*. : *Discours sacrés*, éd. W. Dindorf, *Aristides*, vol. 1. Leipzig : Reimer, 1829 [repr. Hildesheim : Olms, 1964].

Arstt. : Aristote, *De An*. : *De l'âme*, CUF ; *Rhet*. : *Rhétorique*, CUF ; *EN*. : *Éthique à Nicomaque*, éd. I. Bywater, *Aristotelis ethica Nicomachea*, Oxford, 1894 [repr. 1962].

Basile : Basile de Césarée, *Ep*. : *Lettres*, tome I, CUF.

Chrys. : Jean Chrysostome, *De in. gl.* : *Sur la vaine gloire et l'éducation des enfants*, SC ; *de hyp.*, : *oratio de hypapante*, éd. E. Bickersteth, *Orientalia Christiana Periodica* 32, Rome, 1966 ; pour les textes suivants, les références sont données par l'indication du volume, de la colonne, éventuellement des lignes dans la *PG* : *In Mat.* : *in*

Matthaeum ; *In Joan.* : *In Joannem* ; *De statuis* : *Homiliae XXI de statuis ad populum Antiochenum habitae* (*homiliae 1-21*).

Cod. Iust. : Code de Justinien, éd. P. Krüger, Th. Mommsen, R. Schöll, G. Kroll, *Corpus Iuris Civilis*, Berlin, 1872-1895, II [nombreuses réimpressions].

Cod. Theod. : Code théodosien, éd. P. Krüger, Th. Mommsen, *Theodosiani libri XVI cum constitutionibus Sirmondianis*, Berlin, 1904-1905 [nombreuses réimpressions].

DAGR : Ch. Daremberg, E. Saglio, *Dictionnaire des Antiquités grecques et romaines*, Paris, 1877-1919 [Ouvrage consultable en ligne].

D. : Démosthène [D.], *Or.* 4 : *Philippica* 1 ; *Or.* 9 : *Philippique* 3 ; *Or.* 18 : *Sur la couronne* ; *Or.* 19 : *De falsa legatione*, éd. S. H. Butcher, *Demosthenis orationes*, vol. 1. Oxford : Clarendon Press, 1903 [repr. 1966] ; *Aristog.* 1 : *In Aristogitonem* 1, *ibidem* vol. 2, 1, 1907 [repr. 1966] ; *Theocr.* : *In Theocrinem*, éd. W. Rennie, *Demosthenis orationes*, vol. 3, Oxford : Clarendon Press, 1931 [repr. 1960].

Dinar. : Dinarque, *In Dem.* : *In Demosthenem*, éd. N. C. Conomis, *Dinarchi orationes cum fragmentis*, Leipzig, 1975.

Esch.: Eschyle, *Prom.* : *Prométhée*, CUF.

Eun. : Eunape, *VPS* : *Vies de philosophes et de sophistes*, CUF.

Greg. Naz. : Grégoire de Nazianze, *Poèmes* : *Œuvres poétiques*. Tome I, 1re partie : *Poèmes personnels (II, 1, 1-11)*, CUF.

h. Dem. : Hymne *À Déméter*, dans Homère, *Hymnes*, CUF.

Herm. : Hermogène, *Stat.* : *Les états de cause* ; *Id.* : *Les catégories stylistiques du discours*, CUF.

Ps.-Herm. : Pseudo-Hermogène, *Prog.* : *Exercices préparatoires* ; *Inv.* : *L'invention* ; *Meth.* : *La méthode de l'habileté*, CUF.

Hér. : Hérodote, *Histoires*, CUF.

Him. : Himérios, éd. A. Colonna, Rome, 1951.

Hom. : Homère, *Il.* : *Iliade* ; *Od.* : *Odyssée*, CUF.

Isoc. : Isocrate, *Discours*, tome II, CUF.

Jér. : Jérôme de Stridon (St Jérôme), *Ep.* : *Correspondance*, CUF ; *Hil.* : *La vie d'Hilarion*, SC.

Jul. : Julien, *Mis.* : *Misopogon*, CUF.

Lib. : Libanios, *Arg.* : Arguments, éd. R. Foerster, *Libanius, Opera* VIII, Leipzig, 1905 ; *Chr.* : Chries, éd. R. Foerster, *ibid.* VIII, Leipzig, 1905 ; *Decl.* : Déclamations, éd.

R. Foerster, *ibid.*, V-VII, Leipzig, 1909-1913 ; *Descr.* :
Descriptions, éd. R. Foerster, *ibid.*, VIII, Leipzig, 1905 ;
Ep. : Lettres, éd. R. Foerster, *ibid.*, X-XI, Leipzig, 1921-
22 ; *Enc.* : Éloges, éd. R. Foerster, *ibid.*, VIII, Leipzig,
1905 ; *Eth.* : Éthopées, éd. R. Foerster, *ibid.*, VIII, Leipzig,
1905 ; *LC.* : Lieux communs, éd. R. Foerster, *ibid.*, VIII,
Leipzig, 1905 ; *Narr.* : Narrations, éd. R. Foerster, *ibid.*,
VIII, Leipzig, 1905 ; *Or.* : Discours, *Or.* I-XI et *Or.* LIX :
CUF ; *Or.* XII-LXIV : éd. R. Foerster, *ibid.* II-IV, Leipzig,
1904-1908.

Lyc. : Lycurgue, *Contre Léocrate*, CUF.

Nicol. : Nicolaos de Myra, *Progymnasmata*, éd. J. Felten, *Rhe-
tores Graeci* 11, Leipzig, 1913.

Philostr. : Philostrate, *VS* : *Vie des sophistes*, éd. C.L. Kayser,
Flavii Philostrati opera, vol. 2. Leipzig, 1871.

PG : J.-P. Migne, *Patrologiae cursus completus* (series graeca),
Paris, 1857-1866.

Pl. : Platon, *Ap.* : *L'Apologie de Socrate* ; *Ion* : *Ion* ; *Leg.* : *Les
lois* ; *Ph.* : *Phèdre* ; *Phil.* : *Philèbe* ; *Prot.* : *Protagoras* ;
R. : *La République* ; *Tim.* : *Timée*, CUF.

PLRE I : A. H. M., Jones, J. R. Martindale, J. Morris (dir.), *The
Prosopography of the Later Roman Empire* I, *A. D. 260-
395*, Cambridge, 1971.

Plut. : Plutarque, *Poet.* : *Comment lire les poètes*, CUF.

Procop. : Procope de Césarée, *Anecd.* : *Anecdota (Historia ar-
cana)*, éd. G. Wirth [reprise J. Haury], *Procopii Caesarien-
sis opera omnia*, vol. 3, Leipzig, 1963.

Quint. : Quintilien, *Institution oratoire*, CUF.

Souda : *Suidae Lexicon*, I-V, éd. A. Adler, Leipzig, 1928-1938,
[Suda on line : Byzantine lexicography, consultable en
ligne à l'adresse : www.stoa.org/sol/].

Soz. : Sozomène, *Histoire ecclésiastique*, VII, SC.

Théod. : Théodoret de Cyr, *HE* : *Histoire ecclésiastique*, Tome
II, SC ; *HP* : *Histoire des moines de Syrie = Histoire Phi-
lothée*, tome I, SC.

Theon : Aelius Théon, *Prog.* : *Progymnasmata*, CUF.

Zos. : Zosime, *Histoire nouvelle*, I-VI, CUF.

BIBLIOGRAPHIE RELATIVE
À L'ÉDITION DES TEXTES

Éditeurs et correcteurs des discours XXXIV, XXXV et XXXVI cités dans l'apparat critique

Bongiovanni A., 1754, *Libanii Sophistae Orationes XVII*, Venise.

Cobet C. G., 1875, « Ad Libanii Ἀπολογίαν Σωκράτους », *Mnemosyne* vol. III, partie 2, 141-156.

Foerster 1903, 1904, 1906, 1908, *Libanius Opera* vol. I, vol. II, vol. III, vol. IV, Leipzig, réimpr. 1963, Hildesheim.

Malosse P.-L., 2003, *Libanios, Discours LIX*, Paris.

Martin J., Petit P., 1979, *Libanios, Autobiographie (Discours I)*, Paris.

Martin J., 1988, *Libanios, Discours II-X*, Paris.

Morel F., 1627, *Libanii sophistae, operum tomus II*, Paris.

Reiske J., 1766, *Animadversiones ad Graecos auctores*, t. V : *[Animadversiones] quo Libanius, Artemidorus et Callimachus pertractanctur*, Leipzig.

Reiske J., 1793 et 1795, *Libanii Sophistae Orationes et declamationes, ad fidem codicum mspt. Recensuit et perpetua adnotatione illustravit*, t. II et III, Altenburg.

Sintenis C., 1866, « Zur Kritik des Libanius », *Hermes* 1, 468-471.

Études paléographiques

Bianconi D., 2005, *Tessalonica nell'età dei Paleologi. Le pratiche intellettuali nel riflesso della cultura scritta*, Paris.

Bianconi D., 2007, « Un doppio restauro tricliniano : il libanio Vat. gr. 83 tra Nicola e Demetrio », *Bollettino dei Classici* III, 26 (2005), Rome, 3-44.

De Gregorio G., 2014, « Filone Alessandrino tra Massimo Planude e Giorgio Bullotes. A proposito dei codici Vindob. Suppl. gr. 50, Vat. Urb. gr. 125 e Laur. Plut. 10, 23 » dans *Handschriften und Textforschung heute, Serta Graeca* 30, Wiesbaden, 177-230.

Fonkitch B. L., 1979, « Notes paléographiques sur les manuscrits grecs des bibliothèques italiennes », *Thesaurismata* 16, 153-169.

Fryde E., 2000, *The early Palaeologan renaissance (1261-c. 1360)*, Leiden/Boston.

Hunger H., 1961, *Katalog der grieschichen Handschriften der Osterreichischen Nationalbibliothek*, 1ère partie : *Codices Historici, Codices Philosophici et Philologici*, Vienne.

Hunger H., 1997, *Repertorium der griechischen Kopisten 800-1600*, 3e partie : *Handschriften aus Bibliotheken Roms mit dem Vatikan*, 3 vol., Vienne.

Irigoin J., 1997, *Tradition et critique des textes grecs*, Paris.

Mioni E., 1960, *Codices graeci manuscripti Bibl. Divi Marci Venetiarum*, II, Rome.

Reynolds L. D., Wilson N. G., 1991, *Scribes and Scholars. A Guide to the Transmission of Greek and Latin Literature*, Oxford.

Serventi St., 2004, « Il copista Giovanni, Lapo da Castiglionchio il Giovane e Francesco Filelfo nel codice Ambr. E 8 sup. » dans C. Pasini, C. M. Mazzucchi (dir.), *Nuove ricerche sui manoscritti greci dell' Ambrosiana, actes du colloque de Milan, 5-6 juin 2003*, Milan, 3-36.

Thompson E. M., 1912, *An Introduction to Greek and Latin Paleography*, Oxford.

Turyn A., 1973, « Demetrius Triclinius and the Planudean Anthology », *Epeteris* 39-40, 403-450.

Turyn A., 1974, *Codices Graeci Vaticani saeculis XIII et XIV scripti annorumque notis instructi*, Vatican.

BIBLIOGRAPHIE GÉNÉRALE

ARBABZADAH, M., 2011, « A lexicographical Note on a Curse Tablet from Antioch », *Zeitschrift für Papyrologie und Epigraphik* 179, 199-200.

BAGNALL, R.S., 1992, « The Periodicity and Collection of the Chrysargyron », *Tychè* 7, 15-18.

BERNARDI, J., BADY, G., TUILIER, A., 2004, *Grégoire de Nazianze, Œuvres poétiques*, tome I, 1ʳᵉ partie : *Poèmes personnels (II, 1, 1-11)*, Paris.

BODSON, L., 1978, « Données antiques de zoogéographie : l'expansion des leporidés dans la Méditerranée classique », *Les Naturalistes Belges* 59, 66-81.

BONNER, C., 1932, « Witchcraft in the Lecture Room of Libanius », *Transactions and Proceedings of the American Philological Association*, 63, 34-44.

BRADBURY, S., 2004, *Selected letters of Libanius from the age of Constantius and Julian*, Liverpool.

BRANSBOURG, G., 2008, « Fiscalité impériale et finances municipales au IVᵉ siècle », *Antiquité Tardive* 16, 256-295.

BREYER, C., 2010, *Jeux et jouets à travers les âges. Histoire et règles de jeux égyptiens, antiques et médiévaux*, Bruxelles.

BROWN, P., 1998, *Pouvoir et persuasion dans l'Antiquité tardive*, Paris.

BROWNING, R., 1952, « The Riot of A.D. 387 in Antioch : the Role of the Theatrical Claques in the Later Empire », *Journal of Roman Studies* 42, 13-20.

BRUNET, P., 2010, *L'Iliade*, Paris.

BRY, C., 2014, « Acacios, l'autre sophiste officiel d'Antioche », dans E. Amato (dir.), *ΕΝ ΚΑΛΟΙΣ ΚΟΙΝΟΠΡΑΓΙΑ, Hom-*

mages à *la mémoire de Pierre-Louis Malosse et Jean Bouf-fartigue, Revue des études tardo-antiques* suppl. 3, 129-152.

BRY, C., (à paraître), « Libanios et les lois de l'école », dans A. M. Favreau, S. Lalanne, J.-L. Vix (dir.), *Passeurs de culture et transmission des savoirs*, Turnhout.

CABOURET, B., 2000, *Libanios, Lettres aux hommes de son temps*, Paris.

CABOURET, B., 2006, « Les Argyrioi, une famille de notables d'Antioche au IVe siècle », *TOPOI* supplément 7, 343-360.

CABOURET, B., 2012a, « Libanios et les militaires » dans B. Cabouret, A. Groslambert, C. Wolff (dir.), *Visions de l'occident romain, Hommages à Yann Le Bohec*, Paris, 433-447.

CABOURET-LAURIOUX, B., 2012b, « Parenté et stratégie familiale en Syrie à l'époque tardive : la famille de Libanios » dans C. Badel, C. Settipani (dir.), *Les Stratégies familiales dans l'Antiquité tardive, Actes du Colloque des 5-7 févr. 2009 de l'USR 710 du CNRS*, Paris, 321-338.

CARRIÉ, J.-M., 1993, « Le riforme economiche da Aureliano a Costantino », *Storia di Roma, 3, 1, L'Età Tardoantica. Crisi e trasformazioni*, Turin, 283-322.

CARRIÉ, J.-M., ROUSSELLE, A., 1999, *L'Empire romain en mutation, des Sévères à Constantin*, Paris.

CARRIÉ, J.-M., 2014, « Les effets historiographiques d'une protestation fiscale efficacement orchestrée : retour sur le chrysargyre » dans C. Apicella, M.-L. Haack, F. Lerouxel (dir.), *Les affaires de Monsieur Andreau : économie et société du monde romain*, Bordeaux, 137-157.

CARRUTHERS, M. (MEUR, D., trad.), 2002, *Le livre de la mémoire. La mémoire dans la culture médiévale*, Paris.

CASELLA, M., 2007, « Les spectacles à Antioche d'après Libanios », *Antiquité Tardive* 15, 99-112.

CASELLA, M., 2010, *Storie di ordinaria corruzione : Libanio, Orazioni LVI, LVII, XVI*, Messine.

CHOUQUER, G., 2014, *Cadastres et Fiscalité dans l'Antiquité tardive*, Tours.

CRACCO-RUGGINI, L. 1996, « Libanio e il camaleonte : politica e magia ad Antiochia sul finire del IV secolo », dans E. Gabba, E. Desideri, P. Roda (dir.), *Italia sul Baetis : studi di storia romana in memoria di Fernando Gascó*, Turin, 159-166.

CRIBIORE, R., 2007, *The school of Libanius in late antique Antioch*, Princeton.

CRIBIORE, R., 2008, « The Education of orphans : A Reassessment from the Evidence of Libanius » dans S. R. Huebner, D. M. Razan (dir.), *Growing up fatherless in Antiquity*, Cambridge, 257-272.

CRIBIORE, R., 2010, « The Use of Books in Late Antique Higher Education » dans L. Del Corso, O. Pecere (dir.), *Libri di Scuola e Pratiche didattiche dall'Antichità al Rinascimento, atti del Convegno internazionale di studi, Cassino, 7-10 Maggio 2008,* 153-168.

CRIBIORE, R., 2015, *Between City and School, Selected Orations of Libanius*, Liverpool.

DELMAIRE, R., 1985, « Remarques sur le chrysargyre et sa périodicité », *Revue numismatique* 6e série, tome 27, 120-129.

DELMAIRE, R., 2003, « Le vêtement, symbole de richesse et de pouvoir, d'après les textes patristiques et hagiographiques du Bas-Empire » dans F. Chausson et H. Inglebert (dir.), *Costume et société dans l'Antiquité et le haut Moyen Âge*, Paris, 85-98.

DELORME, J. 1960, *Gymnasion : étude sur les monuments consacrés à l'étude en Grèce des origines à l'empire romain*, Paris.

DE SALVO, L., 2001, « Funzionari ed élites locali. Gli ἄρχοντες di Libanio », *Atti dell' Accademia romanistica costantiniana XIII convegno internazionale*, Napoli, 737-759.

DOWNEY, G., 1961, *A History of Antioch in Syria from Seleucus to the Arab Conquest*, Princeton.

FEISSEL, D., 2004, « L'empereur et l'administration impériale » dans C. Morrisson (dir.), *Le monde byzantin, t. I : L'Empire romain d'Orient, 330-641*, Paris, p. 79-110.

FESTUGIÈRE, A-J., 1959, *Antioche païenne et chrétienne : Libanius, Chrysostome et les moines de Syrie,* Paris.

GASCOU, J., 1977, « Κλῆροι ἄποροι (Julien Misopogôn 370d-371b) », *Bulletin de l'institut français d'archéologie orientale* 77, 235-255.

GIBSON, C. A., 2008, *Libanius's Progymnasmata : model exercises in Greek prose composition and rhetoric*, Atlanta.

GONZÁLEZ GÁLVEZ, Á., 2005, *Cartas : libros I-V*, Madrid.

GRAF, F., 1994, *La magie dans l'Antiquité gréco-romaine*, Paris.

HEATH, M., 2004, *Menander, A Rhetor in Context*, Oxford.

HEINTZ, F. 1998, « Circus Curses and Their Archaeological Contexts », *Journal of Roman Archaeology* 11, 337-342.

HEINTZ, F. 1999, *Agonistic Magic in the Late Antique Circus*, Thèse non publiée, Harvard University.

HEINTZ, F. 2000, « Magic Tablets and the Games at Antioch » dans Kondoleon Ch. (dir.), *Antioch. The Lost Ancient City*, Princeton/Worcester, 163-167.

HOLLMANN, A., 2003, « A Curse Tablet from the Circus at Antioch », *Zeitschrift für Papyrologie und Epigraphik* 145, 67-82.

HOLLMANN, A., 2011, « A Curse Tablet from Antioch against Babylas the Greengrocer », *Zeitschrift für Papyrologie und Epigraphik* 177, 157-165.

HOUSTON M. G., 1947, *A technical History of Costume, vol. II, Ancient Greek, Roman and Byzantine Costume*, Londres.

HUMMEL, P., 2008, *Mala dicta. Essai sur la malédiction et la calomnie dans l'Antiquité classique*, Paris.

HUMPHREY, J. H., 1986, *Roman Circuses, Arenas for chariot racing,* Berkeley.

JONES, A. H. M., 1974, *The Roman Economy : Studies in Ancient Economic and Administrative History*, Oxford.

KONDOLEON, CH., 2000, *Antioch. The Lost Ancient City*, Princeton/Worcester.

LANÇON, B., 2014, « Libanios et Augustin malades » dans E. Amato (dir.), *ΕΝ ΚΑΛΟΙΣ ΚΟΙΝΟΠΡΑΓΙΑ, Hommages à la mémoire de Pierre-Louis Malosse et Jean Bouffartigue, Revue des études tardo-antiques* suppl. 3, 289-304.

LANIADO, A., 1997, « Βουλευταί et πολιτευόμενοι », *Chronique d'Égypte* 72, 130-144.

LANIADO, A., 2002, *Recherches sur les notables municipaux dans l'Empire protobyzantin*, Paris.

LEVI, D., 1947, *Antioch mosaic pavements*, Princeton.

LIEBESCHUETZ, W., 1959, « The finances of Antioch in the fourth century A. D. », *Byzantinische Zeitschrift* 52, 344-356.

LIEBESCHUETZ, W., 1972, *Antioch, city and imperial administration on the later Roman Empire*, Oxford.

MALINEAU, V., 2005, « L'apport de l'*Apologie des mimes* de Chorikios de Gaza à la connaissance du théâtre du VIe siècle » dans C. Saliou (dir.), *Gaza dans l'Antiquité tardive, archéologie, rhétorique et histoire : actes du colloque international de Poitiers,* Salerne, 149-169.

MALOSSE, P.-L., 2006, « Libanios contre Antioche : le discours contre les fugitifs (*Disc.* XXIII) », *TOPOI* Suppl. 7, 215-230.

MALOSSE, P.-L., 2007, « Comment arrêter un massacre : une leçon de rhétorique appliquée (Libanios, *Disc.* XIX) », *Revue des études grecques* 120, 107-141.

MALOSSE, P.-L., 2009, « La femme du boulanger, le fonctionnaire corrompu et le sophiste (Libanios, *Disc.* XXIX) », *KOINΩNIA* 33, 121-133.

MALTOMINI, F., 2004, « Libanio, il camaleonte, un papiro e altri testi », *Zeitschrift für Papyrologie und Epigraphik*, 147, 147-153.

MALZACHER, K., 1918, *Die Tyche bei Libanios*, Thèse de l'université de Strasbourg, Strasbourg.

MARASCO, G., 2002, « Libanio, il camaleonte e la magia », *Quaderni catanesi di studi antichi e medievali* N. S. 1, 209-240.

MARINESCU, C., COX, S., WÄCHTER, R., 2007, « Paideia's Children : Childhood Education on a Group of Late Antique Mosaïcs » dans A. Cohen, J. B. Rutter (dir.), *Constructions of Childhood in Ancient Greece and Italy, Hesperia* Supplement 41, Princeton, NJ : American School of Classical Studies at Athens, 101-114.

MARTIN, J., 1979, *Libanios, Autobiographie (Discours I),* Paris.

MARTIN, J., 1988, *Libanios, Discours II-X,* Paris.

MARTIN, M., 2005, *Magie et magiciens dans le monde gréco-romain,* Paris.

MARTIN, M., BAY, C., 2008, *Magie, Astrologie et Sorcellerie dans l'Antiquité,* catalogue de l'exposition, musée d'Argentomagus.

MARTIN, M., 2010, *Sois maudit ! Malédictions et envoûtements dans l'Antiquité,* Paris.

MASON, H. J., 1974, *Greek terms for Roman institutions: a lexicon and analysis,* Toronto.

MEYER, M., 2006, *Die Personifikation der Stadt Antiocheia,* Berlin/New York.

MISSON, J., 1914, *Recherches sur le paganisme de Libanios,* Bruxelles/Paris.

MOLLOY, M. E., 1996, *Libanius and the Dancers*, Hildesheim Zürich : Olms/Weidmann.

NORMAN, A. F., 1954, « The family of Argyrius », *Journal of Hellenic Studies* 74, 44-48.

NORMAN, A. F., 1958, « Gradations in Later municipal Society », *Journal of Roman Studies* 48, 79-85.

NORMAN, A. F., 1969, *Libanius, Selected Works*, vol. I, Cambridge.

NORMAN, A. F., 1977, *Libanius, Selected Works*, vol. II, Cambridge.

NORMAN, A. F., 1992, *Libanius, Autobiography and Selected Letters*, 2 volumes, Cambridge.

NORMAN, A. F., 2000, *Antioch as a Centre of Hellenic Culture as Observed by Libanius*, Liverpool.

OGDEN, D., 2009, *Magic, Witchcraft, and Ghosts in the Greek and Roman World*, Oxford.

PATILLON, M., 1990, Éléments de Rhétorique classique, Paris.

PATILLON, M., 1997a, *Hermogène, l'art rhétorique. Exercices préparatoires, États de cause, Invention, Catégories stylistiques, Méthode de l'habileté*, Paris.

PATILLON, M., 1997b, *Aelius Théon, progymnasmata*, Paris.

PATILLON, M., 2001, *Apsinès, Art rhétorique, Problèmes*, Paris.

PATILLON, M., 2005, *Anonyme de Séguier, Art du discours politique*, Paris.

PATILLON, M., 2008, *Corpus Rhetoricum*. Tome I : *Anonyme : Préambule à la rhétorique. Aphthonios : Progymnasmata. Pseudo-Hermogène : Progymnasmata*, Paris.

PATILLON, M., 2012a, *Corpus Rhetoricum*. Tome III, 1re partie & 2e partie : *Pseudo-Hermogène, L'Invention. Anonyme, Synopse des Exordes. Anonyme, Scolies au traité Sur l'Invention du Pseudo-Hermogène*, Paris.

PATILLON, M., 2012b, *Corpus Rhetoricum*. Tome IV : *Hermogène, Les catégories stylistiques du discours (De Ideis). Anonyme, Synopses des exposés sur les Ideai*, Paris.

PERNOT, L., 1986, « Les *topoi* de l'éloge chez Ménandros le Rhéteur », *Revue des Études Grecques*, tome 99, fascicule 470-471, 33-53.

PERNOT, L., 1993, *La rhétorique de l'éloge dans le monde gréco-romain*, Paris.

PERNOT, L., 2000, *La rhétorique dans l'Antiquité*, Paris.

PERNOT, L., 2008, « Aspects méconnus de l'enseignement de la rhétorique dans le monde gréco-romain à l'époque impériale » dans H. Hugonnard-Roche (dir.), *L'enseignement supérieur dans les mondes antiques et médiévaux : actes du colloque international de l'Institut des Traditions Textuelles*, Paris, 283-306.

PETIT, P., 1951, « Sur la date du *Pro Templis* de Libanius », *Byzantion* 21, 285-310.

PETIT, P., 1955, *Libanius et la vie municipale à Antioche au IVᵉ siècle après J.-C*, Paris.

PETIT, P., 1956, *Les étudiants de Libanius*, Paris.

PETIT, P., 1979, *Libanios, Autobiographie (Discours I)*, Paris.

POLLARD, N., 2000, *Soldiers, Cities, and Civilians in Roman Syria*, University of Michigan Press.

POTTIER, B., 2016, « Les dangers du voyage : Banditisme et insécurité sur les routes (IVᵉ-Vᵉ siècles) », *Antiquité Tardive* 24, 137-147.

ROBERT, L., 1940, *Les Gladiateurs dans l'Orient grec*, Paris.

ROMILLY DE, J., 1979, *La douceur dans la pensée grecque*, Paris.

ROUGÉ, J., 1966, *Recherches sur l'organisation du commerce maritime en Méditerranée sous l'empire romain*, Paris.

RUSSELL, D. A., 1983, *Greek declamation*, Cambridge.

RUTHERFORD, I. C., 1998, *Canons of style in the Antonine age : idea-theory in its literary context*, Oxford/New York.

SALIOU, C., 2000, « Mesurer le paradis. Contribution au portrait d'Antioche aux époques romaine et protobyzantine », dans Cl. Nicolet, R. Ilbert, J.-Ch. Depaule (dir.), *Mégapoles méditerranéennes*, Paris.

SALIOU, C., 2004, « Bains d'été et bains d'hiver : Antioche dans l'empire romain », dans B. Cabouret, P.-L. Gatier, C. Saliou (dir.), *Antioche de Syrie, Histoire, images et traces de la ville antique*, *TOΠOI* Suppl. 5, 289-309.

SALIOU, C., 2011, « Jouir sans entraves ? La notion de τρυφή dans l'Éloge d'Antioche de Libanios », dans O. Lagacherie, P.-L. Malosse (dir.), *Libanios, le premier humaniste. Études en hommage à Bernard Schouler : actes du colloque de Montpellier, 18-20 mars 2010, Cardo 9*, Salerne, 153-166.

SALIOU, C., 2014, « Bains et histoire urbaine. L'exemple d'Antioche sur l'Oronte dans l'Antiquité », dans M.-Fr. Boussac, S. Denoix, Th. Fournet, B. Redon (dir.), *25 siècles de bain collectif en Orient (Proche-Orient, Égypte et péninsule arabique)*, Le Caire, 657-685.

SALIOU, C., 2015a « Les lieux du polythéisme dans l'espace urbain et le paysage mémoriel d'Antioche-sur-l'Oronte de Libanios à Malalas (ive-vi^e siècles) » dans A. Busine (dir.), *Religious Practices and Christianization of the Late Antique City*, Leiden/Boston.

SALIOU, C., 2015 b, « Parole et religion à Antioche au ive siècle, une approche spatiale », *Studi e materiali di Storia delle religioni* 81, 90-104.

SCHOLZ, P., 2004, « Elementarunterricht und intellektuelle Bildung im hellenistischen Gymnasion » dans D. Kah, P. Scholz (dir.), *Das hellenistische Gymnasion*, Berlin, 103-128.

SCHOULER, B., 1973, *Libanios, Discours moraux*, Paris.

SCHOULER, B., 1980, « Dépasser le père », *Revue des études grecques* 93, 1-24.

SCHOULER, B., 1984, *La tradition hellénique chez Libanios*, Paris.

SCHOULER, B., 1985, « Hommages de Libanios aux femmes de son temps », *Pallas* 32, 123-148.

SCHOULER, B., 1996, « Loisir et travail dans les conceptions morales des sophistes du ive siècle de notre ère », dans J.-M. André, J. Dangel, P. Demont (dir.), *Les loisirs et l'héritage de la culture classique. Actes du XIIIe Congrès de l'Association Guillaume Budé (Dijon, 27-31 août 1993)*, Bruxelles.

SCHOULER, B., 2004, « Le rôle politique de l'école au temps de Libanios », *TOPOI* Suppl. 5, 97-115.

SCHOULER, B., 2011, « Libanios le premier humaniste » dans O. Lagacherie, P.-L. Malosse (dir.), *Libanios, le premier humaniste. Études en hommage à Bernard Schouler : actes du colloque de Montpellier, 18-20 mars 2010, Cardo* 9, Salerne, 1-18.

SEECK, O., 1906, *Die Briefe des Libanius*, Leipzig.

SIEVERS, G. R., 1868, *Das Leben des Libanius*, Berlin.

TROMBETTI, C., 2006, « Ginnasi come santuari. Il Peloponneso. », *Siris* 7, 45-69.

TRZCIONKA, S., 2007, *Magic and the Supernatural in Fourth Century Syria*, London/New-York.

Van De Paverd, F., 1991, *St John Chrysostom, The Homilies on the Statues. An introduction,* Rome.

Van Hoof, L., 2014, « *Libanius'* Life *and life* » dans L. Van Hoof (dir.), *Libanius. A critical introduction,* Cambridge/New York, 7-38.

Veyne, P., 1976, *Le pain et le cirque, sociologie historique d'un pluralisme politique,* Paris.

Vix, J.-L., 2007, « La seconde sophistique et la philosophie », *Kriterion* vol. 48 n°. 116, 437-451.

Vix, J.-L., 2010, *L'enseignement de la rhétorique au IIe siècle ap. J.-C. à travers les discours 30-34 d'Aelius Aristide,* Turnhout.

Wiemer, H.-U., 1996, « Der Sophist Libanios und die Bäcker von Antiocheia », *Athenaeum* 84, 527-548.

Wintjes, J., 2005, *Das Leben des Libanius,* Rahden.

Wolf, P. F., 1952, *Vom Schulwesen der spätantike Libanius-Interpretationen,* Offenburg-Baden.

Yates, F. A. (Arasse, D., trad.), 1975, *L'Art de la mémoire,* Paris.

Yegül, F., 2010, *Bathing in the Roman World,* Cambridge.

EN RÉPONSE AUX DIFFAMATIONS DU PÉDAGOGUE

DISCOURS XXXIV

NOTICE

I. Date et circonstances du discours

Les références à l'émeute des statues

Le discours a été composé après l'émeute dite « des statues » qui se produisit début ou fin février 387, avant la célébration de Pâques[1]. Son déroulement est bien établi même s'il reste délicat d'en dater précisément les épisodes[2]. Le seul point qui n'a pu être éclairci à ce jour est la nature de l'impôt qui, réclamé aux Antiochéens, provoqua ce mouvement de révolte.

En réponse aux diffamations du pédagogue n'appartient pas à la série des cinq discours consacrés par Libanios à l'émeute et à ses conséquences (discours XIX à XXIII). Mais le texte mentionne les événements et une durée : « Ces événements malheureux ont duré trente-quatre jours[3]… », ainsi qu'une lettre de l'empereur dont Libanios dit précisément : « Lorsque nos frayeurs eurent pris fin

---

1. Sur la datation de cet épisode, voir G. Downey 1961, n. 77, p. 426 (avec bibliographie afférente) et Fr. Van De Paverd 1991, p. 26.

2. Les récits établis à partir des témoignages de Jean Chrysostome (*De statuis*. PG 49, 15-222), Théodoret (*HE*. V, 19 ; *HP*. XIII, 7), Zosime, qui reprend Libanios (IV, 41), Libanios lui-même (*Or*. XIX-XXIII) se trouvent dans P. Petit 1955, p. 238-241, G. Downey 1961, p. 426-433 et Fr. Van De Paverd 1991, p. 19-159.

3. *Or*. XXXIV, 6 : Αἱ μὲν γὰρ τῶν κακῶν ἐκείνων ἡμέραι τέτταρες ἐγένοντο καὶ τριάκοντα…

grâce à la lettre de l'empereur (τῇ βασιλέως ἐπιστολῇ), nous recouvrâmes notre entière sécurité ainsi que la liberté de fréquenter les écoles[4]. » L'emploi de l'article défini ne suggère pas que Théodose n'envoya qu'une seule lettre aux Antiochéens en rapport avec ces troubles ; en réalité, il leur en adressa deux, comme le prouve l'information délivrée dans *Or.* XX, 36 au sujet de celle où il accordait son pardon à la cité : γράμματα λύσιν ἔχοντα τῶν προτέρων (« Un décret contenant l'annulation du précédent[5] »). Auquel de ces deux décrets envoyés sous forme de lettres Libanios fait-il allusion dans notre discours ? L'« entière sécurité » évoquée pourrait faire songer au « décret total » (πανταχοῦ γράμματα) du *Bios* (*Or.* I, 253), par lequel Théodose accordait son pardon aux Antiochéens[6]. Sa publication fut consécutive à l'arrivée en ville, une vingtaine de jours après l'insurrection, des émissaires de l'empereur, Kaisarios et Ellébichos, de leur travail d'enquête et du procès qui s'ensuivit[7]. Cependant, l'autorisation de fréquenter à nouveau les écoles ne fut pas conditionnée à ce pardon. Tout de suite après avoir été informé par des courriers des débordements survenus, Théodose avait prononcé contre Antioche des sanctions provisoires : les lieux de distraction avaient été fermés,

---

4. *Or.* XXXIV, 6 : λελυμένων δὲ τῶν δεινῶν τῇ βασιλέως ἐπιστολῇ πᾶσά τε ἦν ἄδεια καὶ φοιτᾶν ἐξῆν.

5. On peut hésiter, pour la traduction du génitif τῶν προτέρων, entre « du précédent » et « des précédents ». Notre choix repose sur plusieurs points. D'abord, l'adjectif πρότερος désigne en principe le premier élément d'un ensemble de deux ; ensuite, le pluriel ne renvoie pas nécessairement à plusieurs lettres puisque le pluriel du substantif γράμματα peut correspondre en français à un singulier : « une lettre » ; enfin, la reconstitution des faits, telle qu'elle est établie par Fr. Van De Paverd 1991 par exemple, ne fait apparaître que deux décrets émanant de l'empereur à destination des Antiochéens du début de l'émeute jusqu'au pardon final.

6. Traduction et commentaire de P.-L. Malosse 2007, p. 112-113.

7. Le procès aurait débuté le 17 mars selon Fr. Van De Paverd 1991, p. 57.

les réjouissances publiques et privées avaient été inter-
dites[8], la cité avait perdu son titre de métropole de l'Orient
et son statut de capitale de la province de Syrie. Les écoles
aussi avaient été fermées, comme il est dit explicitement
dans *Or.* XIX, 61 : « supprimés les cours de rhétorique,
supprimées les classes élémentaires, personne n'enseigne,
personne n'apprend[9]. » Mais, si le pardon de Théodose
entraîna la réouverture des lieux publics d'Antioche, les
écoles s'étaient alors déjà remises à fonctionner : dans le
discours XXIII, *Contre les fugitifs*[10], Libanios évoque les
élèves qui sont restés dans la cité pour poursuivre leurs
études et qui ne trouvent aucune raison de se plaindre
parce que la privation de bains ne les empêche en aucun
cas de tirer profit de leurs livres. Cela est confirmé par le
paragraphe 14 de notre discours dans lequel Libanios
affirme ne pas avoir cessé de dispenser ses cours même
avant l'amélioration de la situation. Il faut donc comprendre qu'il reprit ses fonctions après la publication du
premier décret. Celui-ci n'entraînait pas un retour complet
à la normale mais le sort du sophiste et de ses élèves en
dépendait directement puisqu'il mettait hors de cause les
étudiants en désignant deux catégories de coupables :
les curiales et certains avocats (*Or.* XXIII, 25). C'est donc
de ce décret qu'il est fait mention dans l'expression τῇ
βασιλέως ἐπιστολῇ.

Cette même lettre est évoquée une seconde fois au
paragraphe 6 par le biais du syntagme ἐπὶ τοῖς ἡμετέροις
γράμμασι (« à la suite de notre décret[11] ») pour signaler
que l'élève à qui Libanios s'adresse et qui avait fui

---

8. *Or.* XIX, 60.

9. Καταλέλυνται μὲν αἱ περὶ τοὺς λόγους διατριβαί, καταλέλυνται δὲ αἱ περὶ τὰ γράμματα διδασκαλίαι. Διδάσκει δὲ οὐδεὶς οὐδὲ
μανθάνει. Traduction P.-L. Malosse 2007, p. 137.

10. Ce discours est présenté comme antérieur au pardon impérial
alors qu'il lui est vraisemblablement postérieur. Voir P.-L. Malosse
2007, p. 112.

11. Au sujet de ce choix de traduction, voir n. 44.

Antioche aurait pu rentrer dès sa réception ; en effet, sa publication provoqua tant de commentaires et sur un territoire si étendu que même les fuyards en avaient été informés[12]. Dans un tel contexte, les termes ἐπιστολή et γράμματα sont donc synonymes : on notera que c'est le substantif γράμματα qui sert à désigner indifféremment ce premier décret dans *Or.* XXIII, 25 : τούτων τῶν γραμμάτων et le second dans *Or.* I, 253 : γραμμάτων/ γράμματα[13].

Le discours XXXIV a été composé une fois le pardon de l'empereur accordé[14]. En effet, les bains sont alors à nouveau accessibles ; l'information est donnée incidemment : « Or donc, comme mes familiers s'étaient retirés pour aller au bain[15]... » Peut-être certains des familiers de Libanios possédaient-ils des thermes privés, mais il semble vraisemblable que ce n'était pas le cas de tous. Libanios lui-même ne semble pas en avoir ; du moins fréquente-t-il les bains publics[16]. Or, le pédagogue incriminé dans le discours XXXIV accuse le sophiste d'avoir fait perdre trois mois de cours à son jeune protégé : « Il prétend que trois mois ont été vainement perdus[17]. » Mais si le pédagogue et l'élève ont manqué trois mois d'école,

12. *Or.* XXIII, 25.

13. P. Petit 1979, p. 192 traduit γραμμάτων/γράμματα par « lettres < de supplication > ». P.- L. Malosse 2007, p. 112, conteste cette traduction et propose « décret » à la place. Il s'agit en l'occurrence du décret « total », c'est-à-dire accordant à Antioche le pardon général de Théodose.

14. R. Foerster, Vol. III, p. 188 : « Oratio πρὸς τοῦ παιδαγωγοῦ βλασφημίας non ita multo post veniam motus Antiochenis a Theodosio impetratam conscripta » ; A. F. Norman 2000, p. 133 : « This speech appeared in the aftermath of the Riots of the Statues in Antioch of February A.D. 387. »

15. *Or.* XXXIV, 5: Τῶν τοίνυν ἐπιτηδείων μοι κεχωρηκότων ἐπὶ λουτρὸν...

16. Dans *Or.* XI, 244-245, Libanios évoque la présence de bains privés dans chaque quartier de la cité et l'émulation qui pousse les particuliers à vouloir posséder le plus beau.

17. *Or.* XXXIV, 6 : Τρεῖς φησι μῆνας ἀνηλῶσθαι μάτην.

c'est qu'ils ont rallongé de deux mois de vacances ces trente-quatre jours marqués par la crainte et l'incertitude pendant lesquels Antioche dut faire figure de ville morte jusqu'au pardon de Théodose[18]. Ils durent donc rentrer soit en mai, soit en juin 387. Quel qu'ait été le délai entre leur retour dans la cité et le discours, on peut dans tous les cas affirmer, sans grand risque d'erreur, que celui-ci fut composé à la fin de l'année scolaire 386-387 ou du moins alors que celle-ci était déjà bien avancée. D'ailleurs, il est possible que l'exhibition oratoire du jeune élève de quinze ans à la suite de laquelle le pédagogue s'en est pris à Libanios ait eu lieu à la fin de l'année scolaire. Le discours, de peu ultérieur, date aussi de cette même période[19].

Autres éléments de datation

La crise de goutte

Le pédagogue reproche à Libanios de s'être absenté de son école. Certes, Libanios a dû s'aliter parce qu'il souffrait de la goutte : « Si tu fais allusion à ma maladie de la goutte, c'est la Fortune, ce n'est pas moi que tu accuses[20]. » Mais son absence n'a pas été aussi longue que d'habitude : « Or, je me demande ce que tu aurais fait si mon mal avait duré autant de jours que bien souvent, alors que cette fois sa rémission a été rapide : car au lieu de dix-huit jours, je suis resté cloué au lit trois fois moins longtemps, grâce à l'aide des dieux[21]. » On sait par le *Bios* que

18. Sur la vraisemblance de cette information, voir Fr. Van De Paverd 1991, p. 140-141.
19. Il s'agit d'une hypothèse de A. F. Norman 2000, p. 135 : « The appropriate time for a student to show his paces in declamation is likely to be at the end of a scholastic session.»
20. *Or.* XXXIV, 17 : Εἰ δέ μοι τὴν τῶν ἄρθρων λέγεις νόσον, τῆς Τύχης, οὐκ ἐμοῦ κατηγορεῖς.
21. *Or.* XXXIV, 21 : Θαυμάζω δέ, τί ἂν ἐποίεις ἐφ᾽ ὅσας οὐκ ὀλιγάκις ἡμέρας ἐκταθέντος μοι τοῦ κακοῦ, ὁπότ᾽ ἐν ἀπαλλαγῇ

Libanios, qui avait profité d'une appréciable rémission de
ses maux à partir de 371, connut une terrible rechute aux
calendes de janvier 386[22]. Provoquée, selon le sophiste,
par des maléfices, cette crise fut particulièrement pénible
et longue ; celle de l'année suivante ne dura que six jours.
Ces six jours sont compris dans les trois mois dont le
pédagogue fait grief à Libanios.

Allusion à des événements
survenus en 382

Libanios se dépeint, conversant avec des proches après
la prestation orale de son jeune élève : « De ce fait, j'étais
assis à deviser avec des gens de mes amis et, pour ainsi
dire, nous déviâmes peu à peu sur la colère de Philagrios
que j'avais un jour vaincue lorsque, sous les yeux de tous,
il maltraitait les boulangers[23]. » L'épisode évoqué ici date
du milieu de l'année 382, comme relaté par Libanios dans
Or. I, 206-210 : la récolte de l'année précédente n'avait
pas été fameuse et le prix du pain augmentait, entraînant
la colère du peuple contre la *Boulè* et contre la corporation des boulangers. Philagrios, *comes Orientis*, fit d'abord
preuve de retenue et de prudence en demandant à ces artisans « plus de modération », mais poussé à la colère par
des accusations calomnieuses qui faisaient passer cette
prudence pour une preuve de corruption, il fit fouetter les
boulangers en public. L'intervention de Libanios calma
cet accès de violence. Cet épisode est donc antérieur de
cinq ans à l'émeute des statues ; Libanios et ses amis ne
devisent pas des événements récents mais de troubles
antérieurs toujours présents dans les esprits.

ταχεία · ἀντὶ γὰρ ἡμερῶν ὀκτωκαίδεκα τὸ τρίτον μέρος τῆς κλίνης
δεδέημαι βοηθείᾳ τῶν θεῶν.

22. *Or.* I, 143 ; 243. Voir aussi la datation du discours XXXVI.

23. *Or.* XXXIV, 4.

II. Destinataires du discours

Le discours est censé s'adresser aux élèves de Libanios, comme le révèle l'apostrophe du premier paragraphe : ὦ παῖδες. En apparence, ses destinataires sont donc les garçons inscrits dans sa classe pour l'année 386-387 au même titre que celui de quinze ans décrit dans le paragraphe 3. Cependant, pour désigner ce jeune prodige, censément présent dans l'auditoire, à l'expression attendue : « l'un de vous », Libanios préfère « l'un des jeunes gens[24] ». Que le sophiste ne nomme pas celui dont il parle n'a rien d'exceptionnel ni de significatif ; il est accoutumé aux périphrases pour désigner des individus que son auditoire saura identifier sans difficulté. En revanche, qu'il ne choisisse pas le pronom personnel de la seconde personne du pluriel alors que celui-ci apparaît à deux reprises au début de l'exorde prouve que Libanios s'adresse en fait à un auditoire beaucoup plus large que celui de ses seuls élèves. Cette apostrophe est donc la marque d'une conférence publique donnée dans la salle du *Bouleuterion*, certes destinée à la classe du sophiste, mais pas exclusivement.

Le pédagogue incriminé et l'élève placé sous sa responsabilité font-ils eux aussi partie de l'assemblée ? Des indices d'énonciation tendraient à le prouver ; en effet, à plusieurs reprises, Libanios s'adresse à ses deux cibles, alternant les deuxièmes personnes du singulier et du pluriel : « Assurément, le temps qu'a duré ta fuite, ce n'est ni à cause de moi ni de ma négligence que tu l'as perdu : c'est le préjudice dû à votre crapulerie[25]. » Mais il peut ne s'agir que d'un artifice rhétorique : les deux accusateurs transformés ici en accusés avaient-ils intérêt à être présents ?

---

24. *Or.* XXXIV, 3 : τις τῶν νέων.
25. *Or.* XXXIV, 7 : Καὶ μὴν οὐδ᾽ αὐτόν γε τὸν τῆς φυγῆς χρόνον δι᾽ ἐμὲ καὶ τὴν ἐμὴν ἀπολώλεκας ῥᾳθυμίαν, ἀλλ᾽ ἔστιν αὕτη ἡ ζημία τῆς ὑμετέρας κακίας.

Quoi qu'il en soit, comme le discours relève non seulement d'une défense personnelle mais aussi d'une défense plus générale de ses pratiques professorales, Libanios avait tout intérêt à l'adresser à tous ceux qui étaient concernés par ces questions : ses élèves, leurs pédagogues et leurs parents au premier chef, mais aussi tous les Antiochéens en droit de savoir ce qui se passait dans la classe d'un maître aussi réputé.

III. ANALYSE DU DISCOURS

En réponse aux diffamations du pédagogue est composé sur le modèle traditionnel du discours judiciaire. Il comporte quatre parties : l'exorde, la narration (ou exposition des faits), l'argumentation, qui constitue le corps du discours et développe les « preuves » destinées à persuader l'auditoire, et la péroraison.

EXORDE (1-2)

Libanios reproche à ses élèves leur indifférence face aux accusations de négligence proférées contre lui par un pédagogue malveillant. Puis il annonce le but du discours : faire la preuve qu'il s'agit d'une calomnie.

NARRATION (3-5)

C'est à la suite de la démonstration oratoire d'un élève de quinze ans que le pédagogue a pris à partie le sophiste, lui reprochant d'avoir fait perdre trois mois de cours au jeune homme placé sous sa responsabilité.

ARGUMENTATION (6-28)

Libanios procède à sa défense et réfute les différents arguments sur lesquels pourrait reposer l'accusation d'avoir fait perdre du temps à ses élèves. Il n'est en fait pas possible de déterminer pour tous s'ils ont vraiment été développés par le pédagogue :

6-14 : l'arrêt des cours consécutif à l'émeute des statues

Libanios n'est pas responsable de la longue absence de l'élève : celui-ci a profité des événements d'Antioche pour s'enfuir avec son pédagogue et n'est pas rentré aussitôt après la réception de la lettre impériale permettant la reprise des cours. S'il a perdu trois mois dans sa formation, il en est donc responsable. Par ailleurs, ce n'est pas Libanios qui lui a conseillé de partir ; lui-même est resté et a poursuivi son enseignement avec un petit groupe de disciples dès que cela fut possible.

15-16 : la répétition des mêmes exercices en classe

Il est vrai que l'élève a longtemps pratiqué en classe le même type d'exercices sans être autorisé à aborder ceux d'un niveau supérieur, mais cette stagnation était entièrement justifiée par son faible niveau.

17-21 : la maladie de Libanios

Il est notoire que sa maladie de la goutte impose à Libanios quelques jours d'immobilisation chaque année ; pour la période incriminée, celle-ci n'a toutefois duré que six jours.

22-25 : les honneurs rendus aux défunts

Pour participer aux funérailles de certains Antiochéens, Libanios, par fidélité à une vieille tradition répandue parmi les sophistes, suspend ses cours de rhétorique. Il est injuste de lui en faire le reproche, d'autant que le respect de cette pratique n'a eu aucune incidence sur le niveau de ses élèves.

26-28 : les démonstrations oratoires

Même si les cours de rhétorique sont annulés quand les sophistes ou leurs élèves se livrent à des démonstrations oratoires, celles-ci ne représentent pas du temps perdu pour les jeunes gens ; elles font au contraire partie intégrante de leur formation[26].

PÉRORAISON (29-31)

29-30 : Libanios ne craint pas le pédagogue ; les autres maîtres ne devraient pas non plus se laisser intimider ou inquiéter par celui qui, tout en remplissant bien mal ses fonctions, émet des critiques et des menaces à l'égard d'eux tous.

31 : Rappel des qualités principales dont un bon pédagogue doit faire preuve dans l'exercice de ses fonctions.

IV. ÉDITIONS, CORRECTIONS ET TRADUCTIONS ANTÉRIEURES

L'édition *princeps* du *En réponse aux diffamations du pédagogue* est celle de Fédéric Morel, en 1627, dans *Libanii sophistae, operum tomus II* (p. 637-641 et 675-680). L'auteur indique qu'elle a été établie à partir d'un codex *bavaricus*. Ses leçons révèlent sa proximité avec le texte du *Monacensis gr.* 101.

En 1766, J. Reiske l'a révisée dans le vol. V de ses *Animadversiones ad Graecos auctores* (p. 435-441) puis, en 1793, il a édité le discours complet dans le tome II des *Libanii Sophistae Orationes et Declamationes* (p. 266-283).

---

26. L'argumentation, de structure annulaire, se clôt donc sur un rappel de la situation au cours de laquelle le pédagogue a proféré ses propos outrageants.

Des corrections au texte ont été proposées par
C. G. Cobet dans la revue *Mnemosyne* NS vol. III en 1875
(p. 142, 147, 248) ainsi que dans *Collectanea critica* en
1878 (p. 130, 131) et par C. Sintenis dans la marge d'un
exemplaire de l'édition de J. Reiske conservé à la bibliothèque du Gymnasium Francisceum de Zerbst. Ces annotations ne sont pas datées.

Le discours a enfin été publié en 1903 par R. Foerster
dans le volume III de *Libanius Opera, Orationes XXVI-L*
(p. 188-206).

Il a été traduit en français par A. J. Festugière dans
Antioche païenne et chrétienne (1959), p. 476-483, puis
en anglais par A. F. Norman dans *Antioch as a Center
of Hellenic Culture as Observed by Libanius* (2000),
p. 136-144.

INDEX SIGLORUM

EN RÉPONSE AUX DIFFAMATIONS
DU PÉDAGOGUE

1. Ceux qui m'ont outragé ne méritent pas plus d'être
taxés de malveillance que vous, mes enfants[1]*, qui avez
facilement toléré cet outrage : eux essuieront sans doute
le reproche d'avoir agi, vous, celui de ne pas avoir souffert[2] de leur conduite. Vous vous rangez même du côté
de ceux qui les approuvent en vous abstenant d'en tirer
vengeance[3] ; car, si vous prétendez ne pas avoir eu
connaissance de ces événements, il est en soi terrible que
vous ignoriez de tels faits, mais si vous en avez eu
connaissance et qu'ils ne vous paraissent pas terribles[4],
comment pouvez-vous éviter de passer pour des misérables ? **2.** Si c'était réellement du fait de ma négligence[5]
que cet arrogant pédagogue[6] se trouvait avoir parlé de la
sorte, honteux d'avoir entendu dire ce qui est vrai et
considérant que c'est moi qui lui ai fourni l'occasion de
parler, je me tairais[7], impuissant à accuser celui qui m'ac-
cuserait à juste titre[8]. Mais en réalité, je ne connais personne d'autre qui ait été calomnié[9] avec autant d'impu-
dence. Et je suis tout prêt à en faire la preuve car si je suis
bien connu de ceux qui savent que mon plaisir réside dans
l'effort[10], je crains que ne soit trompé quelqu'un qui igno-
rerait comment je me comporte avec ceux qui suivent nos

---

* Voir Notes, p. 29.

ΠΡΟΣ ΤΑΣ ΤΟΥ
ΠΑΙΔΑΓΩΓΟΥ ΒΛΑΣΦΗΜΙΑΣ

1. Οὐ τοὺς ὑβρικότας με μᾶλλον ἄξιον νομίσαι κακοὺς
ἢ τοὺς ῥᾳδίως ὑμᾶς τὴν ὕβριν ταύτην, ὦ παῖδες, ἐνηνο-
χότας · οἱ μὲν γὰρ τὴν τοῦ δεδρακέναι, τὴν δὲ τοῦ μὴ
τοῖς πραχθεῖσιν ἀλγῆσαι μέμψιν ὑμεῖς ἔχοιτ' ἄν. Καὶ
γίγνεσθε τῶν ἐπαινούντων αὐτοὺς ἐν τῷ μὴ λαβεῖν τιμω-   5
ρίαν · εἴτε γὰρ οὐκ εἰδέναι ταῦτα φήσετε, τοῦτ' αὐτὸ
δεινόν, εἰ τὰ τοιαῦτα οὐκ ἴστε, εἴτ᾽ εἰδόσιν οὐ δεινὰ δοκεῖ,
πῶς ἂν διαφύγοιτε τὸ δοκεῖν εἶναι φαῦλοι ; **2.** Εἰ μὲν οὖν
κατερρᾳθυμηκότος ἐμοῦ τοιαῦτα ὁ θρασὺς οὑτοσὶ παιδαγωγὸς εἰρηκὼς ἐτύγχανεν, αἰσχυνθεὶς ἂν τῷ τὰ ὄντα   10
ἀκηκοέναι καὶ παρ᾽ ἐμαυτοῦ τοῖς εἰρημένοις δεδόσθαι
τὴν ἀφορμὴν νομίσας ἐσίγων ἂν οὐκ ἔχων κατηγορεῖν
τοῦ κατηγοροῦντος δίκαια. Νῦν δ᾽ οὐκ οἶδα ἕτερόν τινα
ἀνθρώπων οὕτως ἀναιδῶς σεσυκοφαντημένον. Καὶ τοῦτο
ἕτοιμος δεικνύειν οὐκ ἀγνοούμενος μὲν ὑπὸ τῶν τὴν   15
ἐμὴν εἰδότων πρὸς τὸ πονεῖν ἡδονήν, δεδιὼς δὲ μή τις
τῶν οὐκ ἐξεπισταμένων, ὅστις ἐγὼ πρὸς τοὺς ἐπὶ τῷ
παιδεύεσθαι συνόντας ἡμῖν, ἐξαπατηθῇ. Ὅθεν τοίνυν τὰ

---

1. 8 διαφύγοιτε AVP : -γητε CIPa.
2. 10 τῷ A^{ac}VIP^{c}Pa^{pc} : τὸ A^{pc}CPIP^{ac}Pa^{ac}.

cours pour se former. D'où vient donc qu'on en soit venu
à m'outrager, voilà ce que j'aurai intérêt à exposer.

3. L'un des jeunes gens[11] avait fait la démonstration[12]
d'un discours[13] accompagné d'un préambule[14], un garçon
de quinze ans[15] qui, orphelin[16], a fourni des efforts supérieurs à ceux des autres jeunes gens, qui, plus que quiconque, a résisté aux plaisirs honteux[17] et qui serait en
mesure, s'il le voulait, de citer les vertus d'ancêtres qui
ont brillé à des postes de service civil et dans des commandements militaires[18]. Mais le plus grand ornement[19]
de ce jeune homme est sa tempérance[20] qui s'est même
soustraite aux langues des fâcheux[21]. Quelqu'un d'autre
aurait encore pu ajouter son empressement à nous payer
en retour, son esprit de justice et le fait que tout ce dont
il s'acquittait[22], il l'a considéré comme peu de choses.
4. Ce qui, notamment, engageait à lui faire honneur en
n'ajoutant rien à sa démonstration oratoire, était un vieil
usage voulant qu'il en soit ainsi[23] et dont absolument personne parmi les jeunes gens ni les pédagogues[24] n'avait
eu l'effronterie de se plaindre. Celui-ci sortit donc couvert
de gloire. Ce qui est en vigueur chez nous devait être
appliqué, à savoir ne donner aucune suite aux paroles du
jeune homme. De ce fait[25], j'étais assis à deviser avec des
gens de mes amis[26] et, pour ainsi dire, nous déviâmes peu
à peu sur la colère de Philagrios que j'avais un jour vaincue lorsque, sous les yeux de tous, il maltraitait les boulangers[27]. **5.** Or donc, comme mes familiers s'étaient retirés pour aller au bain[28], mon petit esclave[29] accourut pour
me dire qu'un mauvais pédagogue, pédagogue d'un garçon de la même espèce[30], se tenait à la porte et vitupérait[31]
au prétexte que son petit avait été lésé de trois mois d'enseignement[32]. Il parlait ainsi dans l'intention de faire évo-
luer l'usage et de priver celui qui venait de se produire
d'un droit qui prévaut depuis longtemps[33], jaloux, selon
moi, de la gloire de celui qui avait prononcé le discours.
Il aurait pourtant été bien préférable de suivre son exemple
pour obtenir des résultats[34] identiques aux siens plutôt que

περὶ τὴν ἐμὴν ὕβριν γενέσθαι συνέβη, καλῶς ἂν ἔχοι μοι
διελθεῖν.
3. Ἐποιήσατό τις τῶν νέων ἐπίδειξιν ἀγῶνα ἐπὶ προ-
άγωνι γεγονὼς μὲν ἔτη πεντεκαίδεκα, πλεῖστα δὲ νέων
ἐν ὀρφανίᾳ πεπονηκώς, ἡδονῶν δὲ οὐ καλῶν, εἴπερ τις,   5
κεκρατηκώς, ἔχων δέ, εἰ βούλοιτο, προγόνων ἀρετὰς
λέγειν ἔν τε τάξει στρατιώτου φανείσας ἔν τε ἡγεμονί-
αις. Μέγιστος δὲ τῷ νέῳ κόσμος ἡ σωφροσύνη καὶ τὰς
τῶν πονηρῶν γλώττας διαφυγοῦσα. Τούτῳ δ᾽ ἄν τις
ἕτερος προσέθηκε τὴν περὶ τὰς ἀμοιβὰς προθυμίαν καὶ   10
δικαιοσύνην καὶ ὡς πᾶν ὃ τελέσειε μικρὸν αὐτῷ κέκρι-
ται. 4. Τά τε οὖν ἄλλα τιμᾶν αὐτὸν παρῄνει τῷ μηδὲν
προστεθῆναι τοῖς δεδειγμένοις λόγοις καὶ νόμος ἦν
ἀρχαῖος τοῦτο οὕτως ἔχειν ἐθέλων, ᾧ τῶν πάντων οὐδείς,
οὐ νέων, οὐ παιδαγωγῶν ἐτόλμησε μέμψασθαι. Ἐκεῖνος   15
μὲν οὖν εὐδοκιμῶν ἀπῆλθεν · ἔδει δὴ γενέσθαι τὰ παρ᾽
ἡμῶν. Τοῦτο δὲ ἦν τὸ μηδὲν ἕτερον τοῖς ὑπὸ τοῦ νέου
ῥηθεῖσιν ἐπεισενεγκεῖν. Ἐκαθήμην οὖν ἀνδράσι διαλεγό-
μενος φίλοις καί πως ἐξηνέχθημεν κατὰ μικρὸν εἰς τὸν
ὑπ᾽ ἐμοῦ κρατηθέντα ποτὲ τοῦ Φιλαγρίου θυμόν, ἡνίκα   20
τοὺς σιτοποιοὺς ἐν τοῖς ἁπάντων ὀφθαλμοῖς ἡκίζετο.
5. Τῶν τοίνυν ἐπιτηδείων μοι κεχωρηκότων ἐπὶ λουτρὸν
παιδαγωγόν τινα κακόν, νέου τοιούτου παιδαγωγόν,
δραμὼν ὁ παῖς ἔφασκε περὶ τὴν θύραν κεῖσθαι <καὶ>
βοᾶν ὡς τρισὶ μησὶ τοῦ παιδὸς ἐζημιωμένου. Ταυτὶ δὲ   25
ἔλεγε κινῆσαι τὸν νόμον βουλόμενος καὶ τὸν ἐπιδεδειγ-
μένον ἀποστερηθῆναι πάλαι νενικηκότος δικαίου, φθονῶν, ἐμοὶ δοκεῖν, τῷ τὸν λόγον εἰρηκότι τῆς δόξης. Καίτοι πολὺ βέλτιον ἦν τὰ ᾽κείνου μιμούμενον τῶν αὐτῶν

---

2. 1 συνέβη γενέσθαι CPa.
4. 12 αὐτὸν CVPa : αὐτὸν API ‖ 13 δεδειγμένοις AVPI : δεδεγ-
CPa ‖ 17 τὸ V : om. ACPIPa.
5. 24 post κεῖσθαι add. καὶ prop. Sintenis Foerster ‖ 25 ὡς ACVPI :
ἐν Pa.

de chercher, par incapacité à y arriver, à léser celui qui les avait obtenus[35].

6. Mais en vérité, il me revient de mettre en évidence qu'il me calomniait[36]. Il prétend que trois mois ont été perdus en vain. Comment cela, œil de chien[37] ? Ces événements malheureux[38] ont duré trente-quatre jours et lorsque nos frayeurs eurent pris fin grâce à la lettre de l'empereur, nous recouvrâmes notre entière sécurité ainsi que le droit de fréquenter les écoles[39]. C'est donc que toi aussi tu étais de ceux qui profitèrent de l'aubaine ; mieux encore, si tu n'en profitais pas mais que, plein d'une crainte qui n'avait plus lieu d'être, tu résidais à la campagne[40], dans la mollesse[41], c'est de ta faute, pas de la mienne. De la même façon, la faute serait à ceux qui ne naviguent pas alors qu'ils sont libres de naviguer, pas à la mer accueillante[42], s'ils se privaient de navigation[43]. Or, si tu étais rentré à la suite de notre décret[44] et que tu faisais ton devoir d'étudiant, comment as-tu pu perdre le bénéfice de trois mois ? **7.** Assurément, le temps qu'a duré ta fuite, ce n'est ni à cause de moi ni de ma négligence que tu l'as perdu : c'est le préjudice dû à votre crapulerie[45]. Ou alors viens prouver que j'ai tenu, moi, des propos susceptibles de semer le trouble en brandissant des menaces de troupes armées, de pillage des biens, de meurtre et d'épée, et que j'ai dit qu'il appartenait aux hommes raisonnables d'assurer leur salut par la fuite[46]. Mais si je n'ai pas tenu un seul discours de ce genre et qu'en la matière vous avez été vos propres conseillers, comment pouvez-vous ne pas être assez justes pour vous accuser vous-mêmes ? Ou encore si des malfaiteurs vous avaient attaqués quand vous étiez encore sur la route ou une fois arrivés à la campagne, comme cela s'est souvent produit quand ceux qui avaient fui sans réfléchir amélioraient par leurs malheurs le sort des brigands[47], si donc tous les deux vous aviez été à terre, roués de coups par ceux qui ont commis beaucoup de meurtres, est-ce à moi qu'on aurait dû réclamer de payer pour vos deux vies et

ἐκείνῳ τυχεῖν ἢ τοῦτο μὴ δυνάμενον τῷ κτησαμένῳ
ζητεῖν ἐπηρεάζειν. 6. Ἀλλὰ γὰρ ὡς ἐσυκοφάντει, δεῖ με ποιῆσαι φανερόν.
Τρεῖς φησι μῆνας ἀνηλῶσθαι μάτην. Πῶς, ὦ κυνὸς
ὄμματ' ἔχων ; Αἱ μὲν γὰρ τῶν κακῶν ἐκείνων ἡμέραι   5
τέτταρες ἐγένοντο καὶ τριάκοντα, λελυμένων δὲ τῶν δεινῶν τῇ βασιλέως ἐπιστολῇ πᾶσά τε ἦν ἄδεια καὶ φοιτᾶν
ἐξῆν. Καὶ ἦσθα δὴ καὶ αὐτὸς τῶν τῷ καιρῷ χρωμένων,
μᾶλλον δὲ εἰ μὲν οὐκ ἐχρῶ, ἀλλὰ τὸν λελυμένον δεδιὼς
φόβον ἔκεισο ἐν ἀγρῷ τρυφῶν, σὸν τοῦτο, οὐκ ἐμὸν ἀδί-   10
κημα. Καὶ γὰρ τῶν οὐ πλεόντων ἐν ἐξουσίᾳ τοῦ πλεῖν,
ἀλλ' οὐ τῆς δεχομένης θαλάττης, εἴ τις αὐτὸν ἀποστε-
ρήσειε πλοῦ. Εἰ δ' ἧκές τε ἐπὶ τοῖς ἡμετέροις γράμμασι
καὶ τὰ τῶν μανθανόντων ἐποίεις, ποῦ τριῶν μηνῶν ἀπό-
λωλέ σοι τὸ κέρδος ; 7. Καὶ μὴν οὐδ' αὐτόν γε τὸν τῆς   15
φυγῆς χρόνον δι' ἐμὲ καὶ τὴν ἐμὴν ἀπολώλεκας ῥαθυ-
μίαν, ἀλλ' ἔστιν αὕτη ἡ ζημία τῆς ὑμετέρας κακίας. Ἢ
δεῖξον παρελθών, ὅτι ταράξαι δυναμένους ἐγὼ διῆλθον
λόγους φάλαγγας ἐπισείοντας καὶ χρημάτων ἁρπαγὴν
καὶ φόνον καὶ σίδηρον καὶ ὅτι νοῦν ἐχόντων ἐστὶν   20
ἀνθρώπων σφᾶς αὐτοὺς διασῴζειν φυγῇ. Εἰ δὲ ἐμὸς μὲν
οὐδὲ εἷς τοιοῦτος λόγος, ὑμεῖς δὲ ὑμῖν αὐτοῖς ταῦτα
συμβεβουλεύκατε, πῶς οὐχ ὑμῖν αὐτοῖς ἐγκαλοῖτ' ἂν
δικαίως ; Ἢ κἂν εἰ κακούργων ἐπιθεμένων ὑμῖν ἢ ἔτι
πορευομένοις ἢ καὶ τὸν ἀγρὸν ἤδη κατειληφόσιν, οἷα   25
πολλὰ πέπρακται τῶν ἄνευ λογισμοῦ πεφευγότων τοῖς
αὐτῶν κακοῖς τὰ τῶν λῃστῶν ἀμείνω πεποιηκότων, εἰ
οὖν ὑπὸ τῶν πολλοὺς ἀπεκτονότων ἔκεισθον πληγέντε,
καὶ τὰς ἀμφοῖν ψυχὰς ἐμὲ ἔδει τὸν εἰσπραττόμενον εἶναι

---

5. 1 τοῦτο ACVPI : ταὐτὸ Pa.
7. 17 ὑμετέρας ACVPI : ἡμετέρας Pa ‖ 27 αὐτῶν ACPIPa :
αὐτῶν V.

moi que le père de l'enfant aurait dû venir trouver pour ce paiement ? **8.** De fait, s'il avait fait cela, cet homme aurait paru dément aux yeux des sages, autant que vous lorsque vous invoquez des mois à mon encontre. Car on ne pourra même pas dire que sans vous conseiller de partir, je vous ai tout de même approuvés de l'avoir fait. Au contraire, quelle n'a pas été ma colère ! Quels éclats de voix n'ai-je pas lancés ! Quels discours n'ai-je pas tenus, affirmant qu'il fallait être suicidaires et fous pour s'exiler et être terrifiés par ce qui n'était pas terrifiant tout en plaçant sa confiance dans ce qui était terrifiant ! Ces paroles, il aurait été raisonnable pour eux aussi de les écouter, comme pour beaucoup d'autres, mais ils ont pourtant jugé préférable d'en décider par eux-mêmes. **9.** Et du fait qu'en aucun cas je ne leur ai dit qu'il fallait s'enfuir, ils ont porté témoignage par leur propre conduite. En effet, alors qu'ils s'apprêtaient à se rendre à la campagne et qu'ils y étaient résolus, ils mirent beaucoup de ruse à partir à mon insu ; ils s'en allèrent et agirent avant d'annoncer ce qu'ils allaient faire[48], par crainte d'entendre des paroles cherchant à les retenir et contenant en elles la force de les persuader[49].

10. Ainsi donc, alors qu'ils sont personnellement responsables d'avoir manqué les cours, ils ont le toupet de me faire porter la responsabilité de leurs décisions personnelles, moi qui m'irritais qu'ils se soient absentés de ma classe, pareils à qui se serait volontairement rendu dans un pays aride pour ensuite aller à une fontaine dont il se serait tenu éloigné pendant plusieurs jours et accuser les bouches d'eau en alléguant toutes les journées passées sans boire[50]. Celles-ci pourraient lui dire : « mais grâce à nous l'eau circulait et nous n'aurions pas chassé qui voulait boire[51]. » **11.** Par Zeus, si quelqu'un laissait derrière

ΠΡΟΣ ΤΑΣ ΤΟΥ ΠΑΙΔΑΓΩΓΟΥ ΒΛΑΣΦΗΜΙΑΣ 19

καὶ τὸν πατέρα τοῦ παιδὸς ἥκειν ἐπὶ τήνδε τὴν εἴσπρα-
ξιν. 8. Ὥσπερ οὖν ἐκεῖνος εἰ τοῦτ᾽ ἐποίει, μαίνεσθαι τοῖς
σωφρονοῦσιν ἔδοξεν ἄν, οὕτως ὑμεῖς πρὸς ἐμὲ περὶ
μηνῶν λέγοντες. Καὶ γὰρ οὐδ᾽ ἐκεῖνό γ᾽ ἂν εἴποι τις, ὡς
ἀπελθεῖν μὲν οὐ παρήνεσα, ἀπελθόντας δὲ ἐπήνεσα. 5
Ἀλλὰ ποίᾳ μὲν οὐκ ἐχρησάμην ὀργῇ ; Ποίας δὲ οὐκ
ἀφῆκα φωνάς ; Τίνας δὲ οὐκ ἐφθεγξάμην λόγους θανα-
τώντων εἶναι λέγων καὶ παραπαιόντων τὴν μετανάστα-
σιν καὶ τὰ μὲν οὐ δεινὰ δεδοικότων, τὰ δὲ δεινὰ θαρρούντων ; Ἃ καὶ τούτους, ὥσπερ ἑτέρους πολλούς, εἰκὸς ἦν 10
ἀκηκοέναι, ἀλλ᾽ ὅμως αὐτοὺς ἡγοῦντο βεβουλεῦσθαι
βέλτιον. 9. Καὶ τοῦ γε μήποτ᾽ ἂν εἰπεῖν με χρῆναι φεύ-
γειν μάρτυρες οἷς αὐτοὶ πεποιήκασι γεγένηνται. Μέλλον-
τες γὰρ ἐπ᾽ ἀγρὸν ἥξειν καὶ τοῦτο ἐγνωκότες πολλῇ
τέχνῃ λαθόντες ᾤχοντο ἀπιόντες δράσαντες πρὶν εἰπεῖν 15
ὃ δράσουσι, φοβούμενοι μὴ λόγων ἀκούσωσι κατεχόν-
των ἐχόντων ἐν ἑαυτοῖς εἰς τὸ πεῖσαι δύναμιν.
10. Τοῦ μὴ συνεῖναι τοίνυν αὐτοῖς αἴτιοι καταστάντες
τὸν ὅτι τῶν παρ᾽ ἡμῶν αὐτοὺς ἀπεστέρησαν ἀχθόμενον
τολμῶσιν αἰτιᾶσθαι τῶν αὐτοῖς δεδογμένων, ὥσπερ ἂν 20
εἴ τις ἑκὼν ἐλθὼν εἰς χωρίον ἄνυδρον εἶτ᾽ ἐπὶ κρήνην
ἐλθὼν ἧς αὐτὸν ἡμέρας τινὰς ἐξέβαλεν, ἐγκαλοῖ τοῖς
κρουνοῖς λέγων ὅσας οὐκ ἔπιεν ἡμέρας. Οἱ δ᾽ ἂν εἴποιεν
πρὸς αὐτόν · ἀλλὰ δι᾽ ἡμῶν γε τὸ ὕδωρ ἐφέρετο καὶ
βουλόμενον πιεῖν οὐκ ἂν ἀπηλαύνομεν. 11. Πρὸς Διός, 25

---
8. 7 φωνάς Pa^{pc} : τιμάς ACVPI del. Pa ‖ 9 οὐ δεινὰ δεδοικότων
Pa^{pc} prop. Reiske *Anim* Foerster : δεδοικότων δεινὰ ACPIPa^{ac} οὐ
δεινὰ δεδιότων V ‖ τὰ δὲ δεινὰ VPa^{pc} : τὰ δὲ οὐ δεινὰ ACPIPa^{ac}.
9. 12 μήποτ᾽ ἂν A^{γρ}CVPIPa : μήτ᾽ ἂν A ‖ 15 ἀπι[όντες] in ras P ‖
17 ἐχόν[τω]ν in ras. P.
10. 18 αὐτοῖς APa : αὐτοῖς CVPI ‖ 19 τὸν AVPI : τῶν CPa ‖
αὐτοὺς ACVPI : αὐτοὺς Pa ‖ 20 αὐτοῖς ACPIPa : αὐτοῖς V ‖ 22 ἐγκαλοῖ AVPIPa^{pc} : -λῇ CPa^{ac} ‖ 24 ἡμῶν AVPI : ὑμῶν CPa.

lui la terre qui a sa part d'ensoleillement pour gagner l'obscurité du pays des Cimmériens[52] et y passer plusieurs mois et que, revenu au lieu de départ dont il s'est volontairement retiré, il mettait en cause le premier venu, hors de cause, ne serait-il pas un calomniateur ? Tu t'es à toi-même refusé la lumière[53] ? Intente-toi donc un procès à toi-même !

12. Eh bien donc, qu'ils soient partis là-bas parce qu'ils sont enclins à la paresse quand ils feignent[54] d'être de ceux qui prennent plaisir à travailler ressort avec évidence du fait qu'ils ont négligé les activités qui permettent de mémoriser les textes anciens[55] et que le garçon est revenu gras et bien en chair[56]. Et ce qui nous porte encore plus à le croire, c'est qu'ils ont opéré leur retour après beaucoup d'autres[57]. Or, selon qu'on est prompt ou lent à faire quelque chose, ne reconnaît-on pas, même tacitement, ce qui nous cause du plaisir ou du désagrément ? **13.** Si vous aviez pris vos études[58] au sérieux, vous vous seriez fiés à moi qui suis resté[59]. Et vous auriez aussi agi de la sorte si vous aviez pensé que je voyais mieux que vous où était le devoir, sinon pour une autre raison, au moins du fait de mon grand âge[60] et nous savons tout ce que lui accorde le prince des poètes[61]. Mais en fait, m'attribuant des velléités de mort et estimant que vous preniez les bonnes décisions[62], vous avez, pour les charmes de la campagne, lésé le domaine des Muses[63]. Donc, maintenant que vous vous êtes décidés à rentrer, comment pourrez-vous m'accuser sur ce point en prétendant que vous, vous désiriez suivre mes cours mais que moi je ne les dispensais pas ? **14.** En réalité, je n'ai pas cessé de verser ce tribut même avant l'amélioration de la situation[64] et bien que d'un grand nombre d'auditeurs nous soyons descendus à douze puis à sept, je n'en suis pas devenu moins bon et je me rendais à l'école pour un aussi petit nombre sans le faire avec moins de diligence qu'auparavant mais tel que j'étais devant davantage d'élèves, tel je demeurai pour aussi peu,

εἰ δ᾿ ἀφείς τις τὴν τῆς ἀκτῖνος μετέχουσαν γῆν ἥκων εἰς
τὸ Κιμμερίων σκότος μῆνάς τινας ἐκεῖ διατρίψας ἐλθὼν
ἐπὶ τὰ πρόσθεν ὧν ἑκὼν ἠτύχησεν, ᾐτιᾶτο τὸν δεῖνα
πόρρω τῆς αἰτίας ἄνθρωπον, οὐκ ἂν ἦν συκοφάντης ;
Σὺ σαυτῷ τοῦ φωτὸς ἐφθόνησας · σαυτῷ τοίνυν λάγ-   5
χανε τὴν δίκην.

12. Ὡς τοίνυν ἐπιθυμίᾳ μὲν ἀργίας ἧκον ἐκεῖσε, προσ-
ποιοῦνται δὲ τῶν ἡδέως ἐργαζομένων εἶναι, δῆλον μὲν
κἀκ τοῦ τῶν εἰς μνήμην παλαιῶν λόγων φερόντων ἠμε-
ληκέναι, δῆλον δὲ κἀκ τοῦ πίονά τε καὶ μετὰ πλειόνων   10
σαρκῶν ἐπανήκειν τὸν νέον. Πίστις δὲ τοῦδε μείζων τὸ
μετὰ πάνυ πολλοὺς πεποιῆσθαι τὴν ἐπάνοδον. Ὁ δὲ τὸ
μὲν ὀξέως, τὸ δὲ βραδέως πεποιηκὼς οὐ καὶ σιωπῶν
ὁμολογεῖ τῷ μὲν ἥδεσθαι, τὸ δὲ δυσχεραίνειν ; 13. Ὑμῖν
δὲ εἴ τις ἦν λόγων λόγος, ἐβλέπετ᾿ ἂν εἰς ἐμὲ τὸν μεμε-   15
νηκότα. Καὶ ταῦτα καὶ παρ᾿ ὑμῶν ἐγίγνετ᾿ ἂν νομιζόν-
των μᾶλλον ὑμῶν ἐμὲ τὸ δέον ἑωρακέναι καὶ εἰ διὰ
μηδὲν ἕτερον, κατά γε τὸ πλῆθος τῶν ἐτῶν, ἴσμεν δέ,
ὁπόσον τούτῳ δίδωσιν ὁ τῶν ποιητῶν κορυφαῖος. Νῦν
δ᾿ ἐμοῦ μὲν καταγνόντες ἐπιθυμεῖν θανάτου, εὐβούλους   20
δὲ ὑμᾶς αὐτοὺς ἡγησάμενοι ταῖς ἐν ἀγρῷ τέρψεσι τὰ
Μουσῶν ἐβλάψατε. Ἐπειδὴ τοίνυν ποθ᾿ ὑμῖν ἐπανελθεῖν
ἔδοξε, τί δύναισθ᾿ ἂν ἡμῶν ἐνταῦθα κατηγορεῖν, ὡς
ὑμεῖς μὲν ἐπεθυμεῖτε τῶν παρ᾿ ἡμῶν, ἡμεῖς δὲ οὐ μετε-
δίδομεν ; 14. Ἀλλὰ τοῦτό γε καὶ πρὸ τῆς τῶν πραγμά-   25
των ἐπὶ τὰ κρείττω μεταβολῆς εἰσφέροντες οὐκ ἐλήξα-
μεν, ἀλλ᾿ ἀπὸ τοσούτων ὁμιλητῶν εἰς δώδεκα, ἔπειτα εἰς
ἑπτὰ καταβάντες οὐκ ἐγενόμεθα χείρονες, ἀλλ᾿ ἐχωροῦ-
μεν εἰς τὸ διδασκαλεῖον διὰ τοὺς οὕτως ὀλίγους οὐδὲ

---

11. 2 Κιμμερίων ACVIPa : -ων in ras P -ονΙ^{γρ}. ‖ 3 ἠτύχησεν
ACVPIPa^{γρ} : ἠδίκησεν Pa.
12. 10 πίονά ACPIPa : πλείονά V ‖ 11 τοῦδε AVPI : τούτου CPa ‖
14 τὸ ACPI : τῷ VPa.
13. 23 κατηγορεῖν ἐνταῦθα CPa.

sans rien changer à mes pratiques en la matière. Et on a même décerné un titre charmant à ceux qui sont restés du fait même qu'ils sont restés[65]. Vous aussi, vous auriez pu en faire partie, si vous l'aviez voulu. Mais en fait, après tant de jours passés à vous enivrer, vous voici ragaillardis, pleins d'ardeur pour les études, et vous escomptez que vos diffamations à mon encontre l'emporteront sur tout ce temps[66].

15. « Oui, me dit-on[67], nous avons passé des jours et des jours dans des disputes[68] contre Homère et Démosthène[69]. » Mais c'est dans la situation[70] qu'on peut en trouver la cause, pas chez moi : vous êtes en effet arrivés à l'accomplissement d'une étape — et je tais avec quelle rapidité[71] — mais il n'était pas possible pour vous de travailler aussitôt les rédactions plus complètes[72] ; il fallait d'abord en passer par un livre[73] et en passer par là non pas seul mais avec d'autres jeunes gens, neuf ou plus ou pas beaucoup moins[74]. Or, ils ne se présentaient pas[75]. **16.** Instituer un nouvel usage pour un seul dément aurait été tout à fait inconvenant et aurait discrédité le passé. Voilà pourquoi c'est un autre qui lui prodiguait[76] à ma place ce qu'il lisait[77] tout en suivant mes directives[78]. Et celui-ci était si compétent en ce domaine que vous ne vous en êtes nullement plaints mais que vous avez souvent exprimé de l'admiration, et cela alors que vous savez faire un mauvais usage de votre langue[79]. Voilà donc ce dont il était chargé ; quant à vos exercices de dispute, c'est moi-même qui les corrigeais et les arrangeais[80] et vous aviez deux professeurs au lieu d'un. Par conséquent, cela ne revenait pas à ne « rien faire » mais à avoir un double profit.

17. Si tu fais allusion à ma maladie de la goutte, c'est la Fortune[81], ce n'est pas moi que tu accuses[82]. Car assurément tu ne pousseras pas jusqu'à dire que je priais pour

τοῦτο βραδύτερον ἢ πρότερον ποιοῦντες, ἀλλ'οἱοίπερ
ἦμεν ἐν πλείοσι, τοιοῦτοι κἂν τοσούτοις οὐδὲν τοῦ περὶ
ταῦτα μεταθέντες νόμου. Καὶ ἐγένετο δὴ καὶ προσηγορία τις τοῖς μεμενηκόσιν ἀπ' αὐτοῦ τοῦ μεμενηκέναι
χαρίεσσα. Τούτων ἐξῆν εἶναι καὶ ὑμῖν εἴπερ ἠθέλετε. Νῦν   5
δὲ τοσαύτας μεθυσθέντες ἡμέρας ἥκετε σφοδροὶ λόγων
ἐπιθυμηταὶ καὶ προσδοκᾶτε τοῦ πολλοῦ χρόνου τὰς
ὑμετέρας κατ' ἐμοῦ περιέσεσθαι βλασφημίας.

15. Ναί, φησίν, ἐν γὰρ ἁμίλλαις ταῖς πρὸς Ὅμηρον
καὶ Δημοσθένη συχνὰς διετρίψαμεν ἡμέρας. Τούτου δὲ   10
τὴν αἰτίαν ἐν τοῖς πράγμασιν εὕροι τις ἄν, οὐκ ἐμοί · τὰ
μὲν γὰρ ὑμῖν εἰς τέλος ἀφῖκται καὶ σιωπῶ τὸ τάχος, τὰ
τελεώτερα δὲ γράφειν εὐθὺς οὐκ ἐνῆν, ἀλλ' ἔδει πρότερον ἐλθεῖν διὰ βιβλίου τινὸς καὶ ἐλθεῖν γε οὐχ ἕνα, ἀλλὰ
σὺν ἑτέροις ἐννέα νέοις ἢ πλείοσιν ἢ οὐ πολύ γε ἐλάτ-   15
τοσιν. Οἱ δὲ οὐκ ἐφαίνοντο. 16. Καινὸν δὲ γενέσθαι
νόμον δι' ἕνα τινὰ μαινόμενον τῶν ἀτοπωτάτων ἦν καὶ
διέβαλλεν ἂν τὸν παρελθόντα χρόνον. Διὰ τοῦθ' ἕτερος
ἀντ' ἐμοῦ διδοὺς ἅπερ ἀνέγνω τοῦτ' ἐποίει τοῖς ἐμοὶ
δοκοῦσι πειθόμενος. Καὶ οὕτως ἦν ἐνταῦθα ἐκεῖνος ἀγα-   20
θός, ὥσθ' ὑμᾶς μέμψασθαι μὲν μηδαμοῦ, θαυμάσαι δὲ
πολλάκις καὶ ταῦτα κακῶς λέγειν εἰδότας. Ἐκεῖνα μὲν
οὖν παρ' ἐκείνου, τὰ δὲ ἐν ταῖς ἁμίλλαις αὐτὸς ἐπηνώρθουν τε καὶ καθίστην καὶ δύ' ἦν ὑμῖν ἀνθ' ἑνός. Οὔκουν
ἦν ταῦτα μηδὲν ποιεῖν, ἀλλ' εἶναι διπλοῦν τὸ κέρδος.   25

17. Εἰ δέ μοι τὴν τῶν ἄρθρων λέγεις νόσον, τῆς Τύχης,
οὐκ ἐμοῦ κατηγορεῖς. Οὐ γὰρ δὴ ἐκεῖνό γε ἐρεῖς, ὡς

---

14. 1 οἱοίπερ A^{pc}V : οἵπερ A^{ac}CPIPa ‖ 4 τις ACPIPa : τίς V.
15. 11 τις ACPIPa : τίς V.
16. 18 διέβαλλεν ACPIPa : διέβαλεν V ‖ 21 μηδαμοῦ ACVPI :
οὐδαμοῦ Pa ‖ 24 καθίστην ACVPIPa^{pc} : καθήστην Pa^{ac} ‖ ὑμῖν Reiske
Foerster : ἡμῖν ACVPIPa ‖ 25 μηδὲν ACPIPa : μὴ δὲ VPa^{γρ}.
17. 26 λέγεις VIPa : λέγοις ACP ‖ 27 ἐρεῖς ACVIPa : φηὶς A^{γρ}
φὴς P.

être malade, pour hurler de douleur jour et nuit et pour
fréquenter les médecins plus que les livres. Enseigner ne
m'était pas plus pénible que les chagrins et les contraintes
que je leur devais et qui me faisaient plus souffrir que la
souffrance qu'ils tentaient d'enrayer. J'ai donc essayé par
bien des moyens de soulager ma goutte mais ils se révé-
laient ne rien produire d'autre que de l'espoir[83]. **18.** Ainsi
donc, tu t'abstiens de compatir avec moi et tu me taxes de
négligence ? Et la divinité n'a pas à rendre de comptes
mais je suis responsable de ce qui ne dépend pas de moi ?
Autant reprocher à un mort d'avoir, du fait de ne plus
vivre, cessé aussi de pouvoir agir. Mais à la décharge du
défunt, on invoquerait les Moires et leurs décrets et on
dirait que ceux-ci lui imposaient de mourir et qu'aucune
œuvre ne peut être accomplie par des trépassés[84]. Or toi,
si j'avais été fait prisonnier et mis aux chaînes par des
brigands[85] qui m'auraient enlevé, tu ne me ferais pas grief
de ne pas accomplir mon office de maître auprès des
jeunes gens, mais, alors que j'étais retenu par un lien
beaucoup plus cruel, et j'ajouterais même plus puissant,
tu prétendais que je m'occupe des jeunes gens et que tout
à la fois je sois impuissant à me mouvoir mais capable
de mener le chœur[86] ? Comment cela peut-il se faire ?
19. Lorsqu'un soldat, avide d'engagement et de combat,
en est soudain empêché par la maladie, il voit que son
général est contrarié mais qu'il ne lui en fait pas grief et
personne ne serait dérangé au point de poursuivre un tel
homme pour désertion. Mais moi qui, contraint par la
même nécessité, ai renoncé en partie à mes habitudes, j'ai
quelqu'un pour m'intenter un procès ? Quel malade est
passé pour méchant parce qu'il était tombé malade ?
Aucun, à moins qu'il ne se soit infligé la maladie à lui-
même. Or, celle-ci peut arriver à un homme de bien des
façons. Dans les concours gymniques aussi, il nous est
souvent arrivé de voir des athlètes souffrants être même

εὐχόμην νοσεῖν καὶ εἶναι ἐν βοαῖς νύκτα καὶ ἡμέραν ὑπὸ
τῶν ἀλγημάτων καὶ μᾶλλον ἰατροῖς ἢ βιβλίοις συνεῖναι.
Οὐδ᾽ ἦν μοι τὸ διδάσκειν τῶν παρ᾽ἐκείνων βαρύτερον
τῶν λυπηρῶν τε καὶ ἀναγκαίων, ἃ τῆς ὀδύνης ἦν ἐπει-
ρᾶτο παύειν ἣν ὀδυνηρότερα. Ἐμοὶ μὲν οὖν πολλὰ διη-   5
ρεύνηται τοῖς ἄρθροις βοηθοῦντι, τὰ δ᾽ἠλέγχετο πλὴν
ἐλπίδος ἔχοντα οὐδέν. 18. Ἀφεὶς οὖν συνάχθεσθαί μοι
ῥᾳθυμίαν ἐγκαλεῖς ; Καὶ ὁ μὲν δαίμων ἀνεύθυνος, ἐμὰ δὲ
τὰ οὐκ ἐμά ; Ὥσπερ ἂν εἴ τις καὶ τὸν τεθνεῶτα μέμφοιτο,
ὅτι τῷ μηκέτι ζῆν καὶ τοῦ δύνασθαί τι ποιεῖν πέπαυται.   10
Ἀλλ᾽ εἶπεν ἄν τις ὑπὲρ τοῦ νεκροῦ τὰς Μοίρας καὶ τὰ
᾽κείνων καὶ ὡς ἔδει μὲν κατὰ ταῦτα τεθνάναι, παρὰ δὲ
τῶν οἰχομένων ἔργον οὐδὲν ἂν εἴη. Σὺ δ᾽ εἰ μὲν αἰχμά-
λωτος ὢν ἐδέθην ὑπὸ λῃστῶν ἑλόντων, οὐκ ἂν ᾐτιῶ με
μὴ τὰ τοῦ διδασκάλου ποιοῦντα πρὸς τοὺς νέους, δεσμῷ   15
δὲ ἐχόμενον πολὺ πικροτέρῳ, προσθείην δ᾽ ἂν καὶ ἰσχυ-
ροτέρῳ, τῶν νέων ἠξίους ἐπιμελεῖσθαι, καὶ τὸν αὐτὸν
κινεῖσθαι μὲν μὴ ἔχειν, χορεύειν δὲ δύνασθαι ; Καὶ πῶς
ἔνι ταῦτα γενέσθαι ; 19. Ἀλλὰ στρατιώτης μὲν ἐπιθυμῶν
συμπλοκῆς καὶ μάχης νόσῳ πεδηθεὶς ἐξαίφνης λυπού-   20
μενον ὁρᾷ τὸν στρατηγόν, ἀλλ᾽οὐκ αἰτιώμενον, οὐδ᾽
ἔστιν οὐδεὶς οὕτως ἀνθρώπων ἄτοπος, ὃς ἂν ἀστρατείας
διώξαι τὸν τοιοῦτον. Ἐγὼ δὲ ἀπὸ τῆς αὐτῆς ἀνάγκης
ἐκλιπών τι τῶν εἰωθότων ἔχω τὸν γραφόμενον ; Καὶ τίς
νοσήσας κακὸς ἔδοξεν, ὅτι νενόσηκεν ; Οὐδείς, πλὴν εἰ   25
τὸ νόσημα αὐτὸς ἐφύτευσεν αὑτῷ. Πολλαχόθεν δ᾽ ἂν
τοῦτ᾽ ἀνθρώπῳ συμβαίη. Κἂν τοῖς γυμνικοῖς ἀγῶσι
πολλάκις ἑωράκαμεν ἠσθενηκότας ἀθλητὰς οὐδ᾽

---

17. 1 εὐχόμην ACVPIPa : ηὐ- Vᵞʳ ‖ 5-6 διηρεύνηται ACVPIPaᵞʳ :
διερ- Pa.
18. 10 τι CVPa : τί API ‖ 14 ἑλόντων om. Pa ‖ 16 ἐχόμενον
ACVPI : ἀγχ- Pa ‖ 17 ἐπιμελεῖσθαι AVPIPa : -λελῆσθαι C.
19. 22 ἂν V : om. ACPIPa.

incapables de se préparer, ce qui leur valait de la part de tous les spectateurs de la pitié plutôt que des reproches ; pareillement, à leur retour chez eux, de la part de leurs parents. Qu'ils aient été malchanceux, on pourrait l'affirmer, mais fautifs, non, pas même un peu. **20.** Il n'a certes pas échappé à leur cité non plus que je suis affligé de cette sorte de maladie à cause de laquelle je dois m'aliter plusieurs jours par an sans prendre la parole ; en effet, cette cité est proche de la nôtre et les déplacements de l'une à l'autre fréquents[87]. Pourquoi donc n'êtes-vous pas allés chez d'autres sophistes qui n'étaient pas malades ? Mais si vous êtes venus disposés à tolérer cela aussi, pourquoi ne le tolérez-vous pas, maintenant que vous êtes là, alors que beaucoup l'ont toléré avant vous, et qu'aujourd'hui, beaucoup, pour ne pas dire tous, le font, vous excepté ? Ou bien serais-tu le seul à aimer[88] mes cours quand les autres, si nombreux, seraient habités par d'autres passions ? **21.** Tu n'y consentiras pas en paroles mais tu le reconnais par tes actes. Or, je me demande ce que tu aurais fait si mon mal avait duré autant de jours que bien souvent, alors que cette fois sa rémission a été rapide : car au lieu de dix-huit jours, je suis resté cloué au lit trois fois moins longtemps[89], grâce à l'aide des dieux. Qu'aurais-tu donc fait pendant une si longue absence, toi qui te comportes ainsi lorsqu'elle fut si brève[90] ?

22. Il dénonce aussi le fait qu'on maintienne chez nous les honneurs à ceux qui nous ont quittés, qu'ils soient nos amis, ou célèbres, ou les deux à la fois, ou rien de tout cela mais qu'ils y aient droit surtout grâce à leur famille. Et il n'a pas honte de soulever une guerre contre ceux qui ne peuvent plus nuire et à qui est échu un autre lot. Pour ma part, j'aurais tenu pour un grand honneur d'avoir institué moi-même cet usage, mais comme d'autres m'ont

ἀποδῦναι δυνηθέντας, οἷς παρὰ πάντων τῶν θεατῶν
ἔλεος, οὐ μέμψις, ἀλλ᾽ οὐδ᾽ ἐπανελθοῦσιν οἴκαδε παρὰ
τῶν οἰκείων, ἀλλ᾽ ἠτυχηκέναι μὲν αὐτοὺς φαίη τις ἄν,
ἀδικῆσαι δὲ οὐδὲ μικρόν. 20. Οὐ μὴν οὐδ᾽ ἐλάνθανον τὴν
τῶνδε πόλιν βεβλημένος τῇ τοιαύτῃ νόσῳ, δι᾽ ἣν ἀνάγ-   5
κη μοι κεῖσθαι καθ᾽ ἕκαστον ἔτος ἡμέρας τινὰς ἄφω-
νον · ἐγγύς τε γὰρ τῆς ἡμετέρας ἐκείνη καὶ πολὺ τὸ
παρ᾽ ἑκατέρας εἰς τὴν ἑτέραν ἐρχόμενον. Διὰ τί οὖν μὴ
παρ᾽ ἑτέρους ἤλθετε σοφιστὰς οὐ νοσοῦντας ; Εἰ δ᾽ ὡς
οἴσοντες καὶ τοῦτο ἥκετε, τί μὴ φέρετε, ἐπειδήπερ ἥκετε,   10
πολλῶν μὲν πρὸ ὑμῶν τοῦτο ἐνηνοχότων, πολλῶν δὲ
νῦν, μᾶλλον δὲ πλὴν ὑμῶν ἁπάντων ; Ἢ σὺ μόνος συνου-
σιῶν ἐραστής, ἐν δὲ τοῖς ἄλλοις τοσούτοις οὖσιν ἑτέρων
ἐπιθυμία ; 21. Ἀλλ᾽ οὐκ ἐρεῖς μὲν τοῦτο τῇ γλώττῃ, τοῖς
δ᾽ ἔργοις ὁμολογεῖς. Θαυμάζω δέ, τί ἂν ἐποίεις ἐφ᾽ ὅσας   15
οὐκ ὀλιγάκις ἡμέρας ἐκταθέντος μοι τοῦ κακοῦ, ὁπότ᾽
ἐν ἀπαλλαγῇ ταχείᾳ · ἀντὶ γὰρ ἡμερῶν ὀκτωκαίδεκα τὸ
τρίτον μέρος τῆς κλίνης δεδέημαι βοηθείᾳ τῶν θεῶν. Τί
ἂν οὖν ἐποίεις ἐν τῷ προτέρῳ μέτρῳ τοιαῦτα ποιῶν ἐν
οὕτω βραχυτέρῳ ;   20
   22. Αἰτιᾶται δὲ καὶ τὸ φυλάττεσθαι τὰς τιμὰς παρ᾽
ἡμῶν τοῖς ἀπιοῦσι, τοῖς μὲν οὖσιν ἡμῖν φίλοις, τοῖς δὲ
ἐνδόξοις, τοῖς δὲ καὶ ἀμφότερα, τοῖς δὲ οὐδέτερα μέν,
ἔχουσι δὲ ἄλλως τι δίκαιον διὰ συγγενῶν. Καὶ οὐκ
αἰσχύνεται πόλεμον αἰρόμενος πρὸς τοὺς οὐκέτι λυπεῖν   25
[οὐ] δυναμένους, ἀλλ᾽ ἑτέρας λήξεως γεγενημένους.
Ἐγὼ δὲ πολλοῦ μὲν ἂν ἐτιμησάμην αὐτὸς τοῦτον τεθει-
κέναι τὸν νόμον, ἑτέρων δὲ φθασάντων καλὸν ἡ φυλακὴ

---

19. 1 τῶν θεατῶν CᵞᵖPᵖᶜ : θεατῶν AᵞᵖVPᵃᶜIPa om. AC.
20. 7 τὸ om. CPa.
21. 17 ταχείᾳ ACVPᵖᶜ : ταχεῖα PᵃᶜIPa ‖ 18 post βοηθείᾳ add.τέ V.
22. 25 αἰρόμενος ACPIPa : αἰρούμενος V ‖ 25-26 post λυπεῖν del.
οὐ VPIPa : οὐ AC Reiske οὐδένα prop. Reiske *Anim* Foerster οὐδὲν
prop. Cobet ‖ 27 ἐτιμησάμην ἂν P.

devancé, c'est une belle chose que de le maintenir, de
suivre ce qui prévaut et de ne pas déchoir par rapport
à nos prédécesseurs[91] dont je sais qu'ils ont rendu de tels
honneurs jusqu'à la fin, sans se fatiguer même si les
défunts succédaient[92] aux défunts. **23.** Et personne n'était
assez insensé ni misérable pour blâmer cette manifestation
d'honneur. Certains maîtres, dans les convois funèbres,
allaient même jusqu'à soulever de leurs bras ceux qu'un
sort funeste faisait descendre en terre[93] ; quant à ceux qui
n'avaient pas la possibilité d'agir ainsi, c'est en s'abstenant de travailler la rhétorique avec les jeunes gens qu'ils
honoraient les funérailles, considérant comme de la plus
haute importance d'enseigner à leurs élèves quelle
conduite tenir à l'égard des trépassés. **24.** Mais celui-ci
s'en prend au temps qu'on y consacre ; il accuse celui qui
ne transgresse pas un usage aussi ancien et demande de
considérer que rien ne mérite moins les honneurs qu'un
défunt. Et pourtant quel sort prétendrais-tu qu'on réservât
à ton propre père s'il mourait alors que tu poursuis tes
études ? En effet, si tu le comptes parmi ceux qui
reçoivent les honneurs, pourquoi cherches-tu à en priver
les autres ? Mais si tu le comptes parmi les autres, que
faudrait-il te faire subir pour t'infliger le châtiment approprié[94] ? **25.** Certes non, mes enfants, il n'aura pas le toupet de dire que cet endroit[95] n'a pas révélé beaucoup
d'orateurs doués. Certains d'entre eux ont brillé dans les
tribunaux, d'autres dans l'activité de juge, d'autres encore
dans le service de leur patrie[96]. Chacun d'eux a acquis
cette compétence tout en honorant cet usage. Or, s'il est
possible de gagner du renom tout en maintenant l'usage
et sans que cela nuise en rien à ses études, et si l'un n'empêche pas l'autre, existe-t-il un prétexte légitime[97] pour
outrager ceux qui meurent ?

καὶ τὸ τοῖς νενικηκόσιν ἀκολουθεῖν καὶ μὴ χείρους εἶναι
τῶν ἡγεμόνων, οὓς οἶδα ταῖς τοιαύταις τιμαῖς εἰς τελευ-
τὰς χρωμένους καὶ οὐ κάμνοντας οὐδ᾽ εἰ νεκροὶ νεκροὺς
κατελάμβανον. 23. Καὶ οὐδεὶς οὕτως ἄφρων οὐδὲ ἄθλιος
ὡς ἐπιτιμῆσαι τῇ τιμῇ, ἀλλ᾽ οἱ μὲν τῶν διδασκάλων καὶ   5
συνεξέφερον ἀνέχοντες ταῖς χερσὶ τοὺς ὑπὸ τῆς συμ-
φορᾶς καθελκομένους, οἷς δ᾽ οὐκ ἦν καὶ τοῦτο δρᾶν, τῷ
μὴ τοὺς λόγους συνεργάζεσθαι τοῖς νέοις ἐτίμων τὰς
ἐκφορὰς τοῦτο μέγιστον ἡγούμενοι τὸ τοὺς μαθητὰς
ἃ δεῖ ποιεῖν πρὸς τοὺς οἰχομένους διδάσκειν. 10
24. Ἀλλ᾽ οὗτος ἐπιλαμβάνεται μὲν τοσούτου χρόνου,
κατηγορεῖ δὲ τοῦ μὴ παραβαίνοντος νόμον οὕτως
ἀρχαῖον, κελεύει δὲ μηδὲν ἀτιμότερον ἄγειν νεκροῦ.
Καίτοι τίνος ἀξιώσαις ἂν τὸν σαυτοῦ πατέρα τυχεῖν, εἰ
σοῦ φοιτῶντος ἔτι τεθναίη ; Εἰ μὲν γὰρ τῶν τιμὴν ἐχόν-   15
των, τί τούτων τοὺς ἄλλους ἀποστερεῖς ; Εἰ δὲ τῶν
ἑτέρων, τί παθὼν τὴν προσήκουσαν εἴης ἂν δεδωκὼς
δίκην ; 25. Οὐ τοίνυν, ὦ παῖδες, οὐδ᾽ ἐκεῖνο τολμήσειεν
ἂν εἰπεῖν, ὡς οὐ πολλοὺς δεινοὺς λέγειν τουτὶ τὸ χωρίον
ἔδειξεν. Ὧν οἱ μὲν ἐν δίκαις ἐξέλαμψαν, οἱ δὲ ἐν τῷ δικά-   20
ζειν, οἱ δὲ ἐν τῷ ταῖς πατρίσι βοηθεῖν. Ὧν ἕκαστος μετὰ
τιμῆς τοῦ νόμου τοῦδε ταύτην ἔλαβε τὴν δύναμιν. Εἰ δ᾽
ἔστι κἂν τῷ φυλάττειν τὸν νόμον εὐδοκιμεῖν καὶ μηδενὶ
βλάπτεσθαι περὶ τοὺς λόγους καὶ συνιέναι ταῦτα ἀμφότερα δύναται, τίς δικαία πρόφασις τῇ κατὰ τῶν ἀποθνησ-   25
κόντων ὕβρει ;

22. 1 νενικηκόσιν codd. : τετιμή- Foerster ‖ 2-3 τ[ελ]ευτὰς in
ras P.
23. 5 ὡς ἐπιτιμῆσαι ACPIPa : ὅστις ἐπιτιμῆσαι V ὃς ἂν ἐπιτιμή-
σαι Foerster ‖ 7 δ᾽AVPIPa : οὐδ᾽C [οὐ]δ᾽ eras. Pa ut videtur ‖ 8 μὴ
codd. : γε prop. Sintenis Foerster.
25. 23 τὸν νόμον ACVPI : τοὺς νόμους Pa ‖ καὶ codd. : κἂν
Foerster.

26. Ce qui pourrait surtout faire suffoquer[98], c'est qu'ils comptent aussi les journées qui comportent les démonstrations oratoires[99] des sophistes au nombre de celles qui sont inutilement perdues. Comment, sale bête[100], comment des discours peuvent-ils nuire à des discours ? Et comment celui qui produit un discours destiné à être imité porte-t-il un préjudice à l'encontre des discours ? Car pour moi, j'affirme que c'est le silence des maîtres qui nuit à ceux qui apprennent alors que le flot de leurs paroles[101] les pousse à être capables de faire comme eux. Nous avons déjà eu l'occasion de voir comment les maîtres de gymnastique, dans les palestres, paient aussi de leur personne pour former à la lutte, et, en outre, nous savons que les archers lancent des traits pour l'instruction de leurs élèves et que même Apollon a ainsi formé de nombreux archers. **27.** Donc, de la même manière, qui veut former des orateurs, qu'il se produise en exemple devant ceux qui vont acquérir cette capacité ; que le jeune homme fuie celui qui ne consent pas à faire des discours pour s'attacher à celui qui en compose et en fait démonstration et qu'il essaie de se constituer lui-même comme son rejeton[102] d'égal niveau. Et par surcroît, si le désir d'une démonstration oratoire vient à certains de ceux qui étudient encore[103], qu'on mette à leur disposition un auditoire[104]. Et qu'il soit établi que cela ne leur apporte pas la gloire à eux seulement, mais à tous ceux qui boivent à la même source[105]. **28.** Lorsque cela est terminé, qu'on ne vienne pas attaquer le maître au prétexte que rien n'a été fait. Quelque chose d'utile a été fait lorsque les meilleurs ont amélioré leur jugement[106], ceux qui ne sont pas les pires, leur travail, et lorsque ceux qui sont à la traîne d'une quelconque façon ambitionnent de se mettre au niveau des autres. Mais ceux qui, une fois l'assemblée

26. Ἐφ᾽ ᾧ δ᾽ ἄν τις μάλιστα ἀποπνιγείη, ὅτι καὶ τὰς
ἡμέρας αἳ τὰς τῶν σοφιστῶν ἐπιδείξεις ἔχουσι, μετὰ τῶν
τηνάλλως ἀναλισκομένων ἀριθμοῦσι. Πῶς, ὦ μιαρὸν
θηρίον, πῶς λόγοι λόγοις βλάβη ; Καὶ πῶς ὁ λέγων ἃ
χρὴ μιμεῖσθαι, περὶ λόγους ζημιοῖ ; Ἐγὼ γὰρ τὴν μὲν   5
τῶν διδασκάλων σιωπὴν κατὰ τῶν μανθανόντων εἶναί
φημι, τὸ ῥεῦμα δὲ τῶν παρ᾽ ἐκείνων λόγων ἐπὶ τὸ ταὐτὰ
δύνασθαι ποιεῖν προάγειν. Ἑωράκαμεν δέ που καὶ παι-
δοτρίβας, ὡς ἐν ταῖς παλαίστραις καὶ διὰ τῶν ἑαυτῶν
σωμάτων παιδεύουσι παλαίειν, καὶ πρὸς τούτοις τοξό-   10
τας ἐπὶ διδαχῇ τῶν μαθητῶν ἀφιέντας βέλη καὶ τόν γε
Ἀπόλλω πολλοὺς τοξότας οὕτως ἀπειργασμένον
<ἴσμεν>. 27. Οὐκοῦν καὶ ὅστις ἐθέλει ποιῆσαι ῥήτορας,
παρεχέτω τοῖς τοῦτο δυνησομένοις ἑαυτὸν παράδειγμα
καὶ τὸν μὲν οὐ βουλόμενον λέγειν ὁ νέος ἀποδιδρα-   15
σκέτω, τὸν δὲ καὶ ποιοῦντα καὶ δεικνύοντα λόγους διω-
κέτω καὶ πειράσθω πρὸς ἴσον τόκον ἑαυτὸν καθιστάναι.
Καὶ δὴ κἂν τῶν ἔτι φοιτώντων ἐγγένηταί τισιν ἐπιδείξεως ἔρως, τυγχανέτωσαν θεάτρου. Καὶ δοκείτω τοῦτο
μὴ μόνον ἐκείνοις δόξαν φέρειν, ἀλλὰ καὶ πᾶσιν οἷς   20
ταὐτὸ ποτόν. 28. Μηδὲ ἐκείνου λήξαντος χωρείτω τις
ἐπὶ τὸν διδάσκαλον ὡς ἐπὶ μηδενὶ πεπραγμένῳ. Πέπρακται γάρ τι τῶν συμφερόντων τῶν μὲν ὅσοι βελτίους, εἰς
κρίσιν ἐπιδόντων, τῶν δὲ ὅσοι μὴ χείρους, εἰς πόνον, τῶν
δὲ ἔν τῳ λειπομένων ἴσων γενέσθαι βουλομένων. Οἱ δὲ   25

26. 4 λόγοι λόγοις AVP : λόγοις λόγοι CIPa ‖ 5 γὰρ om. V ‖ μὲν
τὴν V ‖ 8 δ[έ] in ras. P ‖ 12 [οὕτ]ως in ras. P ‖ 13 ἴσμεν add. Reiske
Foerster.
27. 13 οὐκοῦν ACPPa : οὐκ//// V ‖ 14 τοῦτο ACPIPa : οὕτω V ‖
16 δεικνύοντα ACVᵃᶜPI : -ο- eras.Vᵖᶜ ‖ 17 ἴσον τόκον AVPIPa : ἴσωι
τήκον C ‖ 18 ἐγγένηταί ACVPIPaᵞʳ : ἐγκ- Pa.
28. 21 τις ACVᵖᶜPPa : τίς VᵃᶜI ‖ 24 ἐπιδόντων ACPIPa : -διδόντων
V ‖ 25 alt. δὲ in ras. P.

levée, entourent les maîtres et les font s'asseoir à contre-cœur sur leur chaire sans même les laisser souffler, font preuve d'insolence et ont peu de considération pour l'orateur lorsqu'ils crient qu'il les a ennuyés[107].

29. Pour moi, donc, je n'ai pas transigé ni ne transigerai sur mes pratiques, et ce ne sont pas les calomnies d'un pédagogue mal intentionné[108] qui vont me faire peur ; mais ceux parmi vous[109] qui sont effrayés[110], si tel n'est pas encore le cas, puissè-je les voir un jour devenir courageux et conscients de ce qu'ils sont. Et vous, mes enfants, puissè-je vous voir pleins de haine pour ceux qui me doivent justice. Ce sentiment, si vous l'aviez dès maintenant en vos cœurs, même lui[111] serait jeté dehors à la suite de ses diffamations, lui pour qui le père du garçon se prosterne devant la Fortune, comme s'il était un rempart et une garnison plus puissants que la chambre de Danaé[112] ; il est pourtant complaisant avec ceux qui lui manifestent de la courtoisie[113] et si quelqu'un invite le garçon à déjeuner, il l'y envoie, et à dîner, il le laisse y aller, et encore, il réjouit l'hôte par le fait même de s'abstenir de prendre part au dîner. **30.** Et se comporter ainsi, être aussi permissif et aussi accommodant, ne l'empêche pourtant pas de prétendre inquiéter les maîtres[114] et, le regard farouche, il va à la charge, estimant que rien n'est suffisant, que tout déroge à ce qui conviendrait, cherchant par quels moyens il pourrait en indisposer un, le chagrinant quand il entre et lui donnant de quoi se réjouir quand il sort, méprisant le maître qu'il fréquente mais en admirant un autre, réduisant à la servilité[115], par sa menace de déplacer le jeune homme[116], celui qui craint ce genre de choses. **31.** Ce n'est certes pas le père et homonyme du jeune homme qui a contraint à produire un

λυθέντος τοῦ συλλόγου περιιστάμενοί τε τοὺς διδασκάλους καὶ καθίζοντες ἄκοντας ἐπὶ τοὺς θρόνους καὶ μηδὲ
ἀναπνεῖν ἐῶντες ὑβρισταί τέ εἰσι καὶ μικρὸν ποιοῦσι τὸν
εἰρηκότα βοῶντες [οἷς ποιοῦσι τὸν] ὡς ἠνώχληκεν.
29. Ἐγὼ μὲν οὖν οὔτε καθεῖλον οὔτε καθαιρήσω   5
τἀμαυτοῦ οὐδὲ δείσω κακοδαίμονος συκοφαντίαν παιδαγωγοῦ, τούσδε δὲ τοὺς δειλούς, εἰ καὶ μήπω, ἀλλ᾽
ἴδοιμί ποτε γενομένους ἀνδρείους καὶ γιγνώσκοντας
αὐτούς. Καὶ ὑμᾶς δέ, ὦ παῖδες, ἴδοιμι μισοῦντας τοὺς
ὀφείλοντας ἡμῖν δίκην. Ὁ εἰ καὶ νῦν ἐν ταῖς ὑμετέραις ἦν   10
ψυχαῖς, ἐξέρριπτ᾽ ἂν καὶ οὗτος ἐπὶ ταῖς βλασφημίαις.
Ἐφ᾽ ᾧ προσκυνεῖ μὲν ὁ τοῦ νέου πατὴρ τὴν Τύχην, ὡς
ἐπὶ τείχει τε καὶ φρουρᾷ τοῦ τῆς Δανάης ἰσχυροτέρα
θαλάμου, ὁ δ᾽ ἐστὶν ἥμερος πρὸς τοὺς ἡδέως αὐτῷ συνδιατρίβοντας κἂν καλέσῃ τις τὸν νέον ἐπ᾽ ἄριστον,   15
ἔπεμψε, κἂν ἐπὶ δεῖπνον, ἐφῆκε καὶ αὐτῷ τῷ μὴ συνδειπ-
νεῖν εὐφραίνων τὸν ἑστιάτορα. 30. Καὶ τοιαῦτα ποιῶν
καὶ τοιαῦτα ἐπιτρέπων καὶ τοιαῦτα χαριζόμενος ὅμως
ἀξιοῖ φοβερὸς εἶναι τοῖς διδασκάλοις καὶ βλέπων ἄγριον
ἐφέστηκεν οὐδὲν ἱκανὸν νομίζων, πᾶν ἔλαττον τοῦ προ-   20
σήκοντος, ἐξ ὧν ἀηδῶς ἄν τινα διαθείη σκοπῶν, εἰσιὼν
μὲν λυπῶν, ἐξιὼν δὲ χαίρειν παρέχων, φαυλίζων μὲν ᾧ
χρῆται διδασκάλῳ, θαυμάζων δὲ ἕτερον, τῇ τοῦ τὸν νέον
μεταστήσειν ἀπειλῇ δουλείαν ἐπιφέρων τῷ τοῦτο
φοβουμένῳ. 31. Οὐ μὴν ὅ γε πατὴρ τοῦ νέου καὶ ὁμώνυ-   25
μος τοιοῦτον ἠνάγκασε λόγον γενέσθαι, οὔτε γὰρ αὐτὸς

28. 1 περιιστάμενοί ACVPIPa^γρ : περιστάμενοί Pa ‖ 4 οἷς ποιοῦσι
τὸν del. Foerster.
29. 7 τούσδε ACVPIPa : τοὺς δὲ I ‖ δὲ τοὺς om. I ‖ 10 ἡμῖν
ACVPIPa^γρ : ὑμῖν Pa ‖ 13 Δανάης Reiske Foerster : δαπάνης ACPIPa
δα/άνης V ‖ 14 ὁ δ᾽ CPa : ὅδε AVPI ‖ 15 τις ACPIPa : τίς V ‖
16 ἐφῆκε ACVPIPa^γρ : ἀφ- Pa ‖ αὐτῷ τῷ ACVPPa : αὐτὸ τὸ I ‖
17 εὐφραίνων ACPVPa : -νον I.
30. 20 οὐδὲν APVIPa : οὐδενὶ C.

tel discours car lui n'était pas un mauvais garçon[117] et il
n'avait pas un pédagogue comme celui-ci : le sien était
doux[118], mesuré, tempérant ; il protégeait celui qu'il diri-
geait et le détournait de ce qu'il fallait, sans troubler
l'ordre ni se permettre ce que l'usage n'a pas permis,
sachant bien ce qu'est un maître et ce qu'est un
pédagogue[119].

ἦν κακὸς οὔτ᾽ ἦν αὐτῷ τοιοῦτος παιδαγωγός, ἀλλ᾽ ἐπιεικής, μέτριος, σώφρων, ὃν μὲν ἦγε φυλάττων καὶ ὧν
ἐχρῆν ἀπείργων, τὴν τάξιν δὲ οὐ ταράττων οὐδ᾽ ἃ μὴ
δέδωκεν ὁ νόμος, αὐτῷ διδούς, ἀλλ᾽ εἰδώς, τί μέν ἐστιν ὁ
διδάσκαλος, τί δὲ ὁ παιδαγωγός.   5

---

31. 2 ὧν ACVPPa : ὃν I ‖ 3 μὴ ACVPI : μὴδ᾽ Pa ‖ 4 αὐτῷ
ACVPPa : αὐτῷ I.

NOTES

1. **§1** Le contraste entre le terme affectueux employé par Libanios pour désigner ses élèves et la violence de l'accusation portée contre eux souligne leur ingratitude à l'égard de leur maître : Libanios ne pouvait s'attendre à un tel affront d'indifférence de ceux qu'il chérit comme ses propres enfants et qui lui devaient, par juste retour des choses, une forme de réciprocité dans leur conduite. Voir *infra*, n. 3.

2. Les élèves de Libanios auraient dû souffrir (ἀλγῆσαι) autant que leur maître. Libanios emploie ce verbe quand il évoque ses propres réactions à leurs mauvais comportements, par exemple dans *Or*. I, 241-242 : Ἐμοὶ δὲ μὴ ἀλγεῖν μὲν οὐκ ἦν (« Je ne pouvais manquer d'en souffrir ») ou à leurs manquements en tout genre transformés, par le biais de la métaphore, en « maladies » dans *Or*. XXXV, 15 : … οὐδὲ τὰ τῶν ἀλγούντων ἐποίησα ; (« N'ai-je pas agi en homme qui souffre ? »)

3. Sur le chapitre des violences perpétrées par des élèves en signe d'attachement et de fidélité à leur maître, Libanios fait montre d'une certaine ambiguïté. En 336, quand il part faire ses études à Athènes, il n'est pas rebuté par l'idée des combats que se livrent dans cette cité les différents groupes d'étudiants ; au contraire, il trouve autant de noblesse à donner du coup de poing, de la matraque, du couteau et de la pierre pour son professeur qu'à prendre les armes pour défendre sa patrie (*Or*. I, 19). Finalement, il ne se livrera pas à ces débordements violents, marquant ainsi sa réprobation à l'encontre du sophiste qui l'a contraint à lui prêter serment et pour lequel il n'éprouve aucune admiration (*Or*. I, 20). Rétrospectivement, au moment où il compose son autobiographie (en 374), Libanios rend grâce à la Fortune de l'avoir détourné de ces affrontements brutaux (*Or*. I, 23). Mais plus tard et à plusieurs occasions, il reproche à ses élèves de ne pas s'être battus pour lui et il parle comme d'un âge d'or du temps où certains jeunes gens, accordant autant d'égards, si ce n'est plus, à leur professeur qu'à leurs parents, rentraient chez eux couverts de cicatrices (*Or*. III, 21-23). Dans *Or*. XXXVI, 2, il félicite ses élèves de montrer l'envie d'en découdre

avec ceux qui ont fait usage de la magie contre lui. Ce dernier exemple prouve que les élèves pouvaient s'attaquer à tous ceux qui portaient ombrage à leur professeur, qu'il s'agît d'autres élèves ou de personnes d'un autre âge et d'une autre condition. Dans le discours LVIII, s'il reproche à certains élèves d'avoir « passé à la couverture » un pédagogue qui cherchait à nuire au professeur de latin d'Antioche, c'est surtout parce que la pauvre victime de ce jeu malsain défendait l'éloquence grecque (*Or.* LVIII, 21).

4. L'ignorance du sort du maître se confond ici avec une indifférence coupable. Le respect qui lui est dû implique une attention à laquelle rien ne doit échapper. Cette exigence est aussi exprimée dans *Or.* III, 3 (traduction J. Martin 1988, p. 92-93) : « Si (…) les actions de ceux qui me portent tort vous échappent, vous ne pouvez éviter le reproche de me porter vous aussi le même tort. Il fallait être vigilants et vous dormez. (…) En fait, votre attitude semble due moins à votre discrétion qu'à votre indifférence à mon égard. » (Εἰ… λανθάνει δὲ ὑμᾶς τὰ παρὰ τῶν εἰς ἡμᾶς ἀδίκων, οὐδ᾽ ὑμῖν ἔνι διαφυγεῖν τὸ μὴ ταὐτὰ ἀδικεῖν, εἰ δέον ἐγρηγορέναι καθεύδετε… Οὐ γὰρ ἀπραγμοσύνης τοῦτ᾽ ἂν εἴη μᾶλλον ἢ περὶ ἡμᾶς ἀμελείας.) L'indifférence au mal est tout aussi condamnable car elle revient à le commettre : « Pour ma part, au même titre que les auteurs de l'acte, j'estime coupables ceux qui ne l'ont pas empêché, alors qu'ils étaient de beaucoup supérieurs en nombre à ceux qui ont agi. » (*Or.* LVIII, 39 : Ἐγὼ δὲ μετὰ τῶν δεδρακότων ἀδικεῖν ἡγοῦμαι τοὺς οὐ κεκωλυκότας πολὺ πλείους ὄντας τῶν πεποιηκότων.) La morale rappelée ici est celle de l'engagement : il ne peut y avoir absence de récrimination, ni récrimination muette et passive. Dans *Or.* XXXVI, 14, ce principe moral sous-tend le blâme des Antiochéens indifférents à la souffrance de Libanios.

5. §2 L'habileté de Libanios dans cet exorde est de ne donner, par le biais du participe κατερραθυμηκότος, qu'une idée vague de l'accusation portée contre lui. Cependant, la simple allusion à la ῥαθυμία (« mollesse », « négligence », « paresse », §7 ; 18) peut surprendre, voire choquer ceux qui le connaissent. Par ce procédé, le sophiste est susceptible de gagner d'emblée l'auditeur ou le lecteur à sa cause. Le syntagme τὴν ἐμὴν (…) πρὸς τὸ πονεῖν ἡδονήν par lequel il démarre sa défense (*infra,* § 2) frappe par l'alliance de deux notions souvent opposées dans l'opinion commune (plaisir et effort) et confirme que ῥαθυμία est bien un antonyme de πόνος chez Libanios. Aelius Aristide dut lui aussi se défendre d'une accusation de « ῥαθυμία » (voir *Or.* 33 : *À ceux qui lui reprochaient de ne pas déclamer*). Le même vocabulaire se retrouve chez lui (J.-L. Vix 2010, p. 209).

6. Dans ce paragraphe, le champ de la critique se resserre et se précise puisque le pluriel du premier paragraphe τοὺς ὑβρικότας με (« ceux qui m'ont outragé ») se réduit ici à un singulier : ὁ θρασὺς οὑτοσὶ παιδαγωγὸς (« cet arrogant pédagogue »).

7. Chez Libanios, le silence est souvent une marque de honte ou d'impuissance. Voir *Or.* XXXV, 1 n. 2.

8. Le raisonnement de Libanios est tronqué, la conclusive restant implicite : « Si l'accusation était fondée, je me tairais et je ne serais pas fondé à accuser mon accusateur ; mais elle ne l'est pas car j'ai été calomnié comme je vais le prouver. » La conclusive attendue est : « donc je vais accuser mon accusateur » (κατηγορεῖν τοῦ κατηγοροῦντος). Le polyptote ou répétition du même verbe sous deux formes distinctes met en place le principe du discours qui s'installe dans sa tonalité de défense doublée d'une contre-attaque.

9. Des trois familles de mots appartenant au champ lexical de la calomnie (συκοφαντέω-ῶ/συκοφαντία/συκοφάντης ; βλασφημέω-ῶ/βλασφημία ; διαβάλλω/διαβολή), c'est à la première, qui renvoie à une pratique bien attestée de la Grèce classique, que Libanios recourt le plus souvent (§ 2 ; 6 ; 11 ; 29). Alors que le substantif συκοφάντης désigne tout d'abord plutôt un « délateur » ou « dénonciateur » qu'un « calomniateur », le verbe s'est spécialisé dans la profération d'accusations mensongères. L'étymologie de βλασφημέω-ῶ/βλασφημία (§14 ; 29) renvoie au fait de parler (φήμη) dans le but de nuire (βλάπτω) à quelqu'un ; quant à διαβάλλω (§16), verbe polysémique, il signifie d'abord « diviser », « désunir », puis « accuser », parfois à juste titre, et enfin, le plus souvent, « calomnier », « diffamer » (P. Hummel 2008, p. 14-17).

La diffamation était une arme dont Libanios craignait les effets et dont il fut victime à plusieurs reprises au cours de son existence, notamment du fait de sophistes jaloux. Il reconnaît cependant que parmi tous les mensonges proférés contre lui, on ne prétendit jamais qu'il était intéressé par l'argent et de ce fait corruptible (*Or.* LII, 44). Libanios dénonça l'utilisation excessive à son époque de la diffamation comme arme de vengeance des plus faibles sur les plus puissants. Dans le discours *À l'empereur, contre ceux qui font le siège des gouverneurs*, il la montre à l'œuvre comme moyen de pression exercé sur les gouverneurs par les quémandeurs de tous poils : « Car même si le gouverneur est enclin à vénérer la justice, un homme pourra beaucoup (…) en lui promettant des éloges ou en le menaçant de calomnies. » (*Or.* LI, 6 : Καὶ γὰρ εἴ τίς ἐστιν ἄρχων οἷος αἰδεῖσθαι τὸ δίκαιον, πολλὰ ἂν ποιήσειεν ἄνθρωπος... ἐπαίνους ὑπισχνούμενος καὶ κακῶς ἐρεῖν ἀπειλῶν.) Les gouverneurs eux-mêmes redoutent la calomnie : « Si le fer est redouté par les uns, la diffamation l'est par les autres, et ils ont beau savoir qu'ils n'ont rien fait de mal, cela n'est pas suffisant. » (*Or.* LI, 19 : Καὶ φοβερὸς ἐκείνῳ μὲν ὁ σίδηρος, τούτῳ δὲ ἡ βλασφημία, καὶ τὸ μηδὲν ἑαυτῷ συνειδέναι κακὸν οὐκ ἀρκεῖ.) Ceux qui n'obtiennent pas gain de cause lors de leurs visites n'hésitent pas à menacer de décocher leurs flèches empoisonnées contre celui qui ne les a pas écoutés : « Si tu ne m'accordes pas cette faveur, tu ne supporteras pas,

disent-ils, les traits lancés de ma bouche. L'agora est un terrain tout
à fait adapté à ceux qui décochent de telles flèches. » (*Or.* LI, 8 : Ἦν
γὰρ μὴ δῷς, φησί, τὴν χάριν, οὐκ οἴσεις τὰ βέλη τὰ ἀπὸ τοῦ στόματος. Πάντως δὲ ἐπιτήδειον ἡ ἀγορὰ χωρίον τοῖς τὰ τοιαῦτα τοξεύ-
ουσιν.) Démosthène fait endosser ce rôle de calomniateur à Eschine
qu'il traite de « ramasseur de graines » et de « pilier d'agora » (*Sur la
couronne,* 127 : σπερμολόγος, περίτριμμ' ἀγορᾶς) et à Aristogiton :
« Il se promène à travers l'agora comme une vipère ou un scorpion,
l'aiguillon dressé, bondissant de-ci, de-là, regardant à qui infliger un
malheur, une diffamation ou une méchanceté, qui il épouvantera pour
se faire verser de l'argent. » (*Aristog.*, I, 52 : Ἀλλὰ πορεύεται διὰ τῆς
ἀγορᾶς, ὥσπερ ἔχις ἢ σκορπίος ἠρκὼς τὸ κέντρον, ᾄττων δεῦρο
κἀκεῖσε, σκοπῶν τίνι συμφορὰν ἢ βλασφημίαν ἢ κακόν τι προστρι-
ψάμενος καὶ καταστήσας εἰς φόβον ἀργύριον εἰσπράξεται.)

10. Libanios affirme que son plaisir (ἡδονήν) réside dans l'effort,
c'est-à-dire le travail (τὸ πονεῖν). Dans ses textes, le travail lié aux
études de rhétorique, qu'il s'agisse de celui des élèves ou de celui des
rhéteurs, est désigné par le substantif πόνος ou le verbe πονεῖν (voir
par exemple *Or.* XXXV, 26 ; *Or.* XLIII, 10 ; 14 ; 15). Le substantif
φιλοπονία (« amour de l'effort, du travail ») est aussi employé : il est
appliqué à Jasion, un condisciple cappadocien de Libanios dont le plaisir repose sur cet amour : φιλοπονίᾳ (…) ἡδόμενος (*Or.* I, 11) et
à l'ensemble des rhéteurs d'Antioche qui le partagent : τῆς ἡμετέρας
φιλοπονίας (*Or.* XLIII, 14 : « notre amour du travail »). L'amour du
travail est une valeur fondamentale de la morale libanienne (B. Schouler 1984, p. 964-970) et plus largement de la morale sophistique dès le
IIᵉ siècle de notre ère (B. Schouler 1996, p. 199). Cette exaltation de
l'effort implique le renoncement à la τρυφή au sens négatif du terme :
plaisirs immédiats, vaines distractions, paresse, jouissance des avantages liés à leur position pour les représentants du pouvoir (C. Saliou
2011, p. 153-156). En classe, on livre à la réflexion des élèves des
sujets de composition sur ce thème, visant à montrer que le gain du
travail est bien supérieur à celui des plaisirs : la chrie d'Isocrate (« Isocrate a dit que la racine de l'éducation était amère, mais que ses fruits
sont doux. »), développée dans les traités d'Hermogène et d'Aphthonios et dans le recueil de Libanios, prouve la pérennité et l'importance
de ce thème.

11. §3 Libanios ne s'adresse plus ici à ses étudiants mais à l'ensemble de son auditoire.

12. Le verbe ἐπιδείκνυσθαι signifiant de manière générale « faire
montre de », le substantif ἐπίδειξις désigne une « démonstration oratoire », la présentation d'un discours devant un auditoire quelle que soit
la forme de ce discours. Le même terme vaut pour les prestations
d'élèves autant que pour celles des professeurs (§ 26). Il est parfois
traduit par « déclamation » du fait que le latin *declamatio* renvoie à la

délivrance orale d'une composition avant de désigner la composition prévue à cet effet. Le même terme vaut donc pour un texte et pour sa présentation orale. Le substantif μελέτη (« exercice ») est porteur de la même ambiguïté (D. A. Russell 1983, p. 9).

13. Dans un contexte lié à la rhétorique, ἀγών – traduit ici par « discours » – peut se rapporter à un « procès » (Anon. Seg., 2, 66), à un « concours oratoire » ou à un « débat » comme dans Pl., Prot. 335 : « ... j'ai dans ma vie engagé des luttes de paroles avec bien des gens » (... πολλοῖς ἤδη εἰς ἀγῶνα λόγων ἀφικόμην ἀνθρώποις) ou chez Libanios lui-même qui évoque, dans Or. IV, 20, « les débats oratoires » (ἐν τοῖς διὰ λόγων ἀγῶσιν). Cependant, la dénotation agonistique d' ἀγωνίζεσθαι n'est pas flagrante lorsque le verbe est employé sans référence à d'éventuels concurrents de l'orateur et ses traductions peuvent ne retenir alors que le fait de délivrer une prestation oratoire ; voir Philostr., VS I, 529 qui donne la parole au sophiste Marc de Byzance : « ... je travaille même en restant silencieux, et je m'exerce sur deux ou trois thèmes en plus du seul que j'expose en public. » (... καὶ τῇ σιωπῇ ἐνεργῷ χρῶμαι καὶ γυμνάζουσί με δύο ὑποθέσεις καὶ τρεῖς ὑπὸ τὴν μίαν, ἣν ἐς τὸ κοινὸν ἀγωνίζομαι.) Les verbes ἀγωνίζεσθαι et διαλέγεσθαι peuvent ainsi constituer un couple antithétique, le premier désignant le fait de déclamer, le second celui de se livrer à une « causerie » ou lalia en principe improvisée (B. Schouler 1973, p. 23). Le fait qu'ici Libanios n'évoque qu'un seul élève semble exclure une situation de concours d'éloquence opposant plusieurs jeunes gens de sa classe ; mais il faut garder en mémoire que toute démonstration organisée dans un cadre scolaire était destinée à créer entre les élèves une saine émulation.

14. Les compositions brèves, plaisantes et informelles destinées à constituer un discours autonome ou un préambule à un autre discours plus important relèvent du genre de la « causerie » et sont nommées en grec soit lalia ou dialexis, soit prolalia selon le rôle et la place qui leur sont dévolus dans la prestation oratoire ; mais à ces termes techniques, attestés chez les théoriciens et dans des titres d'œuvres, les orateurs préfèrent des termes plus nobles empruntés au théâtre classique comme πρόλογος ou προάγων qui supplantent donc prolalia pour désigner une « causerie préliminaire » (L. Pernot 1993, p. 559). Ainsi, l'œuvre conservée d'Aelius Aristide ne comporte aucune prolalie mais cette forme oratoire est mentionnée à deux reprises par le rhéteur sous l'appellation πρόλογος pour désigner un préambule à la lecture d'une de ses œuvres (Sacr. I, 38), et προάγων quand il s'agit d'un préambule à une déclamation (L. Pernot 1993, p. 552). Il semble que Libanios suive l'exemple d'Aristide : le προάγων du jeune garçon précède sa déclamation (A. F. Norman 2000, p. 136).

15. Cette précision a pour but de souligner la précocité du jeune homme. En effet, l'âge des élèves variait en moyenne entre 15 et 20 ans

(P. Petit 1956, p. 143). Dans une lettre adressée en 360 à Acacios 7,
père de Tatianos, Libanios fait l'éloge du garçon en précisant qu'« il
est de ceux qui deviennent aiguisés dans ce qu'on appelle les déclamations et qui ont appris beaucoup en peu de temps. » (*Ep.* 190, 3 : καὶ
γάρ ἐστι τῶν ἐν ταῖς καλουμέναις μελέταις θηγομένων καὶ πολλὰ
ἐν οὐ πολλῷ μεμαθηκότων χρόνῳ.) Or, Titianos a commencé à étudier
avec lui en 358/359 (*Ep.* 44). Il est donc remarquable qu'un garçon, au
bout de deux ans de classe de rhétorique, soit capable de produire des
déclamations (R. Cribiore 2007, p. 153). Le jeune élève de notre discours a sans doute débuté son apprentissage au plus tard vers l'âge de
13 ans.

16. Le terme ὀρφανία est équivoque car on ne peut savoir si le
jeune homme avait perdu ses deux parents ou seulement l'un d'eux.
Libanios l'emploie pour lui-même qui perdit son père alors qu'il avait
onze ans (voir par ex. *Or.* I, 6). On peut estimer que cette situation ne
favorisait pas toujours une poursuite d'études même si, par ailleurs,
certains pères aussi pouvaient être défaillants. Tout dépendait en fait du
ou des tuteurs sous la responsabilité desquels l'enfant était placé jusqu'à
l'obtention de sa majorité à l'âge de 14 ans. Certaines lettres de Libanios montrent l'investissement sans faille de ces gardiens, mère non
remariée (*Ep.* 104 ; 285) ou grand-père par exemple (*Ep.* 1020 ; 1034).
Les informations délivrées par Libanios illustrent plutôt le versant positif d'une situation assez répandue et montrent qu'il n'y avait pas, du
moins dans les classes sociales favorisées, d'incompatibilité entre l'état
d'orphelin et la réussite scolaire même si ces jeunes gens
étaient considérés comme plus méritants que d'autres. Sur le sort de
quelques étudiants orphelins voir R. Cribiore 2008, p. 266-272. C'est
pour mettre en relief ce mérite que Libanios délivre cette information
sur son élève mais aussi parce qu'il sied de le faire dans un éloge codi-
fié, le *genos* étant un *topos* du genre.

17. En distinguant les « plaisirs honteux » des plaisirs nobles
comme celui que procure le travail et que traduit l'apparent oxymore
du paragraphe 2 (voir *supra*, n. 10), Libanios se place dans une longue
tradition philosophique. Les plaisirs honteux les plus représentés dans
son œuvre sont le goût des spectacles, la fréquentation des tavernes
où l'on peut s'enivrer et jouer aux dés, une sexualité débridée ou
jugée contre-nature comme l'homosexualité (B. Schouler 1984,
p. 946-953).

18. Les termes στρατιώτης et ἡγεμονία sont tous les deux ambiva-
lents puisqu'ils se réfèrent l'un comme l'autre au domaine militaire
aussi bien que civil. Depuis l'empereur Constantin, militaires et
membres de l'administration ont été réunis en une seule *militia* recon-
naissable au port du ceinturon militaire (*cingulum*). Est donc *miles* ou
στρατιώτης tout membre de cette « armée » au service de l'empereur
(J.-M. Carrié, A. Rousselle 1999, p. 664). Le jeune garçon dont on

évoque ici les ancêtres nous est inconnu ; par ailleurs, cet éloge est trop allusif pour qu'on puisse déterminer avec certitude le sens qu'y revêt le mot στρατιώτης. Cependant, si on considère la piètre opinion de Libanios sur les soldats (voir par ex. *Or.* XXXVI, 8 ; B. Cabouret 2012a, p. 433-434), il est probable que le terme renvoie plutôt ici au service civil que militaire (A. F. Norman 2000, p. 136, n. 4). Nous rencontrons la même difficulté pour le substantif ἡγεμονία que Libanios emploie pour désigner toute forme d'autorité : dans *Or.* XXXVI, 11, pour la position d'Ulpianos puis de Zenobios dans l'école municipale d'Antioche ; dans *Or.* I, 19 et *Or.* XLIII, 9, ἡγεμόνες se réfère aux professeurs détenteurs de l'autorité sur leurs élèves, les parents et les pédagogues de ceux-ci ; dans *Or.* XVIII, 87, il désigne l'empire romain. Ici, il peut renvoyer soit à un commandement militaire, soit au commandement d'une province. A. F. Norman 2000, p. 136, n. 4, justifie sa traduction par « in military commands » en affirmant que le sens civil d'ἡγεμονία ne valait que sous le Haut-Empire ; cependant, dans *Or.* XV, 64, ἡγεμόνας désigne bien des gouverneurs. Il est donc difficile de trancher. Compte tenu du fait que Libanios, malgré son mépris affiché pour les militaires en général, éprouva pour certains généraux une amitié et une admiration sincères (B. Cabouret 2012a, p. 437-447), nous avons considéré qu'il évoquait ici l'administration puis les hauts commandements de l'armée, deux domaines dans lesquels les ancêtres du jeune homme auraient pu s'illustrer.

19. L'emploi du terme κόσμος inscrit bien ce passage dans la rhétorique encomiastique dont l'objet est l'embellissement, l'ornement par la parole : le verbe κοσμέω-ῶ peut ainsi être employé comme synonyme de ἐγκωμιάζω (L. Pernot 1993, p. 674).

20. La σωφροσύνη, « tempérance » ou « maîtrise de soi », est l'une des quatre vertus cardinales mentionnées par Platon comme attributs d'une bonne cité : sagesse, courage, tempérance et justice (Pl., *R.*, IV 427e : Δῆλον δὴ ὅτι σοφή τ᾽ ἐστὶ καὶ ἀνδρεία καὶ σώφρων καὶ δικαία). Dans son *Éthique à Nicomaque,* Aristote parle longuement du courage (III, 9-12), de la tempérance (III, 13-14), de la justice (livre V) et des vertus intellectuelles, dont fait partie la prudence (VI, 5 ; 8-9). La σωφροσύνη est inscrite dans le code moral libanien à côté de l'amour du travail ou *philoponia* avec laquelle elle nourrit des liens étroits et dont elle est la condition nécessaire (voir *supra*, n. 10). La σωφροσύνη est le contrôle par la raison des penchants aux plaisirs faciles et aux vaines jouissances qui éloignent de l'étude et du vrai bien. Pour un individu sans penchant naturel pour l'ascétisme, elle est synonyme de capacité à rester mesuré devant les tentations qui se présentent à lui (voir *Or.* XXXV, n. 72 au § 18). La tempérance, au même titre que les trois autres vertus cardinales, fait partie des *topoi* encomiastiques ; les actions (πράξεις) de la personne louée sont réparties entre leurs champs respectifs (L. Pernot 1986, p. 36).

21. La calomnie réduite à l'impuissance par la tempérance est un topique de l'éloge (B. Schouler 1984, p. 948-949). On le trouve à l'œuvre par exemple dans *Or.* XXXI, 45 au sujet du plus jeune des assistants de Libanios : « Et au sujet du plus jeune, que pourrait-on dire de mieux si ce n'est qu'ayant l'autorité sur des enfants avant d'être sorti de l'enfance, il n'a pas même prêté le flanc à un calomniateur ? » (Περὶ δὲ δὴ τοῦ νεωτάτου τί μεῖζον εἴποι τις ἂν ἢ ὅτι πρὶν ἐκ παίδων ἐξελθεῖν, παίδων ἄρχων οὐδὲ συκοφάντῃ παρέσχεν αἰτίαν ;)

22. La justice, autre vertu cardinale chez Platon (voir *supra*, n. 20), consiste chez le jeune élève de Libanios à le payer régulièrement et à considérer que ce qu'il donne est peu de choses par rapport à ce qu'il a reçu. Ce trait de caractère clôt le portrait, ce qui souligne l'importance, pour Libanios, de cet aspect de sa relation avec le garçon. Sur le salaire de Libanios, voir *Or.* XXXVI, n. 38 au § 9.

23. §4 Le discours XXXIV compte neuf occurrences du terme νόμος. Cette fréquence d'emploi révèle que la classe de Libanios était régie par tout un ensemble de νόμοι, traditions anciennes ou règles mises en place par le sophiste lui-même pour offrir aux élèves une progression pédagogique adaptée à leurs besoins tout en leur enseignant le respect de l'autorité et des anciens. Dans notre discours, Libanios se réfère souvent aux νόμοι pour justifier ses pratiques en réponse aux allégations du pédagogue. On comprend que l'usage précis évoqué dans ce paragraphe stipulait qu'en cas de prestation rhétorique d'un excellent niveau, le maître n'était pas censé ajouter un commentaire au discours de l'élève ; la fin de la déclamation d'élève entraînait donc la fin de la matinée de cours. « Ne rien ajouter à sa démonstration oratoire » et, un peu plus loin dans le même paragraphe, « ne donner aucune suite aux paroles du jeune homme » sont deux expressions synonymes. Sur les lois régissant la classe de Libanios, voir C. Bry (à paraître).

24. Les pédagogues sont mis sur le même plan que les élèves : ici, Libanios montre qu'ils sont susceptibles, comme les élèves, de contester des pratiques professorales.

25. On remarquera dans ce paragraphe la triple occurrence de l'adverbe οὖν. Libanios, pour se justifier, met en relief la succession chronologique mais aussi logique des faits : il fallait appliquer le règlement ; rien ne devait donc être ajouté aux paroles de l'élève ; il était donc normal que Libanios s'occupât d'autre chose.

26. La présence d'amis indique que l'exhibition oratoire était ouverte à un public extérieur à l'école.

27. Au sujet des faits évoqués ici, voir les éléments de datation du discours dans la notice. En 382, pour ramener Philagrios à plus de douceur à l'égard des boulangers, Libanios était intervenu en développant deux arguments : les boulangers n'étaient pas responsables de la flambée des prix ; de plus, les conséquences des violences exercées contre eux par Philagrios risquaient d'être désastreuses pour la cité.

Libanios, qui avait réussi à convaincre le *comes Orientis*, fut considéré, selon ses dires, comme le bienfaiteur d'Antioche. Dans *Or.* XXIX, 6, il résume son intervention en d'autres termes : « ... je n'avais pas eu alors besoin de longs discours pour convaincre Philagrios qui était raisonnable ; hocher la tête comme à la suite d'événements graves m'avait suffi. » (... μακρῶν μὲν πρὸς τὸν ἔμφρονα Φιλάγριον λόγων οὐ δεηθείς, τοῦ δὲ κινῆσαι τὴν κεφαλὴν ὡς ἐπὶ σκληροῖς ἀρκέσαντος...) Les deux versions du même événement diffèrent quelque peu en fonction de la visée du texte : si, dans le second, le but est aussi d'opposer la sagesse de Philagrios, perméable aux discours, à la folie de Candidos, contrôleur des boulangers qui fit flageller en 384 le boulanger Antiochos, dans les deux cas, il s'agit de mettre en relief les pouvoirs de la rhétorique et l'implication du sophiste dans la vie politique. En plus de créer un cadre réaliste à l'action qui va avoir lieu — l'intervention d'un pédagogue —, ce petit tableau représentant Libanios en train de deviser avec ses amis après la prestation du jeune élève renforce les liens entre rhétorique d'école et rhétorique sur le terrain. Sur ces événements de 382, voir Wiemer 1996, p. 531-533.

28. §5 La fréquentation des bains contribue au plaisir de vivre à Antioche (C. Saliou 2011, p. 156). Ici, le bain précède le déjeuner. Ce n'était pas toujours le cas (F. Yegül 2010, p. 11-12). Sur les bains, voir *Or.* XXXVI, 15, n. 66.

29. Le jeune esclave de Libanios est un appariteur qui surveille les entrées et sorties à la porte de la salle. Cette fonction est explicitement mentionnée par une périphrase dans *Or.* V, 50 : Ὁ δ' ἐπιτραμμένος τὰς τῶν φοιτητῶν εἰσόδους (« Celui qui a été chargé des entrées des élèves »). Dans *Or.* III, 11, on voit un esclave inviter les élèves à prendre place pour écouter le discours de Libanios.

30. L'élève et son pédagogue sont bien assortis, ce qui peut être une des raisons pour lesquelles Libanios s'adresse tantôt à l'un, tantôt à l'autre, parfois en les confondant, comme à la fin de ce paragraphe.

31. Par l'emploi du verbe βοᾶν, l'attitude du pédagogue est présentée comme irrationnelle et peu respectueuse.

32. Telle est donc l'accusation dont Libanios va se défendre. La conjonction ὡς la présente d'emblée comme fallacieuse.

33. L'usage en question est celui qui a déjà été évoqué précédemment et qui consiste à mettre fin à un cours immédiatement après une prestation d'élève en public (voir *supra*, n. 23), usage qui, selon les vues du pédagogue, équivaut pour les élèves à une perte de temps scolaire. En présentant ainsi les mobiles de son accusateur, Libanios fait habilement ressortir que celui-ci se trompe de cible et que son seul tort à lui a été de suivre le règlement. L'adverbe πάλαι reprend l'adjectif ἀρχαῖος qualifiant le substantif νόμος au paragraphe précédent. Libanios insiste sur l'ancienneté de l'usage et le présente ici comme un droit de l'élève, celui de ne pas avoir de contradicteurs et d'être libéré

plus tôt que d'habitude avec l'ensemble de sa classe. Sur ces νόμοι scolaires institués par les anciens, voir C. Bry (à paraître).

34. Le neutre pluriel du groupe nominal τῶν αὐτῶν ἐκείνῳ (« des résultats semblables aux siens ») désigne aussi bien l'excellent niveau d'éloquence de l'élève que la réception de son discours.

35. Libanios parle du pédagogue émetteur de la plainte comme s'il s'agissait d'un élève. L'assimilation de l'élève et de son pédagogue est fréquente dans le discours. Dans les faits, l'autorisation devait être donnée aux pédagogues de suivre les cours avec leurs protégés, ce qui leur permettait d'acquérir les compétences et les savoirs indispensables pour pouvoir les aider de manière efficace. Dans une lettre adressée à Achillios en 359/360, Libanios montre à son correspondant que si l'excellence de son fils procède de ses talents naturels, elle est aussi due à l'action de son pédagogue qui « menace, exhorte, pousse et s'épuise avec lui. » (*Ep.* 139, 2 : … καὶ ὁ παιδαγωγὸς ἀπειλῶν, παρακαλῶν, ἐπεγείρων, συνδιαταλαιπωρῶν…) Dans *Or.* XLIII, 9, le sophiste conseille à ses collègues de fournir un banc aux pédagogues pour être en bons termes avec eux.

36. **§6** Sur le lexique de la calomnie, voir *supra*, n. 9.

37. La même invective apparaît dans *Or.* III, 35 à l'adresse d'un élève fictif, qui, exclu du cours de rhétorique, aurait été rejeté par la population pour avoir souillé le domaine des Muses. À l'origine, c'est Achille qui s'adresse en ces termes à Agamemnon dans Hom. *Il.* I, 225. Voir aussi *Or.* XXXVI, n. 37 au § 8.

38. « Ces événements malheureux » désignent l'émeute des statues de l'année 387. Voir la notice du discours.

39. Sur la lettre évoquée ici, voir la notice du discours. Sur la synonymie entre γράμματα et ἐπιστολή voir la notice et *infra*, n. 44.

40. C'est à la campagne que s'enfuirent les Antiochéens, mus par l'espoir illusoire, quand ils n'y avaient pas de famille, qu'on les laisserait malgré tout s'abriter sur un lopin de terre et mendier leur nourriture (*Or.* XXIII, 5). Selon Libanios, les élèves partirent dans les mêmes conditions, certains écrivant à leurs parents des lettres trompeuses sur la gravité des événements et se faisant ainsi rappeler chez eux, d'autres prenant sur eux de lever le camp dans l'intention de se réfugier soit sur un domaine familial, soit chez des inconnus (*Or.* XXIII, 20).

41. La τρυφή est une notion difficile à traduire car elle désigne aussi bien un ressenti plaisant (volupté, jouissance), une façon de vivre caractérisée par des pratiques concrètes (vie molle et sensuelle, fréquentation des bains, bonne chère…) que l'expression de traits de caractère (mollesse, paresse). Elle présente dans l'œuvre de Libanios un versant négatif, opposé comme ici à la *philoponia* (voir *supra*, n. 10), ou positif (C. Saliou 2011, p. 153-156).

42. La mer était fermée à partir du 11 novembre jusqu'en mars (J. Rougé 1966, p. 359 et P. Petit 1979, p. 102, n. 2) : « [La fête des

calendes] fleurirait même sur la mer, si la mer n'était pas fermée à la navigation par la mauvaise saison… » (*Or*. IX, 5 : Ἀνθεῖ … καὶ ἐν τῇ θαλάττῃ δ᾽ ἄν, εἰ μὴ ἄπλους ἦν ὑπὸ τῆς ὥρας ἡ θάλαττα…) Certains voyageurs couraient tout de même le risque d'une traversée : dans *Or*. I, 15, Libanios, en partance pour Athènes, raconte qu'il soudoie un capitaine pour prendre la mer car celle-ci est « déjà fermée à la navigation à cause de la saison » (θάλατταν ἤδη κεκλεισμένην ὑπὸ τῆς ὥρας ναυτίλοις). Son voyage se déroula sans encombres ; celui de Grégoire de Nazianze, qui quitta Alexandrie en novembre 350 pour la même destination, fut beaucoup plus mouvementé car marqué par une tempête qui dura trois semaines (*Poèmes* II, 1, 1, v. 308-321 et II, 1, 11, v. 121-210 ; J. Bernardi 2004, p. XVI).

43. « Ceux qui ne naviguent pas », « naviguer », « navigation » : cette traduction correspond au polyptote τῶν οὐ πλεόντων/τοῦ πλεῖν/ πλοῦ. Pour être fidèle au texte, il est nécessaire d'employer trois termes de même racine.

44. Pour traduire εἰ δ᾽ ἧκές τε ἐπὶ τοῖς ἡμετέροις γράμμασι, A. J. Festugière 1959, p. 478, propose : « Si tu étais venu à nos devoirs écrits », justifiant cette interprétation par le fait que Libanios emploie le même substantif pour désigner dans *Or*. XXXV, 22, les devoirs qu'il exigeait de ses élèves (τῶν ῥητορικῇ προσηκόντων γραμμάτων). A. F. Norman 2000, p. 138, lui emboîte le pas en traduisant par : « If you had come to my lessons… ». Il s'agirait alors d'un emploi métonymique du terme γράμματα, l'enseignement du sophiste ne se réduisant pas à ces exercices, puisqu'il est bien question ici, par l'emploi du verbe ἥκω, de présence aux cours de rhétorique. On notera aussi que, de manière générale, c'est plutôt l'accusatif qui est employé après les prépositions complétant ce verbe. De plus, dans le contexte de l'émeute de 387, γράμματα peut désigner un des décrets envoyés par Théodose aux Antiochéens (voir la notice). Par exemple, dans *Or*. XIX, 25, le décret à l'origine de l'émeute est d'abord désigné comme γράμματα, puis, dans la phrase suivante, comme ἐπιστολῆς. Certes, l'emploi de ἡμετέροις accordé à γράμμασι peut, dans ce cas, entraîner quelques réserves relativement à cette seconde interprétation mais il faut tenir compte du fait qu'un adjectif possessif n'a pas toujours une valeur subjective et que « notre décret » peut signifier « le décret à nous envoyé » ou « le décret nous concernant » ; de plus, la préposition ἐπί a fréquemment le sens temporel de « après » quand elle gouverne le datif. Donc, il faut comprendre que si l'élève de Libanios était rentré de son escapade après la publication du décret dégageant les élèves de toute responsabilité dans les émeutes et avait alors repris ses études avec le sérieux requis, il n'aurait pas perdu trois mois de cours.

45. Le mot κακία est aussi employé dans *Or*. XXIII, 23, pour blâmer les mauvais penchants des élèves qui prirent la fuite suite aux émeutes.

46. C'est comme des « rumeurs » que, dans *Or.* XIX, 39, Libanios évoque les quatre châtiments encourus par la ville : pillage, massacre des habitants par les soldats, lourde amende, exécution des *principales* de la *Boulè*. Selon P.-L. Malosse 2007, p. 133, il est probable que s'adressant à Théodose qui n'avait pas encore pris de décisions concernant Antioche, le sophiste ait alors présenté sous ce jour les quatre sanctions les plus susceptibles de s'abattre sur ses concitoyens ; en effet, cela contribuait à les rendre indignes d'un empereur aussi philanthrope. Notre discours n'a ni le même enjeu, ni le même destinataire ; cependant, Libanios y parle encore de ces mêmes rumeurs, tout en les réduisant aux deux seules dont auraient pu souffrir les élèves : les meurtres et le pillage par la soldatesque. Dans les discours consacrés aux émeutes, Libanios insiste sur ses efforts désespérés pour les combattre et convaincre les Antiochéens qui cédaient à la panique de ne pas s'y fier (*Or.* XIX, 40 et *Or.* XXIII, 15-16).

47. Beaucoup de fuyards furent victimes de brigands sévissant dans l'Antiochène (*Or.* XXIII, 2 ; 18). Certains d'entre eux étaient d'anciens paysans acculés par la pauvreté consécutive à de mauvaises récoltes (P.-L. Malosse 2006, p. 219-220 ; B. Pottier 2016, p. 141-142). Le brigandage n'était pas qu'un motif littéraire apprécié dans les romans ou les déclamations ; il s'agissait aussi d'une réalité que les Antiochéens, soumis à la peur d'une vengeance impériale contre leur cité, semblent, d'après le témoignage de Libanios, avoir sous-estimée (B. Schouler 1973, p. 107).

48. §9 L'élève et son pédagogue ont eu l'occasion d'entendre les mises en garde de Libanios avant de fuir Antioche, ce qui signifie qu'ils ne sont pas partis immédiatement après l'émeute. Le reproche que leur adresse Libanios d'être partis sans tenir compte de son jugement et sans lui faire part de leur projet est le ressort principal des § 7 à 11 ; il est aussi développé dans *Or.* XXIII, 24 : « Mais en réalité, ils s'échappèrent en silence, suivant mes leçons le jour et décampant la nuit, m'ayant condamné à mort et sans craindre que nous puissions nous revoir. » (Νῦν δὲ διὰ σιωπῆς ἐξεπήδησαν τήμερον συγγενόμενοι, νυκτὸς δὲ ἀποδράντες, θάνατόν μου κατεψηφισμένοι καὶ οὐ δεδοικότες μὴ αὖθις ἀλλήλους ἴδωμεν.) Ce silence est condamnable : au mieux, il est la preuve d'un manque de crédit accordé au sophiste ; au pire, il revient à une condamnation à mort de celui qu'ils n'ont rien fait pour sauver en le persuadant de les suivre, s'ils étaient vraiment persuadés qu'il était en danger.

49. Que l'élève et son pédagogue aient quitté la ville sans l'annoncer à Libanios prouve que celui-ci ne leur a pas conseillé de le faire : en effet, s'ils n'ont rien dit à leur professeur, c'est qu'ils redoutaient ses arguments. Ceux-ci ont pourtant échoué à dissuader beaucoup d'Antiochéens de fuir comme Libanios l'admet dans *Or.* XXIII, 15 : « … je parcourais la cité en criant : Pourquoi êtes-vous inquiets ? Pourquoi

NOTES   41

avez-vous peur ? Pourquoi forgez-vous ces craintes imaginaires ? Mais
je passais pour divaguer. » (... ἐβοῶμεν ἐπερχόμενοι τὴν πόλιν · Τί
τετάραχθε ; Τί πεφόβησθε ; Τί πλάττετε τὰ δοκοῦντα δείματα ;
Ἀλλ' ἐδοκοῦμεν φλυαρεῖν.)

50. §10 La métaphore liquide est souvent employée par Libanios
pour traduire le savoir qui se déverse d'un maître sur ses élèves.
Ici, par le biais de la fontaine (κρήνην) et de ses bouches d'eau (τοῖς κρουνοῖς) qui ne cessent de couler, Libanios se représente lui-même dans
son activité d'enseignant. La fontaine est une variation sur le motif de
la source (πηγή) qui relève d'une tradition rhétorique. L'image de la
source comme origine et principe est courante chez Platon : ainsi, le
cœur est « la source du sang » (*Tim.* 70b : τὴν δὲ δὴ καρδίαν... πηγὴν
τοῦ... αἵματος). D'autres passages du philosophe, sans recourir au
terme πηγή, utilisent la métaphore liquide pour évoquer les sciences
(*Phil.* 62d, Μεθιῶ δὴ τὰς συμπάσας ῥεῖν εἰς τὴν τῆς Ὁμήρου καὶ
μάλα ποιητικῆς μισγαγκείας ὑποδοχήν : « Je vais donc les laisser
toutes couler dans le sein de la très poétique vallée d'Homère. ») ou le
dieu à la source duquel les âmes s'abreuvent pendant leur séjour céleste
(*Ph.* 253a, κἂν ἐκ Διὸς ἀρύτωσιν : « s'ils puisent à la source de
Zeus »). L'image de la source s'inscrit par la suite dans la tradition
littéraire (J.- L. Vix 2007, p. 448-449) et est employée par les sophistes
en relation avec l'éducation : dans *Or.* XXXII, 7, Aelius Aristide
évoque son ancien grammairien Alexandros dont on pouvait obtenir
tout ce qu'on voulait en vue de sa formation « comme on puise de l'eau
aux sources » (ὥσπερ ἐκ πηγῶν ἀρυόμενον) ; de même, pour Libanios,
le maître est une source ou une fontaine toujours jaillissante offerte aux
assoiffés (R. Cribiore 2007, p. 148). Les passages suivants montrent
bien l'équivalence pour Libanios des motifs de la source et de la fontaine : « Celui qui dit qu'il a étudié auprès du meilleur rend ce qui est
juste à son maître et en même temps il se glorifie lui-même en montrant
de quelles sources il a profité. » (*Ep.* 437, 1 : Ὁ γὰρ ὡς παρὰ ἄριστον
ἐφοίτησε λέγων τῷ διδασκάλῳ τε τὸ εἰκὸς ἀποδίδωσι καὶ ἅμα αὐτὸν
ἐσέμνυνε δεικνύς, οἵων ἀπολέλαυκε τῶν πηγῶν.) ; « Pour ma part,
je n'ai jamais poursuivi les élèves fuyards, car je n'ai jamais vu les
fontaines aller à la rencontre de ceux qui avaient besoin de boire. » (*Ep.*
89, 2 : Ἐγὼ νέους φεύγοντας οὐδεπώποτε ἐδίωξα, οὐδὲ γὰρ τὰς κρή-
νας ἑώρων χωρούσας παρὰ τοὺς χρῄζοντας πιεῖν.) ; « Que Titianos
sera à nous plutôt qu'à ceux qui boivent à la fontaine de Callirhoé, je
le sais. » (*Ep.* 719, 2 : Τιτιανὸς δὲ ὅτι μὲν ἡμῶν ἔσται μᾶλλον ἢ τῶν
ἐκ τῆς Καλλιρρόης πινόντων, οἶδα·) Par le biais de cette image, le
savoir devient un besoin vital pour l'être humain. Voir aussi *infra*,
n. 101 ; 105.

51. On peut reconnaître dans ce passage l'empreinte d'une éthopée,
exercice figurant parmi les *progymnasmata*. Hermogène (*Prog.*, IX, 1)
la définit ainsi : « L'éthopée est l'imitation de l'*ethos* d'un personnage

donné, par exemple quelles paroles dirait Andromaque sur la dépouille
d'Hector. Nous avons une prosopopée quand nous personnifions une
chose (…) comme chez Aristide où la mer adresse un discours aux
Athéniens.» Aucune prosopopée ne figure dans le recueil de *progymnasmata* conservé sous le nom de Libanios. Mais c'est à une brève
prosopopée qu'il se livre ici. Dans le cadre d'une comparaison introduite par l'expression ὥσπερ ἂν εἴ et suscitant une scène purement
imaginaire où un anonyme, une fois rentré du désert où il serait volontairement allé, reprocherait aux bouches d'eau d'avoir eu soif, Libanios
donne la parole à ces bouches d'eau qu'il fait parler au style direct. La
fantaisie de cette invention fait éclater l'inanité des charges pesant sur
lui et la malhonnêteté du pédagogue qui l'incrimine.

52. §11 Le pays des Cimmériens sert de cadre à la *Nekuia* d'Ulysse,
rituel pour l'évocation des morts (*Od.* XI). Il se situe aux limites de
l'Océan. « La ville et le peuple des Cimmériens » sont « toujours enve-
loppés par les ténèbres et les brouillards ; jamais le brillant soleil ne les
éclaire de ses rayons, soit qu'il monte vers la voûte étoilée, soit que, du
haut des cieux, il se précipite sur la terre, mais une nuit funeste couvre
sans cesse ces mortels infortunés (vers 15-19). » Selon A. F. Norman
2000, p. 139, l'expression serait devenue proverbiale.

53. La métaphore de la lumière pour l'apprentissage apparaît aussi
chez Plutarque (*Poet.* XX) selon qui la poésie, mélange d'ombres et de
lumière, doit être élevée au rang de propédeutique à la philosophie pour
éviter que l'apprentissage de cette dernière n'éblouisse les étudiants :
« Ils ont peine à soutenir cette lumière brillante, semblables à des
hommes qui, sortant d'une obscurité profonde, voient tout à coup le
soleil et sont éblouis par son éclat. Il faut donc leur présenter d'abord
une lumière, pour ainsi dire équivoque, entremêlée d'ombres et d'obs-
curités, qui les prépare à fixer sans trouble le grand jour de la philosophie. » L'allégorie de la caverne (Pl., *R.* VII) est à l'origine de cette
métaphore.

54. §12 Le motif de la fainéantise des élèves (ἀργία) qui ont profité
des circonstances pour échapper aux cours de rhétorique est développé
dans *Or.* XXIII, 20 où il est lié, comme ici, à celui de la dissimulation ;
la scène qui y est dépeinte par Libanios emprunte au burlesque du spectacle mimique : « … certains se jetaient dans les bras de leurs nourrices
ou nourriciers, l'un dans ceux de sa mère, un autre dans ceux de son
père, tremblant, claquant des dents et se retournant comme s'ils étaient
poursuivis alors que personne ne les poursuivait ni ne s'appliquait à les
attraper, mais c'était eux qui poursuivaient le moyen d'échapper à
l'application pour la rhétorique. » (… οἱ δὲ καὶ τροφοῖς καὶ τροφεῦσιν
ἧκον εἰς χεῖρας καὶ μητρὸς ἕτερος καὶ πατρὸς ἄλλος, τρέμοντες δὴ
καὶ τοὺς ὀδόντας κροτοῦντες καὶ μεταστρεφόμενοι, καθάπερ διωκό-
μενοι διώκοντος μὲν οὐδενὸς οὐδὲ σπεύδοντος ἑλεῖν, αὐτοὶ δὲ τῆς
περὶ λόγους σπουδῆς διώκοντες τὴν ἀπαλλαγήν.)

55. Les jeunes gens étaient incités à ne pas relâcher leurs efforts pendant les congés et à ne jamais s'éloigner des livres. Ils devaient continuer à pratiquer les exercices permettant de « mémoriser les textes anciens ». La mémoire (μνήμη) devait être travaillée et entretenue à plus d'un titre : en effet, la méthode la plus reconnue pour prononcer un texte ou déclamer était de le réciter par cœur ; c'est pourquoi la mémoire constitue, selon les théoriciens, la quatrième partie de la rhétorique ou quatrième tâche de l'orateur (L. Pernot 2000, p. 283). Elle est d'autant plus importante que les Anciens étaient friands d'exploits en matière de récitation (F. A. Yates 1975, p. 40 ; L. Pernot 2000, p. 94 ; M. Heath 2004, p. 266). Libanios témoigne des capacités de mémorisation de certains élèves : dans *Or.* III, 17, il cite en exemple ceux qui, par le passé, quittaient ses démonstrations oratoires en ayant retenu chacun un passage de son texte pour s'associer ensuite de façon à reconstituer le discours complet. On est donc en droit de se demander si des techniques de mémorisation étaient travaillées en classe et lesquelles. Il en existait en effet plusieurs. Une mnémotechnie ou « art de la mémorisation » fut mise au point et étudiée par les orateurs. Inventé selon Cicéron par le poète grec Simonide, ce système de mémoire artificielle fondé sur les notions de « lieux » (*loci*) et d' « images » (*imagines*) nous a été transmis par la *Rhétorique à Herennius*. Il permettait de retenir les différents points d'un discours et même sa formulation (F. A. Yates 1975, p. 40 ; L. Pernot 2000, p. 93-94 ; M. Carruthers 2002, p. 112-121). Par ailleurs, dans son traité des *Progymnasmata* tel qu'il nous a été transmis dans sa version arménienne, Aelius Théon fait état de cinq exercices complémentaires accordant une place importante à la mémoire. Parmi ceux-ci, la lecture (ἀνάγνωσις) consistait bien sûr à faire lire des œuvres aux élèves mais aussi à les leur faire réciter à voix haute, de mémoire, en soignant l'*actio* c'est-à-dire la gestuelle et le ton ; le second exercice, celui de l'audition (ἀκρόασις), exigeait des élèves l'écoute d'une récitation et sa mémorisation de façon à pouvoir restituer par écrit le texte entendu. Comme ce travail s'effectuait en classe, on peut supposer que les professeurs guidaient cet apprentissage et fournissaient à leurs élèves des moyens mnémotechniques pour accélérer un processus qui pouvait demander du temps. L'analyse de Philostrate (*VS* 523-524) tend à nuancer cette hypothèse : il explique comment, selon lui, les élèves de Denys de Milet gagnèrent la réputation d'être des champions de la récitation parce qu'ils connaissaient par cœur les déclamations de leur maître. On racontait que ce sophiste entraînait ses élèves à la mnémonique grâce aux « arts chaldéens », c'est-à-dire l'astrologie (sur l'invention du système mnémonique céleste par Métrodore de Scepsis qui introduisit les divisions du zodiaque dans les *loci*, voir F. A. Yates 1975, p. 51 ; 53-54). Or, Philostrate nie qu'un art quel qu'il soit puisse enseigner la mémoire : si les élèves de Denys étaient aussi exceptionnels pour réciter les compositions de leur maître,

c'est, selon lui, qu'ils les goûtaient au point de ne jamais s'en lasser et de les réclamer à l'envi ; les entendre souvent leur permettait donc de les graver dans leur esprit. Seule la répétition entraînait la mémorisation. Quelle que fût la méthode utilisée, mémoriser un grand nombre de textes permettait aux élèves d'intégrer des modèles qu'ils étaient par la suite en mesure d'imiter et d'adapter à leurs besoins de composition ; une telle culture facilitait aussi grandement l'improvisation devant un public.

56. Si l'élève a grossi pendant son escapade, c'est sans doute qu'il a trouvé refuge chez ses parents ou chez des proches. En effet, si l'on en croit Libanios, beaucoup de fuyards souffrirent de la faim et en moururent, enfants et adultes : « La mort toucha les enfants, certains pour avoir été allongés par terre, certains en tombant des bras de ceux qui les emmenaient, mais la mort par privation de nourriture s'abattit même sur tous. » (*Or.* XXIII, 5 : Θάνατος δὲ παιδίοις τοῖς μὲν ἐκ τοῦ χαμαὶ κεῖσθαι, τοῖς δὲ καὶ καταπεσοῦσιν ἀπὸ τῶν κομιζόντων, ὁ δ' ἐκ λιμοῦ καὶ πᾶσιν.) « Ainsi donc, à cause de cette vaine crainte, lorsque l'argent qu'elles possédaient, et certes elles n'en avaient pas beaucoup, fut dépensé et qu'elles ne furent plus en mesure de donner du pain à leurs enfants qui en réclamaient, [les mères] en larmes enterraient l'affamé, puis succombaient pour les mêmes causes. Car même en mendiant, elles ne pouvaient s'approvisionner en nourriture : il n'y avait pas moyen d'en obtenir, tous étant dans le besoin, sauf pour celles qui s'étaient retirées sur les domaines familiaux, mais ce cas était rare » (*Or.* XXIII, 9 : Τοιγαροῦν διὰ τὸν μάταιον τουτονὶ φόβον ὃ εἶχον ἀργύριον, μικρὸν δὲ ἄρα τοῦτ' ἦν, ἀνηλωκυῖαι παιδίοις ἄρτον αἰτοῦσιν οὐχ οἷαί τε οὖσαι δοῦναι δακρύουσαι πεινῶντα κατέθαπτον, εἶτα ἐκ τῶν αὐτῶν ἐπαπέθνησκον. Οὐδὲ γὰρ προσαιτούσαις ἦν εὐπορῆσαι τροφῆς. Οὐ γὰρ ἦν παρ' ὅτου πάντων ὄντων ἐν τῷ δεῖσθαι λαβεῖν, πλὴν εἴ τις ἀπεχώρησεν εἰς ἀγροὺς τοὺς ἑαυτῆς, τοῦτο δὲ οὐ πολύ.) De manière générale, les élèves de Libanios, qui appartenaient pour la plupart d'entre eux à des familles aisées, semblent ne pas avoir souffert de leurs conditions de vie pendant leur séjour à la campagne : « Et le temps, tout ce temps fut perdu par ces misérables en ripailles, en vin, en excès, en sommeil... » (*Or.* XXIII, 20 : Καὶ ὁ χρόνος τοῖς ἀθλίοις ἐν ἐδωδῇ καὶ οἴνῳ καὶ ὕβρει καὶ ὕπνῳ πᾶς οὗτος ἀναλοῦτο...) Dans la morale libanienne, la *philoponia* est toujours liée à une certaine forme d'ascèse : temps de sommeil limité, frugalité, sobriété, éloignement des passions amoureuses (B. Schouler 1973, p. 93). L'ivresse, la gloutonnerie et les excès détournent des occupations sérieuses et honorables (*Or.* XXV, 15) ; ces vices caractérisent la τρυφή au sens négatif du terme (voir *supra*, n. 41). De fait, Libanios incite à garder la mesure en toutes choses (B. Schouler 1973, p. 94 ; voir *Or.* XXXV, n. 72 au § 18).

57. Le motif du retour retardé des élèves fuyards est développé dans *Or*. XXIII, 25-27 : Libanios y montre que ces jeunes gens avaient toutes les raisons de rentrer rapidement à Antioche sans craindre quoi que ce soit. Les accusations proférées par l'empereur n'avaient visé que la *Boulè* et certains avocats ; de plus, ce décret avait été assez largement diffusé pour qu'ils en soient avertis. Dès lors, leur absence ne pouvait plus être mise qu'au compte de leur mauvaise volonté. Elle fut encore confirmée par la suite des événements qui ne les incitèrent pas davantage à quitter la campagne : procès, verdict, annonce publique d'Ellébichos... Des arguments irrecevables leur servirent donc de prétextes : la cité avait perdu son titre de métropole et ressemblait à une garnison, sans théâtre ni hippodrome.

58. §13 Le polyptote λόγων λόγος ne peut être rendu en français par un jeu étymologique de même type. On en retrouve un autre à partir du même mot dans *Or*. V, 46 : un élève apporte à Libanios une de ses compositions, à la demande du maître qui avait « quelque chose à lui dire sur son discours » (τις περὶ τοῦ λόγου λόγος, traduction J. Martin 1988, p. 151).

59. Le fait que l'exemple de Libanios aurait dû dissuader les élèves de s'enfuir apparaît aussi dans *Or*. XXIII, 16 : « Si, tout en encourageant les autres à être confiants, j'avais fait comme les peureux et avais décampé ils auraient eu raison de trouver plus fiable le conseil délivré par mes actes ; mais si je ne changeais en rien aucun de mes agissements antérieurs à l'émeute, ceux qui ne suivaient pas mon exemple avaient tort, à moins d'affirmer ceci : que j'étais suicidaire et désirais mourir par l'épée. » (Εἰ μὲν γὰρ θαρρεῖν ἑτέροις παρακελεύομενος ἃ τῶν φοβουμένων ἦν ἐποίουν καὶ μετανιστάμην, εἰκότως ἂν ἡγοῦντο πιστοτέραν συμβουλὴν τὴν ἀπὸ τῶν πραγμάτων · εἰ δ' οὐδὲν τῶν πρὸ τῆς ταραχῆς ἐν οὐδενὶ τῶν ἐμῶν ἐκίνουν, ἠδίκουν οἱ μὴ μιμούμενοι, πλὴν εἰ τοῦτο λέγοιεν ὡς ἐθανάτων καὶ τῆς ἀπὸ τῶν ξιφῶν ἐπεθύμουν τελευτῆς.) Que les jeunes gens n'aient pas réglé leur conduite sur la sienne est vécu par Libanios comme un affront personnel.

60. En 387, Libanios est âgé de 73 ans.

61. Homère glorifie le vieil âge à travers le personnage de Nestor qui règne à Pylos sur la troisième génération (Hom. *Il*. I, 257 ; *Od*. III, 245). Nestor est un orateur et un conseiller inspiré (*Il*. II, 369-374) qui surpasse tous les hommes en justice et en prudence (*Od*. III, 244). Le jeune Télémaque voit en lui l'image d'un immortel (*Od*. III, 246) ; or, l'immortalité est le propre des dieux.

62. On notera la répétition de ce reproche dans le discours : l'élève et le pédagogue ont décidé par eux-mêmes.

63. Le domaine des Muses désigne à la fois les textes et leur étude mais aussi l'école, le lieu où l'on étudie (voir *Or*. XXXV, n. 80 au § 21). L'élève incriminé a délaissé cet espace au profit d'un autre : la

campagne et ses délices. Les deux lieux s'opposent en tout point, le domaine des Muses étant associé au travail, la campagne à une τρυφή débridée. Dans *Or.* XXIII, 21, l'abandon de la rhétorique par les élèves qui ont quitté Antioche est conçu comme le résultat d'une « haine » pour ces études qui justifierait qu'on aille jusqu'à haïr les fuyards eux-mêmes ; Libanios en profite pour présenter un court éloge des λόγοι, valeur de référence à partir de laquelle l'attitude des jeunes gens est jugée (P.-L. Malosse 2006, p. 225-226).

64. **§14** Il y eut déjà une « amélioration de la situation » à la réception de la lettre impériale désignant les seuls coupables à inquiéter (voir la notice) mais l'expression fait plutôt référence au pardon définitif de l'empereur que Libanios, si on l'en croit, n'attendit pas pour reprendre son travail.

65. Ceux qui sont restés ont reçu une appellation honorifique et gratifiante que Libanios ne précise pas. Peut-être s'agit-il simplement de la périphrase qui les désigne ici, suffisante pour témoigner de leur attachement à la rhétorique et à leur maître. À trois reprises dans le discours XXIII, le sophiste fait allusion à ce petit groupe de fidèles, sans s'attarder sur eux ; son intention est surtout de montrer qu'ils n'ont pas eu à le regretter car rien de fâcheux ne leur est arrivé : « Eh bien, ceux qui sont restés, il est impossible de dire en quoi ils en ont pâti. » (*Or.* XXIII, 4 : Οἱ τοίνυν καταμείναντες οὐκ ἔσθ' ὃ πεπόνθασιν, εἰπεῖν.) « Il y en a que l'amour de la rhétorique a persuadés de rester, bien peu c'est vrai. Or, personne ne les toucha, ni n'eut l'intention de le faire, ni eux-mêmes, ni leurs pédagogues, ni leurs esclaves. » (*Or.* XXIII, 23 : Εἰσὶ μὲν γὰρ οὓς ὁ περὶ τοὺς λόγους ἔρως ἔπεισε μένειν ὀλίγους δή τινας κομιδῇ. Τούτων δὲ οὐδεὶς οὔτε ἐφήψατο οὔτε ἐμέλλησεν οὔτε αὐτῶν οὔτε παιδαγωγῶν οὔτ' οἰκετῶν.) « Ceux des élèves qui sont restés ne se sont pas reproché non plus de rester, eux que la privation de bains n'empêche en rien de tirer des fruits de leurs livres. » (*Or.* XXIII, 27 : Οὐδ' ὅσοι τῶν νέων ἔμειναν, [οὐκ] ᾐτιάσαντο τὴν μονήν, οὓς οὐδὲν τὸ μὴ λοῦσθαι κωλύει καρποῦσθαι τὰ βιβλία.) Dans notre discours, l'optique est uniquement scolaire : ceux qui sont restés ont bénéficié de la même qualité de cours qu'auparavant ; dans le discours XXIII, elle mêle la dimension scolaire à la dimension judiciaire.

66. « Tout ce temps » est le temps passé à la campagne, que l'élève et le pédagogue espèrent faire oublier en calomniant leur professeur.

67. **§15** Dans cette hypophore — citation des objections de l'adversaire dans la figure de rhétorique nommée prolepse, qui consiste à anticiper ces arguments afin de les détruire d'avance — il est difficile de savoir si la troisième personne du singulier du verbe φησίν se réfère au pédagogue ou à l'élève. Le « on » de la traduction permet de conserver l'ambiguïté. Mais il est vraisemblable que ce soit le pédagogue qui parle avec des mots d'élève.

68. Dans les recueils de *progymnasmata*, le terme ἅμιλλα, emprunté au domaine de la lutte, ne s'applique à aucun type précis d'exercice préparatoire. Son emploi par Libanios est donc dénué de technicité et relève de la métaphore. Complété, comme ici, par un groupe prépositionnel constitué de πρὸς et d'un nom propre (Ὅμηρον καὶ Δημοσθένη), il fait référence à une « confrontation » ou « dispute » rhétorique avec l'auteur cité. Le même syntagme est employé à trois autres reprises par Libanios qui y introduit quelques variantes : la préposition πρὸς peut être suivie du pronom indéfini τι (*Ep.* 405, 4 ; 283, 5 : πρός τι τῶν Δημοσθένους), ou du nom λόγον (*Ep.* 243, 2 : πρὸς Δημοσθένους λόγον τούτων δὴ τῶν κατὰ τοῦ Φιλίππου) complétés par un génitif se référant à un auteur, à l'ensemble de ses œuvres ou à une partie de celles-ci ; il s'agit dans tous les cas de Démosthène. Si, dans notre discours, le substantif se rapporte à un exercice pratiqué en classe par les élèves, ses autres occurrences et celles du verbe ἁμιλλάομαι (*Ep.* 243, 2 : ἡμιλλῶ ; *Ep.* 283, 5 : ἡμιλλησάμην) se rapportent à des compositions de professeurs, écrites ou présentées oralement devant un public scolaire : dans *Ep.* 243, 2, Libanios rêve qu'il cherche le sophiste Démétrios de Tarse et le trouve sous les applaudissements de ses élèves alors qu'il délivre une ἅμιλλα en réponse à un discours de Démosthène contre Philippe ; dans *Ep.* 283, 5, il joint à une lettre adressée au même Démétrios une ἅμιλλα rédigée par ses soins à partir du même Démosthène ; enfin, dans *Ep.* 405, 4, il explique à son oncle Phasganios avoir « commencé [sa] classe avec un prologue » et le même type de composition (Ἡρξάμεθα τῆς συνουσίας μετὰ προλόγου καί τινος ἁμίλλης πρός τι τῶν Δημοσθένους). Il précise que sa « dispute présentait plusieurs formes » (*Ep.* 405, 4 : ... τῇ δὲ ἁμίλλῃ πολλαὶ μορφαί). Il s'agissait pour ce nouveau professeur non seulement de prouver ses capacités personnelles mais aussi de montrer à ses élèves ce qu'il attendait d'eux et ce à quoi il allait les préparer. L'ἅμιλλα correspondait donc vraisemblablement à une première étape importante dans l'apprentissage, et représentait un niveau de connaissances à atteindre avant de passer à des « rédactions plus complètes » comme il est précisé dans la suite de ce mouvement. Dans les manuels présentant les exercices dans le même ordre qu'Hermogène (manuels ou recueil de textes modèles de Libanios, Aphthonios et Nicolaos, ce dernier faisant la synthèse de la tradition), l'exercice qui pourrait être désigné par la métaphore de la dispute ou du combat (ἅμιλλα) est vraisemblablement la « réfutation » (traduction B. Schouler 1984, p. 88-97) ou « contestation » (traduction M. Patillon 2008, p. 75-78), c'est-à-dire l' ἀνασκευή (A. J. Festugière 1959, p. 480, n. 3 ; A. F. Norman 2000, p.140, n. 13 ; R. Cribiore 2007, p. 149-150), exercice souvent apparié dans les manuels avec l'exercice inverse : la κατασκευή ou « confirmation ». Or, la contestation/réfutation — et son pendant : la confirmation — marquent bien un tournant dans la progression de l'élève parce qu'elles

« enseignent à faire front aux objections, nous donnant les moyens qui, dans les causes complètes elles-mêmes, nous permettront aisément de réfuter les objections des adversaires et de confirmer < ce qui > soutient notre parti » (Nicol. 29, 9-15 cité et traduit par M. Patillon 2008, p. 76). On touchait donc à partir de là à l'argumentation. L'ἀνασκευή consistait à invalider un mythe ou une légende en démontrant son invraisemblance, son impossibilité, ses contradictions, le but étant d'apprendre aux élèves à développer une argumentation contraire. La fable, se présentant d'emblée comme un récit fictif et invraisemblable, ne se prêtait pas à ce genre de critique, excepté dans le programme d'Aelius Théon, antérieur à la tradition hermogénienne, ni les faits trop certains et donc incontestables. Les *progymnasmata* de Libanios ne comportent que deux réfutations, dont l'authenticité est d'ailleurs discutée (C. A. Gibson 2008, p. 107) ; elles portent sur des épisodes mythiques, le premier étant issu d'Homère : la venue de Chrysès au port des Achéens (*Prog.*, V, 1 : Ὅτι οὐκ εἰκὸς τὸν Χρύσην εἰς τὸν ναύσταθμον ἐλθεῖν τῶν Ἑλλήνων) et le viol de Cassandre par le Locrien Ajax (*Prog.*, V, 2 : Ὅτι οὐκ εἰκότα τὰ κατὰ τὸν Αἴαντα τὸν Λοκρόν). Or, l'élève incriminé dans notre discours reproche bien à son maître d'avoir passé trop de temps sur les disputes contre Homère ; mais il englobe aussi dans sa critique celles contre Démosthène. Aelius Théon (*Prog.*, 70, 7-23) est le seul à proposer un exemple de ce qu'il nomme quant à lui ἀντίρρησις à partir du *De Corona* de Démosthène. L' ἀντίρρησις ou « contradiction » (traduction M. Patillon 1997b) est présentée par ce théoricien comme appartenant aux cinq exercices complémentaires, avec la lecture et l'audition (voir *supra*, n. 55), la paraphrase et l'élaboration ; il s'agit de présenter un discours opposé à un discours donné (Theon 143, 17), à l'exemple des *Discours platoniciens* d'Aelius Aristide qui constituent des réponses au *Gorgias* (L. Pernot 2008, p. 290-291). Chez Théon, la contestation/réfutation (ἀνασκευή) porte sur la plupart des exercices, même les tout premiers dans sa progression, soit la chrie et la sentence, la fable et le récit, la description, la thèse et la loi ; la contradiction (ἀντίρρησις), quant à elle, porte surtout sur un discours de type judiciaire et constitue une contre-plaidoirie (Theon 70, 7-23). Même s'il ne précise pas quand exactement l'élève commence à la pratiquer, il est clair qu'il l'aborde après avoir déjà élaboré des contestations/réfutations, une fois qu'il a acquis une « certaine aptitude » (Theon 65, 23-26). Nicolaos de Myra (34, 5-21) exprime clairement la différence entre ces deux types d'argumentation : l'ἀνασκευή est travaillée à partir d'exercices constituant des parties de discours, l'ἀντίρρησις à partir d'une cause ou d'un discours complet. C'est ce que Quintilien (V, 13) appelle *refutatio*.

Lequel de ces exercices était pratiqué par Libanios sous le nom d'ἄμιλλα et à quelle étape de la formation rhétorique intervenait-il puisqu'il n'est pas un exercice des plus complets ? Il paraît douteux que, dans le cas de l'élève du discours XXXIV, le terme ἅμιλλα corresponde à l'ἀντίρρησις d'Aelius Théon car le garçon n'est pas très avancé dans ses études de rhétorique (voir aussi *infra*, n. 90). Il est plus probable qu'il s'agisse uniquement de l' ἀνασκευή : dans la progression recommandée par Hermogène et suivie par Libanios et Aphthonios où elle n'est pas un exercice complémentaire comme chez Théon, elle arrive en effet en cinquième position dans une progression d'exercices en comprenant douze (chez Hermogène) ou quatorze (chez Aphthonios) selon que la contestation/confirmation et l'éloge/blâme sont couplés ou non dans les traités ; dans celle prônée par Théon, l' ἀνασκευή apparaît un peu plus tardivement, à partir de la neuvième étape d'une progression qui en comporte treize (M. Patillon 1997b, p. XXIX-XXX). On peut donc simplement conjecturer que Libanios utilisait des passages de Démosthène pour servir de support à la pratique de l'ἀνασκευή : d'ailleurs, parmi les auteurs anciens dans lesquels Théon recommande d'aller chercher des exemples de chaque exercice pour les contester par la suite et aussi des exemples de contestations, figure Démosthène et son « récit simple et élégant des jeux Olympiques célébrés par Philippe après la prise d'Olynthe » dans *Sur l'ambassade* (66, 28-31, traduction M. Patillon 1997b, p. 10). M. Heath 2004, p. 240, considère toutefois que l'exercice appelé ἅμιλλα par Libanios pourrait être une simple paraphrase parce que Quintilien (X, 5) affirme que la paraphrase implique *certamen et aemulationem* (« combat et émulation »). La paraphrase est englobée par Hermogène, Aphthonios et Nicolaos comme parties du développement de la chrie et de la maxime ; elle est donc travaillée en début de formation. Chez Aelius Théon, la paraphrase est conçue comme un exercice à part entière impliquant la permutation des éléments d'un discours, l'addition, la soustraction, la substitution. Un exemple fourni consiste à reformuler les pensées d'un discours de Lysias dans le style de Démosthène (P. F. Wolf 1952, p. 65 ; M. Patillon 2008, p. 75-78).

69. Libanios a accordé une large place à Homère dans son œuvre et dans son enseignement. B. Schouler 1984, p. 442-465, distingue trois formes de présence du poète chez le sophiste : l'emprunt stylistique, l'emprunt thématique et le commentaire. Démosthène était l'auteur de référence des écoles de rhétorique et des théoriciens de l'éloquence (I. C. Rutherford 1998, p. 39-43). Même après leurs études, les anciens élèves étaient encouragés à continuer à le lire (*Or.* XXXV, 16) et à le prendre comme modèle d'engagement politique (*Or.* XXXV, 23). Cette présence écrasante de l'orateur athénien pouvait donc entraîner une certaine lassitude chez les jeunes gens. Himérios semble en avoir tenu compte en leur permettant de se dégager de cette emprise (R. Cribiore 2007, p. 194-195). Sur l'importance du modèle démosthénien chez Libanios, voir B. Schouler 1984, p. 542-561.

70. Le principe d'un même programme pour tous les élèves est affirmé dans *Or.* XXXV, 21. Seul le rythme d'apprentissage pouvait varier des uns aux autres, en fonction de leur progrès ou de l'âge auquel ils commençaient leurs études (R. Cribiore 2007, p. 148).

71. Le passage est ironique. Si Libanios tait la « rapidité » avec laquelle l'élève est arrivé à un palier dans son apprentissage, c'est pour mieux faire ressortir sa lenteur. Dès le paragraphe 5, le garçon est d'ailleurs représenté comme « jaloux » (φθονῶν) du succès du jeune orphelin parce qu'incapable (μὴ δυνάμενον) d'obtenir les mêmes résultats, ce qui ne donne pas de lui l'image d'un garçon particulièrement doué. Malgré tout, il semble pressé de brûler les étapes mais le fonctionnement de la classe de Libanios l'en empêche, preuve qu'il n'aurait pas été autorisé à fixer lui-même son rythme d'apprentissage et à aller aussi vite qu'il le désirait. Il fallait en effet avoir obtenu un niveau suffisant pour passer d'un type d'exercices à un autre, ceux-ci étant classés selon leur niveau de difficulté. Le côté répétitif de l'enseignement n'est donc pas à mettre au compte du *cursus* en lui-même mais des difficultés du jeune homme.

72. Le comparatif τελεώτερα se rencontre aussi chez Théon : « pour les exercices déjà plus complets » (*Prog.,* 105, 28 : Τοῖς δὲ ἤδη τελειοτέροις). Les exercices préparatoires étaient conçus comme un entraînement progressif à la rhétorique. Les élèves apprenaient à composer les uns après les autres, par ordre de difficulté et de complexité croissantes, les différents types de textes qui, par leur combinaison, constituaient ensuite un discours complet, ainsi que les outils rhétoriques adaptés. Lorsqu'ils parvenaient à l'exercice de la thèse, ils s'approchaient de la cause complète ; la proposition de loi, en clôturant le programme, ajoutait la dernière touche nécessaire (L. Pernot 2000, p. 199 ; M. Patillon 2008, p. 97-103).

73. De manière générale, le terme βιβλίον peut désigner un texte composé par un élève (voir *Or.* V, 46) ou un livre, qu'il s'agisse d'un ouvrage théorique ou d'une œuvre littéraire. Ici, le mot se réfère vraisemblablement plutôt à un livre dont l'étude constitue une étape indispensable dans la formation rhétorique. Nous ne disposons pas de beaucoup d'éléments d'informations sur la manière dont la théorie était expliquée aux élèves : leur faisait-on lire des passages d'œuvres de logographes en complément des explications du maître ? Quintilien (II, 5) affirme pour sa part que les traités des rhéteurs, s'ils peuvent être d'un grand secours, ne renferment que des généralités et que, de ce fait, la fréquentation des textes leur est supérieure. Ce qui est certain, c'est que pour chaque type de production, les jeunes gens pouvaient disposer de modèles rédigés par leur professeur, qu'ils lisaient ou écoutaient lors de prestations orales (voir *Ep.* 405, 4). Par ailleurs, pour certains exercices, les auteurs de traités renvoient à des œuvres qui leur correspondent parce qu'elles en contiennent des exemples dignes d'intérêt ;

c'est le cas notamment pour l'étude de la contestation/confirmation pour laquelle Théon fournit une liste de textes anciens à utiliser comme modèles (*Prog.*, 66, 31-67, 30 ; 93, 5-96, 14 ; M. Patillon 2008, p. 75) ou du lieu commun (M. Patillon 2008, p. 79). C'est à ce genre de lecture préparatoire à l'écrit que Libanios fait ici allusion.

74. Les élèves travaillaient par groupes qui étaient appelés συμμορίαι. Dans *Ep.* 139, 2, Libanios complimente Achillios sur son fils car « il est le meilleur de son groupe » (ἔστι τῆς συμμορίας ὁ κράτιστος).

75. Cela revient à dire que Libanios ne disposait pas d'un groupe constitué correspondant au niveau de l'élève mais que si ce groupe avait existé, l'élève aurait pu travailler les textes lui permettant d'accéder au niveau supérieur. Pour que cette justification du sophiste n'apparaisse pas comme une faille dans sa défense susceptible de renforcer la charge portée contre lui — on pourrait y trouver la preuve de sa responsabilité dans la stagnation du jeune homme — il a déjà évoqué les lenteurs de celui-ci (voir *supra*, n. 71). L'argument d'autorité vient s'y ajouter : le respect dû au règlement n'a pas à être discuté.

76. §**16** Sur le sens du verbe δίδωμι dans un contexte scolaire, voir *Or.* XXXV, n. 75 au § 18.

77. Ce passage laisse entendre que lectures et compositions écrites étaient toujours associées et que ce n'étaient pas seulement les assistants de Libanios qui dirigeaient les premières. Le sophiste lui-même pouvait s'en charger, ce qui explique qu'il ait à se justifier d'avoir, dans de telles circonstances, délégué cette charge à l'un de ses rhéteurs. Comme l'élève est arrêté sur un certain type d'exercice et qu'il aurait dû procéder à certaines lectures pour passer à autre chose mais que Libanios ne pouvait pas s'en occuper, on peut en déduire que c'était Libanios qui initiait ses élèves à chaque nouvelle étape et leur en expliquait les bases, travail qui par la suite pouvait être relayé par ses assistants. La lecture des auteurs anciens (ἀνάγνωσις) constitue le socle de la *paideia* ; elle est selon Aelius Théon : « la nourriture de l'expression (*Prog.* 61, 30-31 : τροφὴ λέξεώς). Elle accompagnait tous les stades de l'apprentissage de la composition et servait entre autres à illustrer la théorie (voir *supra*, n. 73). Dans le chapitre de l'*Institution oratoire* que Quintilien lui consacre (II, 5), elle s'apparente à une explication de texte mettant en relief les qualités d'invention et d'expression des œuvres considérées. La lecture peut cependant correspondre à un autre type d'activités. Ainsi, Aelius Théon lui confère un rôle spécifique et la considère comme un exercice à part entière consistant à faire lire aux élèves des orateurs et des historiens dont les textes ont été au préalable introduits et expliqués par le maître puis à les leur faire réciter, de mémoire, avec les gestes et le ton appropriés. En plus d'enrichir la culture littéraire des jeunes gens, ce type de lecture leur faisait travailler la mémorisation et l'action oratoire (M. Patillon 1997 b, p. XCVIII-C ;

52   LIBANIOS, DISCOURS XXXIV

L. Pernot 2008, p. 289-290). La lecture recoupait donc deux pratiques différentes à visée distincte : préparer les élèves à l'écrit ou à l'oral. Dans notre discours, c'est plutôt la première de ces deux fonctions qui est représentée.

78. Libanios n'oublie jamais de préciser un détail le couvrant de l'accusation de négligence. Les rhéteurs travaillaient sous les directives du maître.

79. A. J. Festugière 1959 traduit καὶ ταῦτα κακῶς λέγειν εἰδότας par « et cela malgré votre incompétence dans l'art oratoire ». Notre interprétation de ce passage diffère de la sienne : Libanios veut montrer que si l'élève et son pédagogue, capables de mensonge et de calomnie, ont manifesté de l'admiration pour le rhéteur, cela prouve qu'il était compétent.

80. La correction fait partie des devoirs d'un maître vis-à-vis de ses élèves. Dans *Ep.* 911, 1, elle apparaît comme une activité nécessitant de la part de l'enseignant un investissement important propre à entraîner la reconnaissance de ses élèves ; à son correspondant Celsinos 3 qui lui a envoyé une tunique de lin, Libanios répond : « ... noble Celsinos, à quel moment as-tu fréquenté ma classe ou quelle tablette remplie de discours m'as-tu remise ou quelles corrections as-tu obtenues dessus pour ensuite croire que tu me dois un salaire et pour que tu me l'envoies ? » (... ὦ γενναῖε Κελσῖνε, τίνα χρόνον παρ' ἐμὲ πεφοιτηκὼς ἢ ποῖον γραμμάτιον λόγων ἐμπεπλησμένον εἰσενεγκὼν ἢ ποίων ἐπανορθώσεων ἐν τούτῳ τετυχηκὼς ἔπειτα μισθόν τε ὀφείλειν οἴει καὶ πέμπεις;) La correction porte sur tous les aspects des travaux d'élèves : organisation des idées et composition comme le suggère le verbe καθίστην employé à la suite de ἐπηνώρθουν, expression et correction de la langue comme mentionné dans *Or.* XXXV, 16 : τοῖς ἁμαρτανομένοις ὑμῖν τῶν ῥημάτων (« vos fautes de langue »). Théon (*Prog.* 72) conseille de pratiquer une correction (διόρθωσις) progressive afin de ne pas décourager les débutants : seules les grosses fautes doivent être relevées au début. Mais d'après lui, rien ne vaut de faire composer les élèves sur des sujets déjà traités par des Anciens puis de leur faire lire ces œuvres de façon à ce que les Anciens eux-mêmes deviennent leurs correcteurs.

81. §17 La Τύχη ou « Fortune » est la puissance surnaturelle, parfois considérée comme aveugle et irresponsable, dont les décisions dirigent les destinées individuelles. Elle est alors identifiée à une divinité que certains incriminent, par insatisfaction du sort qui leur est réservé (Lib., *Or.* VI). Libanios entretient avec la Fortune un rapport privilégié (J. Misson, 1914, p. 50-66 ; K. Malzacher 1918). Il voit plutôt en elle une divinité bienveillante et protectrice à son égard (B. Schouler 1973, p. 83-91), comme le souligne à plusieurs reprises son *Autobiographie*, ou « Discours sur sa Fortune », surtout dans la première partie, composée en 374, où il s'applique à montrer que de

malheurs apparents peuvent procéder des avantages (P. Petit 1979, p. 28-30 ; L. Van Hoof 2014, p. 35-36). Il arrive cependant que Libanios rattache à sa Τύχη des maux réels, comme c'est le cas lorsqu'il évoque ses problèmes de santé. La Τύχη est aussi la personnification ou la divinité poliade des cités importantes comme Rome, Constantinople, Alexandrie et Antioche ; au IVᵉ s., leurs représentations, liées au culte qui leur était voué, faisaient partie de l'imagerie officielle (Ch. Kondoleon 2000, p. 116-118). Sur la Tyché d'Antioche et la diffusion de la Tyché poliade au Proche-Orient, voir M. Meyer 2006.

82. Libanios procède ici par report d'accusation (μετάστασις), un des treize états de cause répertoriés par Hermogène. Aphthonios (XIII, 8) propose une formulation similaire pour introduire la défense du mariage dans sa rédaction type de la thèse « Faut-il se marier ? ». En réponse à l'hypophore ou citation de l'objection d'un adversaire fictif : « Oui, dit-il, mais le mariage apporte du malheur » (Ναί, φησίν, ἀλλ᾽ ὁ γάμος συμφορῶν αἴτιος), le défenseur du mariage avance, en guise d' « instance » : Τύχης μοι δοκεῖς, οὐ τοῦ γάμου, κατηγορεῖν (« C'est la Fortune que tu accuses, me semble-t-il, non le mariage »). Comme proposé dans le modèle rédigé par Aphthonios, l'instance exprimée par Libanios est suivie d'une confirmation introduite par γὰρ (M. Patillon 2008, p. 154). Libanios use donc ici d'un argument sophistique tout droit issu des exercices d'école. Mais il lui permet aussi de souligner ses liens privilégiés avec la Fortune, tels qu'ils sont rapportés dans son autobiographie (P. Petit 1979, p. 28-30).

83. La goutte de Libanios ainsi que ses maux de tête avaient repris au nouvel an de 386 après une rémission de 16 ans. Cette crise ne put être soulagée par les médecins qui, en la circonstance, se déclarèrent impuissants (*Or.* I, 243-246). Voir la notice du discours XXXVI.

84. **§18** Le procès imaginaire et invraisemblable qui est esquissé ici s'apparente à un sujet de composition scolaire où il s'agirait de défendre un mort accusé d'inertie. Ce scénario loufoque a pour but de faire ressortir la mauvaise foi du pédagogue.

85. Sur les brigands, voir *supra*, n. 47.

86. Libanios joue ici sur la polysémie du verbe χορεύειν qui désigne l'action de mener le « chœur » au sens de « classe » et de « chœur dramatique », cette dernière activité réclamant une grande mobilité physique.

87. **§20** Ce passage nous apprend que l'élève et le pédagogue dont il est question (« leur cité » : τὴν τῶνδε πόλιν) étaient originaires d'une cité assez proche d'Antioche, en contact fréquent avec elle, sans doute une cité syrienne (R. Cribiore 2007, p. 99). Il pourrait s'agir de Séleucie de Piérie même si Libanios ne fait pas référence à sa proximité avec la mer.

88. Le désir d'une démonstration oratoire est exprimé au paragraphe 27 par l'expression ἐπιδείξεως ἔρως. L'amour pour la rhétorique peut

être traduit à l'aide de termes à connotation érotique. Dans *Or.* I, 54, Libanios parle de la rhétorique comme de sa femme : « Mon art me tenait lieu d'épouse. » (Ἔμοιγε οὔσης ἀντὶ γυναικὸς τῆς τέχνης.). Ce type de métaphores était assez largement répandu (R. Cribiore 2007, p. 156).

89. **§21** Libanios a donc suspendu ses cours pendant environ six jours, ce qui est loin des trois mois évoqués par le pédagogue.

90. Ainsi, l'élève ne faisait pas partie de la classe de Libanios en 385-386 quand le sophiste traversa cette douloureuse crise de goutte et de céphalées qui dura dix-huit jours. Ce garçon s'était donc inscrit sur sa « liste » pour l'année scolaire 386-387 et était un débutant en rhétorique. On sait qu'il quitta Antioche peu de temps après les émeutes du début ou de la fin du mois de février 387. Or, il emploie comme argument pour se justifier de son absence la répétitivité des exercices d'ἄμιλλα, palier auquel il était parvenu au terme de ses quatre ou cinq premiers mois de cours auprès du sophiste — la rentrée avait en effet lieu en automne (P. Petit 1956, p. 47) —. Si on admet que l' ἄμιλλα correspond à l'ἀνασκευή ou « contestation » (voir *supra*, n. 68), cela signifie qu'il avait travaillé les cinq premiers exercices des douze ou quatorze de la progression hermogénienne traditionnelle, soit à peu près un tiers du programme. Or, un tel rythme n'est pas jugé suffisant par le sophiste. Il faut tenir compte du fait que les premiers exercices qui avaient été assimilés par le jeune homme étaient les plus simples et qu'ils se limitaient à des développements très courts. Ainsi, dans les exemples rédigés par Libanios lui-même, on est surpris par la brièveté des fables et des récits qui comportent tout au plus une dizaine de lignes et peuvent même ne tenir que sur trois ou quatre. C'est à partir de la maxime et de la chrie, les deux exercices précédant la contestation, que ces développements gagnent en ampleur et en complexité.

91. **§22** C'est moins l'exemple des « gouverneurs » (selon l'interprétation et la traduction de A. J. Festugière 1959, p. 481 et A. F. Norman 2000, p. 142) que celui de ses « prédécesseurs » que Libanios se fait un devoir de suivre. Le sens de τῶν ἡγεμόνων (« ceux qui font une chose en premier et montrent la voie à suivre aux autres » comme dans Pl., *Leg.* 670 d) est d'ailleurs annoncé dans ce passage par le génitif absolu ἑτέρων δὲ φθασάντων (« d'autres m'ayant devancé »). De plus, l'imparfait employé dans le paragraphe suivant ainsi que l'évocation de certains maîtres qui, autrefois, allaient jusqu'à porter les morts, corroborent cette interprétation. Dans les honneurs rendus aux défunts, il s'agit donc de ne pas être moralement inférieur aux générations précédentes, idée très présente dans l'œuvre du sophiste (Voir *Or.* XXXV, 1 ; 36).

92. Le verbe καταλαμβάνω est déjà employé chez Homère à propos de la mort qui saisit les guerriers de l'*Iliade* par exemple (*Il.* V, 82). Chez Libanios, le verbe n'a plus pour sujet la mort personnifiée sous

les traits de θάνατος mais les morts eux-mêmes. La proposition οὐδ' εἰ νεκροὶ νεκροὺς κατελάμβανον pourrait être rendue textuellement par « même si les morts se saisissaient des morts ».

93. **§23** Ce tableau est remarquable par le bel effet de contraste que crée le double mouvement du corps qu'on porte en l'élevant (ἀνέχοντες) puis qui descend en terre (καθελκομένους).

94. **§24** Si l'élève considère que son père mérite les honneurs funèbres, ceux-ci incluant la fermeture de l'école au moment de ses funérailles, il n'a pas le droit de vouloir en priver les autres ; il n'est donc pas fondé à critiquer l'usage respecté par Libanios. Si au contraire, il considère que son père ne mérite pas ces honneurs, c'est qu'il lui manque de respect et mérite un châtiment approprié à cette grave faute.

95. **§25** Τουτὶ τὸ χωρίον désigne l'école et le lieu où le discours est prononcé.

96. La situation sociale de ses anciens élèves est une constante préoccupation pour Libanios car, aux yeux de ses contemporains, elle témoigne de la qualité de la formation reçue dans sa classe (voir *Or.* XXXV, 20 ; R. Cribiore 2007, p. 204-205). Il se défend donc d'être un mauvais professeur en citant trois domaines dans lesquels certains de ses élèves ont brillé : le barreau (« les tribunaux »), les gouvernements de provinces (les gouverneurs sont cités dans leur fonction de juges), l'administration curiale (« le service de leur patrie »). On retrouve le même propos et la même tripartition dans *Or.* LXII, 27-62.

97. Au sujet de l'expression « prétexte légitime », voir *Or.* XXXV, n. 45 au § 12.

98. **§26** Le même verbe se rencontre dans *Or.* XLIII, 7 où le maître « suffoque » (ἀποπνίγεται) à cause d'accusations sans fondement proférées par des pères d'élèves. La suffocation est une expression de la colère provoquée par des propos que dictent la mauvaise foi et la volonté de calomnier. Hermogène (*Id.* II, 7) étudie l'emploi de ce verbe présent aussi chez Démosthène quand il s'agit d'exprimer un sentiment de forte incompréhension face à des paroles malhonnêtes ou injurieuses.

99. La fréquence de ces démonstrations oratoires destinées en priorité aux élèves a donné lieu à diverses hypothèses reprises et discutées par J. Martin 1988, p. 84 et p. 95. Dans *Or.* III, 10, il est question des discours prononcés au printemps et en hiver. A. J. Festugière 1959, p. 446-447, n. 1, indique que ces déclamations se produisaient seulement deux fois au cours de l'année scolaire, une à chacune des saisons mentionnées ; B. Schouler 1973, p. 110, soutient qu'il y en avait trois, une en hiver, une deuxième au printemps et la troisième en été, saison au cours de laquelle le discours III lui-même fut prononcé pour clôturer l'année (*Or.* III, 9). J. Martin, en s'appuyant aussi sur *Or.* II, 25, où Libanios mentionne leur fréquence (τῇ πυκνότητι), montre de façon convaincante qu'en réalité leur nombre n'était pas fixe. Même un peu plus avant dans l'été, alors que les élèves étaient en vacances, l'école

restait ouverte, ce qui permettait aux jeunes Antiochéens restés sur place de continuer à s'abreuver à la source de leur maître et au maître d'attirer de nouvelles recrues. Dans *Ep*. 391, 10-11 (année 355), Libanios, qui raconte à son ami Anatolios ses débuts à Antioche, mentionne les nombreux discours présentés pendant l'été qui furent suivis par l'ouverture de son école privée : ... ἐπὶ πολλοῖς λόγοις, οὓς τὸ θέρος ἐδέξατο, διδασκαλεῖον ἀνέῳξα. (« ... suite à de nombreux discours que l'été accueillit, j'ouvris une école. ») Si Libanios avait suivi un règlement précis fixant un nombre et une fréquence d'exhibitions oratoires, il est d'ailleurs probable qu'il en aurait fait état dans notre discours dont le principal argument de défense est celui du respect des règles. Le terme σιωπή employé un peu plus loin dans le même paragraphe se réfère à l'absence de ces démonstrations professorales ; dans d'autres contextes, il désigne aussi l'absence de cours au sens classique d'un maître dispensant son savoir et encadrant le travail de ses élèves dans une salle de classe où l'aident des assistants. Cela prouve que les démonstrations des professeurs étaient considérées comme faisant partie intégrante de l'enseignement. Les élèves avaient alors l'occasion d'entendre et d'admirer des modèles autres que ceux fournis par les textes des Anciens. Ces prestations avaient donc une haute fonction pédagogique en incitant les élèves à l'imitation.

100. Le syntagme μιαρὸν θηρίον est d'abord employé par Hérodote (2, 47) : Ὗν δὲ Αἰγύπτιοι μιαρὸν ἥγηνται θηρίον εἶναι. (« Les Égyptiens ont considéré le porc comme un animal impur. ») L'expression est devenue par la suite une insulte reprise par les historiens et les rhéteurs. On la rencontre notamment chez Démosthène (*Aristog.* I, 58, 8 ; *Theocr.* 49, 8) et Dinarque (*In Dem.* 50, 5).

101. « Le flot des paroles venant d'eux [des maîtres] » (τὸ ῥεῦμα δὲ τῶν παρ' ἐκείνων λόγων) est une nouvelle métaphore liquide traduisant la transmission du savoir de professeur à élève, déclinaison du motif de la source. Voir *supra*, n. 50 et *infra*, n. 105.

102. §27 Le lien de filiation paternelle sert souvent à traduire la relation d'un élève à son maître et celle d'un texte ou d'une œuvre à son auteur (R. Cribiore 2007, p. 142, n. 30). Le digne rejeton de son maître est celui qui produit des discours d'une qualité égale, ce qui représente un gage d'entraînement sérieux et d'admiration fidèle au professeur et provoque fierté et joie chez ce dernier (R. Cribiore 2007, p. 142-143). Parfois même les rejetons dépassent leur maître. Ce fut le cas de Parthenopaeus dont la composition fut jugée supérieure à celle de Libanios au cours d'un banquet (*Ep.* 996, 1-2 citée par R. Cribiore 2007, p. 142 et traduite p. 303).

103. Les démonstrations oratoires n'étaient donc pas réservées aux élèves en fin de *cursus* ou au bout de leur deuxième année d'apprentissage ; tous ceux qui en exprimaient l'envie pouvaient se produire en

public. En effet, le terme ἐπίδειξις désigne toute prestation oratoire, quelle que soit la forme du texte présenté ; celui-ci pouvait donc ne pas être une déclamation au sens de discours fictif à sujet mythologique, historique ou éthique et de type délibératif, judiciaire ou épidictique, selon la classification de B. Schouler 1984, p. 28-34 (voir aussi *supra*, n. 12). Des compositions plus courtes et moins complexes pouvaient donner lieu à une prestation d'élève. Nous savons par ailleurs par Quintilien (II, 7) que les parents d'élèves tenaient beaucoup à ce genre d'exercice : « … ils croient que leurs enfants ne travaillent que s'ils ont déclamé le plus souvent possible. » (… *ita demum studere liberos suos si quam frequentissime declamauerint credunt.*) On imagine cependant que les élèves devaient avoir atteint un certain niveau de compétence pour être autorisés à se produire.

104. Comme le prouve l'absence d'article, θέατρον se réfère à un endroit, quel qu'il soit, où les élèves qui en étaient jugés aptes par Libanios pouvaient se donner en « spectacle ». Le français « auditoire » traduit cette idée. Il est très probable que les auditions n'étaient ouvertes à un public extérieur à l'école que lorsque le sophiste jugeait que la prestation, qu'il avait sans doute corrigée au préalable, en valait la peine. La salle de classe, réduite aux autres élèves et au personnel enseignant, pouvait suffire à constituer un public, d'autant plus que les élèves travaillaient par petits groupes et que s'exprimer devant tous leurs condisciples réunis représentait déjà pour eux un enjeu dans leur maîtrise de l'oralité.

105. Par la périphrase métaphorique πᾶσιν οἷς ταὐτὸ ποτόν (« ceux qui boivent à la même source » mais, littéralement, « ceux qui boivent la même chose »), Libanios désigne les élèves d'une même classe et formés par le même professeur. Voir *supra*, n. 50 ; 101.

106. §28 La capacité des élèves à distinguer un bon discours d'un mauvais est exercée par l'audition de modèles. Les discours de leur maître ou de leurs condisciples jugés aptes à présenter une exhibition oratoire constituent ces modèles. Par ailleurs, Quintilien (II, 5) affirme l'importance d'éprouver le jugement des jeunes gens en les interrogeant sur les textes lus et étudiés en classe dans le but de les former à juger par eux-mêmes.

107. La situation évoquée ici est la même qu'au paragraphe 4 où, conformément à un vieil usage, la déclamation du jeune orphelin de quinze ans n'avait subi aucune correction. Libanios ne tolère donc pas l'attitude de ses élèves qui critiquent la prestation orale de leur camarade et incitent leur maître à la reprendre. Mais cet usage était-il généralisé à toutes les formes possibles de prestations orales d'élèves ? Pour celles qui avaient lieu dans le cercle restreint de la classe, on se doute que Libanios devait se livrer à des commentaires dans le but d'affiner le jugement de tous ses élèves. Quintilien traite de la nécessité

de relever publiquement toutes les fautes commises car il faut tenir
compte des élèves auditeurs, qui prendraient pour bon ce que le maître
aurait laissé passer (Quint. II, 6). Mais selon lui, il ne faut pas trop en
faire et éviter de suivre l'exemple de certains enseignants qui n'hésitent
pas à compléter et à retoucher les compositions des jeunes gens après
leur présentation avec autant de soin que s'ils avaient à parler eux-
mêmes. Sans condamner cette pédagogie, il l'observe cependant avec
circonspection car « les corrections frappent seulement leurs oreilles »
(*emendationem auribus modo accipiunt*), et « qu'ils écoutent plus
volontiers leur maître lorsqu'il enseigne, que lorsqu'il les reprend »
(*libentius praecipientem audiunt quam reprehendentem*), surtout à un
âge où beaucoup sont susceptibles et prompts à regimber aux
avertissements.

108. §29 Κακοδαίμονος συκοφαντίαν παιδαγωγοῦ : les mêmes
termes sont associés dans l'*Encomium d'Achille* (*Prog.*, 8, 3, 5 : …
συκοφάντην ἔγωγε τοῦτον ἡγοῦμαι καὶ κακοδαίμονα καὶ ψευδολό-
γον, « … pour moi, je considère cet homme-là comme un sycophante,
comme quelqu'un de mal intentionné et comme un raconteur de
mensonges. »)

109. Par le démonstratif de proximité τούσδε, Libanios désigne certains membres de son auditoire.

110. Il n'est pas évident de savoir à qui Libanios réserve l'adjectif
δειλούς et s'il faut conférer à ce terme le sens commun de « peureux »,
« timides » (A. J. Festugière 1959, p. 483 : « Quant aux élèves trop
timides pour parler ») ou celui, plus fort, de « lâches » (A. F. Norman
2000, p. 143 : « The cowards among you »). Il est peu probable que le
sophiste interpelle ainsi ses élèves car il le fait dans la phrase suivante
en les nommant « mes enfants » ; de plus, aucune distinction n'a
jamais été établie dans ce discours entre ceux qui ont courageusement
pris la défense de leur maître contre le pédagogue et ceux qui se seraient
tus par crainte : tous ont été indifférents à son sort (voir § 1). Qui, dans
le public de Libanios, pourrait donc être qualifié de δειλούς ? L'élève
et le pédagogue incriminés qui ont fui Antioche par crainte des repré-
sailles de Théodose ? La possibilité que le mobile de leur fuite ait été
la peur est effectivement avancée au § 6. Mais le discours touche
à sa fin et Libanios a déjà établi que la principale raison de leur absence
prolongée avait été le désir de profiter des circonstances pour ne rien
faire. Pourquoi les traiterait-il donc à présent de « lâches » plutôt que
de « paresseux » ? Les parents de l'élève seraient-ils visés et implicitement accusés d'avoir soutenu et peut-être même encouragé l'escapade
de leur fils ? Il semble plutôt à la lecture de la suite que le seul crime
à imputer au père soit celui de naïveté puisqu'il voue une confiance
aveugle à l'indigne pédagogue de son fils. De fait, l'adjectif δειλούς,
tel qu'il est placé, est un rappel du verbe δείσω employé juste avant par

Libanios pour affirmer qu'il ne va pas se laisser effrayer par les calomnies du pédagogue. Il faut donc comprendre que d'autres en revanche ont peur. Or, le paragraphe 30 dépeint ce même pédagogue occupé à faire subir de terribles affronts aux professeurs, pas seulement à Libanios, en menaçant surtout de favoriser des défections, c'est-à-dire des départs d'élèves en cours d'année pour la classe d'un autre maître de la même discipline (voir *infra*, n. 116). Ces propos impliquent que Libanios n'est pas le premier sophiste que le garçon ait fréquenté et que partout le pédagogue s'est mal comporté ou peut-être aussi que ces menaces ont pu déstabiliser certains de ses assistants. Quoi qu'il en soit, ce paragraphe se clôt sur le constat que certains maîtres, par crainte de la défection annoncée, perdent leur autorité et deviennent serviles en face du pédagogue (sur l'emploi du présent pour dénoncer les agissements du pédagogue voir *infra*, n. 114). Les δειλοί sont donc des professeurs de rhétorique. Cette lecture est corroborée par la formule conclusive du discours : « conscient de ce qu'est un maître et de ce qu'est un pédagogue » (§ 31 : εἰδώς, τί μέν ἐστιν ὁ διδάσκαλος, τί δὲ ὁ παιδαγωγός) qui, en faisant écho à l'exhortation formulée à l'intention des peureux de restaurer la conscience de leur supériorité sur le pédagogue (§ 29 : γιγνώσκοντας αὐτούς), nous renseigne sur ses destinataires.

111. « Même cet individu » est à prendre au sens de « cet individu, tout effrayant qu'il soit ».

112. Akrisios, effrayé par un oracle lui prédisant qu'il serait tué par son petit-fils, tenait sa fille Danaé enfermée dans une chambre de bronze souterraine (Ps.-Apollod., II, 34, 3-4 : ὑπὸ γῆν θάλαμον… χάλκεον). Cette prison était censée préserver la virginité de la jeune fille. Le père de l'élève, naïf, croit avoir trouvé un pédagogue remplissant parfaitement bien sa fonction de protection morale du garçon mais il s'est leurré ; cette référence mythologique suggère que le garçon entretenait des relations sexuelles avec des hommes plus âgés. L'œuvre de Libanios présente de bons et de mauvais pédagogues (R. Cribiore 2007, p. 118-119). La description la plus complète du rôle d'un bon pédagogue se trouve dans *Or.* LVIII, 7 : « Car grands, vraiment grands, sont les services qu'ils rendent aux jeunes gens : les contraintes dont l'étude a besoin et, ce qu'il y a de beaucoup plus beau, la tempérance. En effet, ce sont les gardiens de l'âge en fleur, eux les protections, eux le rempart ; ils éloignent les amoureux néfastes, les repoussent, les chassent, les empêchent de fréquenter, refoulent leurs avances, aboient, se faisant chiens contre des loups. » (Μεγάλα γάρ, ὡς ἀληθῶς μεγάλα τὰ παρὰ τούτων εἰς τοὺς νέους, ἀνάγκαι τε ὧν τὸ μανθάνειν δεῖται καὶ τὸ πολὺ κάλλιον, ἡ σωφροσύνη. Οὗτοι γὰρ φρουροὶ τῆς ἀνθούσης ἡλικίας, οὗτοι φύλακες, οὗτοι τεῖχος, ἀπελαύνοντες τοὺς κακῶς ἐρῶντας, ἀπωθοῦντες, εἴργοντες, οὐκ ἐῶντες ὁμιλεῖν,

ἀποκρουόμενοι τὰς προσβολάς, ὑλακτοῦντες κύνες πρὸς λύκους γιγνόμενοι.) Le rôle de gardien sexuel occupe donc une place prépondérante dans les missions d'un pédagogue.

113. Dans la proposition ὁ δ' ἐστὶν ἥμερος πρὸς τοὺς ἡδέως αὐτῷ συνδιατρίβοντας, le pronom αὐτῷ peut tout aussi bien renvoyer au jeune homme qu'au pédagogue lui-même, l'emploi du pronom réfléchi indirect étant moins systématique en grec qu'en latin. La même ambiguïté subsiste dans la traduction française. Cependant, il est plus plausible qu'il se réfère au pédagogue, complaisant à l'égard de ceux qui lui manifestent de la bienveillance en échange de moments partagés avec le garçon. Le pédagogue apparaît donc comme l'exacte antithèse du pédagogue idéal dépeint dans *Or.* LVIII, 7 : au lieu de chasser ceux qui veulent avoir des relations intimes avec l'élève, il joue le rôle d'entremetteur.

114. §30 Libanios use du présent et de l'amplification — le pédagogue n'a pas seulement porté tort à Libanios mais à tous les maîtres — ce qui généralise son propos et confère à ce passage une double fonction : le blâme du pédagogue se transforme en blâme de tous les pédagogues enclins à soumettre les professeurs à des pressions et à des menaces.

115. L'esclavage des sophistes est développé dans *Or.* XXV, 46-51, mais celui qui les lie aux pédagogues est tout juste mentionné sans être distingué de leur asservissement aux élèves et aux membres de leur famille : « Il est esclave non seulement de tous ceux sur lesquels il exerce son autorité, mais aussi de la multitude des pédagogues, de la multitude des parents, d'une mère, d'une tante, d'un grand-père. » (Δουλεύει δὲ οὐ μόνον τοσούτοις ὁπόσων ἄρχει, ἀλλὰ πολλοῖς μὲν παιδαγωγοῖς, πολλοῖς δὲ γονεῦσι καὶ μητρί γε καὶ τήθῃ καὶ πάππῳ, traduction B. Schouler 1973, p. 204.)

116. « Déplacer le jeune homme » signifie « favoriser sa défection ». Les pédagogues avaient parfois une large part à jouer dans ces départs d'élèves qui, parce qu'ils se produisaient en cours d'année scolaire et pour un autre maître, étaient vécus par ceux dont on quittait la classe comme de véritables trahisons. La responsabilité des pédagogues dans ce phénomène est évoquée dans *Or.* XLIII, 9. Ce discours, intitulé *Sur la Convention*, a pour objet de proposer aux professeurs de rhétorique une convention pour empêcher ces défections.

117. §31 Libanios a donc été le professeur du père, avant d'être celui du fils.

118. Le terme ἐπιεικής est référencé par J. De Romilly 1979, p. 37 et p. 53-63, parmi les trois mots les plus fréquents à l'époque classique pour exprimer la douceur dans la pensée grecque. Se rattachant à la racine qui a fourni ἔοικα, l'adjectif, qui signifie d'abord « ressemblant », prend le sens de « convenable », « approprié ». Il finit donc par désigner la « conformité à des traditions ou des usages reçus. Il

ratifie le respect des règles sociales dans les rapports entre les personnes » (J. De Romilly 1979, p. 53). L'adjectif convient donc parfaitement au pédagogue dépeint à la fin du discours qui remplit pleinement
ses fonctions auprès du jeune homme dont il a la responsabilité et qui
sait tenir sa place face au professeur.

119. Le discours, après avoir présenté en ses débuts un court éloge
de l'élève idéal se clôt sur celui, juste esquissé car limité au domaine
de la moralité, du pédagogue idéal. Cette dernière notation présente un
résumé des conceptions politiques et morales de Libanios, fervent
défenseur de l'ordre établi et d'une société où les hommes doivent se
tenir à la place que leur a attribuée la naissance (voir *Or.* XXXV, n. 28
au § 6).

À CEUX QUI NE PRENNENT PAS
LA PAROLE

DISCOURS XXXV

NOTICE

I. DATE ET CIRCONSTANCES DU DISCOURS

Éléments de prosopographie

Le discours a pour but d'inciter les anciens élèves de Libanios, désormais membres du Conseil de la cité, à faire honneur à leur titre et à assumer pleinement leurs responsabilités politiques en prenant la parole pendant les séances de la *Boulè*. Libanios reproche leur mutisme à ceux qui ont été formés dans sa classe de rhétorique et qui ne ressemblent pourtant en rien aux grands orateurs des générations précédentes. Il cite ainsi le nom de trois personnalités qui firent la gloire d'Antioche ; il en parle au passé : « eux étaient les remparts de la cité[1]... ». Ces trois hommes ne sont donc plus curiales au moment où Libanios prononce son discours, soit qu'ils aient disparu, soit que, trop âgés, ils aient été remplacés par leur fils au sein de la *Boulè*, remplacement qui se faisait « automatiquement et sans formalité, pourvu que la fortune demeure intégralement à la disposition de la curie[2] ». Ces trois grands défenseurs de la cité sont Phasganios, Argyrios et Euboulos.

---

1. *Or.* XXXV, 11 : οἱ μὲν ἦσαν πύργοι τῆς πόλεως.
2. P. Petit 1955, p. 42.

Phasganios est l'un des deux oncles maternels de Libanios, celui qui compta le plus pour lui et le soutint dans son projet d'aller se former à Athènes[3]. Il mourut en 359[4].

Argyrios l'ancien, grand-père d'Argyrios le jeune, était originaire d'Élousa en Palestine[5]. C'est le grand-père de Libanios qui le fit inscrire sur l'*album* municipal d'Antioche[6]. Il était par ailleurs le cousin de Zénobios, le sophiste auquel Libanios succéda à l'école municipale d'Antioche[7]. Ami de la famille, il lui fut d'un grand secours après la mort prématurée du père[8]. Il avait gagné une réputation de ténor de la curie où il accomplit l'ensemble du *cursus* municipal. Sa décision d'agrandir le Plèthre fut vivement contestée par Libanios[9]. Il fut exempté des liturgies au plus tard en 359, du fait de son grand âge[10].

Euboulos[11] est le fils d'Argyrios l'ancien et l'oncle d'Argyrios le jeune. Responsable de l'approvisionnement d'Antioche, il subit en 354 les conséquences de la famine provoquée par une mauvaise récolte : il fut emprisonné[12] puis, après sa libération, il dut s'enfuir dans les montagnes avec son fils pour échapper à la lapidation par la foule ;

3. *Or.* I, 13.

4. *Or.* I, 117.

5. Sur ce personnage, voir B. Cabouret 2006, p. 345-346.

6. *Or.* XLIX, 18 ; B. Cabouret 2006, p. 348.

7. *Ep.* 101, 4.

8. *Or.* LIII, 4 : φίλος δὲ οὗτος τοὐμοῦ πατρὸς καὶ δραμὼν ἐπὶ τὸ κρύψαι τὴν ὀρφανίαν ἡμῖν (« cet ami de mon père qui se démena pour nous faire oublier notre condition d'orphelins », traduction B. Cabouret 2006, p. 346, légèrement modifiée). Voir aussi *Ep.* 381, 1.

9. *Or.* X, 9-10.

10. *Ep.* 113, 2 à Florentios (359-360) : ἡ δὲ ἀτέλεια τοῦ πόνου παρὰ τοῦ χρόνου (« l'exemption de sa peine due au temps ») ; B. Cabouret 2006, p. 348.

11. Voir G. R. Sievers 1868, p. 69 ; O. Seeck 1906, p. 40 ; R. Foerster, Vol. X, p. 760 ; P. Petit 1955, p. 398 ; B. Cabouret 2006, p. 348-353. Dans la *PLRE* I, p. 287-288, Euboulos est confondu avec Acacios 6, le sophiste rival de Libanios à Antioche.

12. *Or.* I, 96.

sa maison fut alors brûlée[13]. Bien que leurs deux familles eussent été proches, ce *principalis* resta toujours hostile à Libanios : divers épisodes du *Bios* le mettent en scène dans ses démêlés avec le sophiste[14]. Leur affrontement incessant s'inscrivait dans l'opposition entre deux factions rivales au sein de la curie. Maintenant qu'Euboulos est mort, Libanios oublie ses relations difficiles avec lui pour le présenter à ses anciens élèves comme un modèle d'éloquence mise au service de la cité. On ne sait pas précisément quand il mourut. La dernière mention du personnage dans l'œuvre de Libanios se trouve dans le *Bios* ; nous y apprenons qu'en 366, Euboulos était toujours actif : c'est à cette époque qu'il encouragea le procurateur Fidelios à accuser Libanios d'être un partisan de l'usurpateur Procope[15].

Ces informations biographiques prouvent que le discours XXXV ne peut avoir été composé avant 366. Les allusions qu'il contient à l'âge de Libanios nous révèlent qu'il est bien plus tardif.

L'âge de Libanios

Libanios est déjà un vieil homme au moment de la composition du discours[16]. Il souffre de ce que les jeunes curiales sortis de son école n'assurent pas comme il se doit la relève des générations précédentes ; il leur reproche d'avancer de fausses excuses pour justifier leur effacement devant leurs aînés (τοῖς πρεσβυτέροις), puis de trop compter sur lui pour prendre la parole à leur place : « Cessez donc d'imputer au respect et à la réserve ce qui vient de votre incapacité à parler, puisque souvent, en l'absence d'un certain homme, poussés par la nécessité à prendre la parole, vous avez jugé bon de l'appeler,

13. Amm. 14, 7, 6 et Lib. *Or*. I, 103.
14. *Or*. I, 103 ; 116 ; 156 ; 163.
15. *Or*. I, 163.
16. Voir B. Schouler 2004, p. 99.

alléguant que vous n'aviez rien à dire. Quoi donc ? Si cet homme-là perd la vie, que ferez-vous[17] ? » Ce passage révèle que Libanios est assez âgé pour envisager ce qui se passera quand il ne sera plus là. Car c'est bien à lui-même et à sa propre mort qu'il fait allusion ici, ce qui nous conduit à considérer ce discours comme tardif et à le rapprocher de certaines compositions des années 380 dans lesquelles Libanios évoque souvent son grand âge, soit qu'il l'arbore comme gage de sagesse, soit qu'il se défende d'être diminué par les années.

Les attaques contre Libanios

Dans le discours LXII, daté de 382-383[18], Libanios se défend d'avoir échoué à former des élèves aux métiers d'avocat et de professeur ou à l'activité de curiale ou de gouverneur : « Puis ils ne tardent pas à demander : qui parmi ceux qui ont suivi ses cours s'est illustré dans les tribunaux ? Qui dans la position de curiale ? Qui du haut de la chaire des professeurs ? Qui du haut de celle des gouverneurs ? Et prenant de court ceux qu'ils interrogent, ils se font plaisir à répondre : personne[19]. » Le discours XXXV se fait l'écho des mêmes critiques portées contre Libanios et celui-ci reproche à ses anciens élèves de les favoriser par leur silence dans les assemblées : « On va sans doute me demander : eh bien quoi ? Sont-ils tous comme cela ceux d'ici ? Aucun de ceux qui ont fréquenté

---

17. *Or.* XXXV, 25 : Παύσασθ' οὖν εἰς αἰδῶ τε καὶ ἐπιείκειαν τοῦτο ἀναφέροντες ὃ τῷ μὴ δύνασθαι λέγειν γίγνεται, ἐπεὶ πολλάκις γε ἀνδρός τινος ἀπόντος ἀνάγκης ὑμᾶς καταλαβούσης λέγειν ἠξιώσατε καλεῖν ἐκεῖνον ὡς οὐκ ἔχοντες ὅ τι ἂν καὶ λέγοιτε. Τί οὖν ; Ἂν ἐκεῖνος τελευτήσῃ τὸν βίον, τί δράσετε;

18. Voir A. F. Norman 2000, p. 88 ; P. Petit 1979, p. 264, n. au § 214.

19. *Or.* LXII, 5 : Εἶτ'εὐθὺς ἐρωτῶσι · Τίς γὰρ ἐν δίκαις τῶν τούτῳ συγγενομένων ἐξέλαμψε ; Τίς δὲ ἐν τάξει τῶν πολιτευομένων ; Τίς δ' ἀπὸ θρόνου τοῦ τῶν διδασκάλων ; Τίς δ' ἀπὸ τοῦ τῶν ἀρχόντων ; Καὶ φθάσαντες τοὺς ἐρωτωμένους αὐτοῖς χαρίζονται τὴν ἀπόκρισιν, ὡς οὐδείς.

tes cours ne parle ni n'agit en curiale[20] ?» Il est donc probable que les deux discours, rendant compte des mêmes critiques formulées contre Libanios, soient assez proches dans le temps.

Un discours pour la défense des curies

R. Foerster s'appuie sur la proximité des exordes des discours XXXV et XLVIII pour affirmer leur contemporanéité[21]. De fait, les deux débuts se caractérisent par une invocation aux dieux tutélaires d'Antioche auxquels Libanios demande de lui accorder une force persuasive suffisante. La suite est très proche aussi mais moins originale chez le sophiste qui affirme que même si son initiative échoue, il tirera au moins profit d'avoir fait son devoir de conseiller :

Or. XLVIII, 2	Or. XXXV, 2
Καὶ **δοῖεν μὲν οἱ τὴν πόλιν ἡμῖν** ἔχοντες θεοὶ τῆς τε παραινέσεως ὄνησίν τινα γενέσθαι καὶ πεισθῆναι τοὺς ἀκούοντας τῶν ὠλιγωρημένων ποιήσασθαι πρόνοιαν. Εἰ δ' οὖν καὶ μάταιόν μοι τὴν συμβουλὴν ἀποδείξετε, **κέρδος** ἔμοιγε ἱκανὸν **τὸ συμβεβουλευκέναι.**	Εὔχομαι τοίνυν **τοῖς τὴν πόλιν** ἔχουσι **τὴν ἡμετέραν θεοῖς δοῦναί** μοι περὶ ὧν ἥκω συμβουλεύσων, εἰπεῖν τε μετρίως καὶ πειθομένους ὑμᾶς λαβεῖν. Κοινὸν γὰρ δὴ τοῦ τε λέγοντος καὶ τῶν ἀκουόντων **τὸ κέρδος** τὸν μὲν εἰρηκέναι δόξαι τὰ βέλτιστα, τοὺς δ' ἀντὶ τῶν ἡδέων ἑλέσθαι τὰ συμφέροντα. Εἰ δ' αὖ ἐπὶ τῶν νῦν φιλονεικήσετε μένειν, ἥττω μέν, **κερδανῶ** δὲ ὅμως αὐτό γε τὸ περὶ τῶν τοιούτων **συμβεβουλευκέναι.**

20. Or. XXXV, 20 : Τάχ' ἂν οὖν τίς με ἔροιτο · Τί δ' ; Ἅπαντές εἰσιν οἱ τῇδε τοιοῦτοι ; Λέγει δὲ οὐδεὶς τῶν σοὶ πεπλησιακότων οὐδέ γε πολιτεύεται ;

21. R. Foerster, Vol. III, p. 207.

Les dieux qui veillent sur notre cité puissent-ils me permettre qu'on tire un avantage de ma recommandation et que mes auditeurs soient convaincus de prendre soin de ce qu'ils ont négligé. Mais si, en fait, vous prouvez même que mon conseil est chose vaine, le fait de vous avoir conseillés me sera un profit suffisant.	Je prie donc les dieux qui veillent sur notre cité de me permettre, dans les conseils que je suis venu vous prodiguer, de m'exprimer avec modération et d'emporter votre adhésion. En effet, l'orateur et ses auditeurs tirent un profit commun, l'un à passer pour avoir très bien parlé, les autres, à faire passer l'utile avant l'agréable. Si, malgré tout, vous rivalisez pour garder votre comportement actuel, certes mon profit sera moindre, mais j'aurai du moins celui de vous avoir conseillés sur de tels sujets.

Le discours XLVIII : Πρὸς τὴν βουλήν a été composé vers 388, ainsi que le discours XLIX : Πρὸς τὸν βασιλέα ὑπὲρ τῶν βουλῶν, qui lui serait quelque peu antérieur[22]. Dans les deux textes, le propos de Libanios est le même : dénoncer l'affaiblissement des conseils municipaux par la détérioration du statut de curiale et la diminution du nombre de leurs membres, pointer les causes et désigner les responsables de cette évolution — en premier lieu, les *principales* —, plaider pour la restauration des curies. Le discours XXXV s'inscrit dans la même démarche, son point de départ étant le constat suivant : « son Conseil [le Conseil d'Antioche] était quelque chose d'important quand aujourd'hui il n'en subsiste pas grand-chose et que la majeure partie en a disparu[23]... ». Mais son angle d'attaque est tout autre. Ici, c'est le silence des curiales sortis

---

22. R. Foerster, Vol. III, p. 425 ; 450 et A. F. Norman 1977, p. 417.
23. *Or.* XXXV, 11 : ...ἦν ποτε ἡ βουλὴ μέγα, νῦν δ᾽ ὀλίγον μὲν αὐτῆς οὐ τέθνηκε, τὸ πλέον δὲ οἴχεται...

de son école qui est présenté par Libanios comme l'unique
cause de cet affaiblissement : leur silence les fragilise, et
avec eux le Conseil tout entier, car il laisse tout l'espace
de parole aux autres membres de la curie ; les curiales
mutiques perdent ainsi en respectabilité et deviennent de
potentielles victimes des débordements des « valets
des gouverneurs », c'est-à-dire des *officiales,* membres
des bureaux des fonctionnaires impériaux : « …eux [les
curiales influents] peuvent effrayer les valets des gouverneurs dont vous, vous avez peur. Il est facile à ces derniers d'inquiéter par un regard, d'inquiéter par un mot,
d'inquiéter par un geste, d'avoir un mouvement de colère,
d'appréhender quelqu'un et s'il ne consent pas, de le
dépouiller de ses vêtements et pire encore. Comment se
fait-il donc qu'ils cherchent à en séduire certains et les
cajolent, alors que vous ils vous malmènent ? C'est qu'ils
respectent la gloire qu'ils tiennent de leur éloquence, alors
qu'ils vous considèrent comme privés de gloire parce que
vous restez silencieux[24]… » En fait, ces écarts entre
curiales, dus, selon Libanios, à leur plus ou moins grande
activité rhétorique au sein du Conseil, s'expliquent aussi
par l'hétérogénéité de leur condition économique et
sociale[25]. Les curiales ordinaires souffraient de la supériorité de leurs collègues *principales* — les πρῶτοι ou πρω-
τεύοντες, autrement dit « les premiers » — : ceux-ci
faisaient figure de patrons de la vie municipale et étaient
appelés, une fois accomplies toutes leurs obligations
à l'égard de leur cité, à rejoindre le groupe des *honorati*

---

24. *Or.* XXXV, 8 : Οἳ φοβεῖν δύνανται τοὺς τῶν ἀρχόντων ὑπηρέτας, οὓς ὑμεῖς δεδοίκατε. Καὶ ἔστιν αὐτοῖς ῥάδιον λυπῆσαι βλέμματι, λυπῆσαι ῥήματι, λυπῆσαι χειρί, λαβέσθαι μετ' ὀργῆς, στῆσαι
καὶ μὴ βουλόμενον, ἀποδῦσαι καί πού τι καὶ πλέον. Πόθεν οὖν τοὺς
μὲν ὑπέρχονται καὶ θεραπεύουσιν, ὑμᾶς δὲ ἐλαύνουσιν ; Ὅτι τῶν
μὲν αἰδοῦνται τὴν δόξαν ἣν ἀπὸ τοῦ λέγειν ἔχουσιν, ἐν ἀδόξοις δὲ
ὑμᾶς ἐκ τοῦ σιωπᾶν εὑρίσκουσιν….
25. Sur les écarts de richesse entre curiales, voir P. Petit 1955,
p. 330-338 ; A. H. M. Jones 1974, p. 737-738.

(honoraires), ce qui leur ouvrait la perspective de poursuivre une carrière aux niveaux les plus élevés de l'administration impériale en exerçant des « commandements ».
Même si le discours XXXV ne mentionne pas ce type
d'inégalités, il est certain que Libanios ne pouvait en faire
abstraction. Rappeler les jeunes curiales à leur devoir
civique, c'était aussi œuvrer à rétablir un équilibre salu-
taire entre les différents groupes constitutifs du Conseil et
rendre aux bouleutes inférieurs une part de leur influence
perdue. La survie de l'institution municipale en dépendait.
Un autre discours, le *Κατὰ Ἰκαρίου* (II), dont le propos
s'inscrit aussi dans la défense des curies et qui se termine
par un appel au secours à l'intention de Théodose :
« Viens en aide, Empereur, aux curies[26] » date de la
même période : 385 précisément[27].

À défaut d'autres éléments de datation et même si rien
de décisif ne permet de l'affirmer en toute sûreté, il est
donc plus que probable que le discours XXXV ait été
composé dans les années 380, et plus précisément à la fin
de cette décennie, vraisemblablement, comme l'affirme
R. Foerster, aux alentours de 388[28].

L'*Antiochicos* (*Or.* XI), éloge de la cité d'Antioche prononcé par Libanios à l'occasion des Jeux Olympiques de
356, et donc antérieur au discours XXXV d'une trentaine
d'années, présente une vision idéalisée du Conseil de la
cité (§ 133-149), bien éloignée de l'image qui en ressort dans notre discours mais qui l'éclaire. Cet écart est
à mettre au compte de la distance temporelle et des lois
du genre épidictique auxquelles obéit le discours XI.

26. *Or.* XXVIII, 27 : Βοήθησον, ὦ βασιλεῦ, ταῖς βουλαῖς.
27. R. Foerster, Vol. III, p. 44.
28. Un consensus s'est établi autour d'une datation tardive :
voir A. J. Festugière 1959 p. 476, R. Cribiore 2015, p. 157. Seul
J. H. W. G. Liebeschuetz 1972, p. 270-276, soutient une datation plus
récente.

II. Destinataires du discours

Le discours s'adresse à d'anciens élèves de Libanios désormais curiales. Est-ce à dire qu'il a été prononcé devant la *Boulè* ?

Sans appartenir à la *Boulè*, Libanios a une certaine proximité avec elle, ne serait-ce que parce qu'il en a formé certains membres. Par ailleurs, on sait qu'il lui arriva de demander à l'assemblée municipale de le laisser intervenir au cours d'une de ses séances, ou éventuellement même d'en organiser une dans ce but exprès : c'est ainsi qu'il procéda en 361 dans l'intention de défendre la situation de ses adjoints et de demander en leur nom l'attribution de terres municipales. Il rapporte dans le discours alors prononcé qu'à cette occasion certains lui firent grief d'avoir eu recours à une telle procédure coûteuse en temps pour tout le monde quand il aurait pu se contenter de brèves discussions informelles (βραχέσι ῥήμασι[29]) et individuelles avec les curiales, discussions qui lui auraient rapporté le même résultat. Mais Libanios, pour répondre à ces critiques, revendique le droit de s'adresser à la *Boulè* comme corps constitué au moyen de discours construits (συγκειμένοις λόγοις[30]) et dans le cadre d'auditions publiques (ἀκροάσεων[31]). En 388, il renouvelle cette démarche et, après une concertation avec quatre bouleutes opposés à la politique du gouverneur Lucianus, la curie est convoquée en séance[32]. Il est donc possible que Libanios, désireux de s'adresser aux jeunes curiales sortis de sa classe, ait demandé le droit de s'adresser à eux tous dans le cadre d'une séance de l'assemblée.

Mais une objection surgit : aurait-il procédé ainsi au risque de ridiculiser les jeunes gens visés et de fragiliser

---

29. *Or*. XXXI, 36.
30. *Or*. XXXI, 37.
31. *Or*. XXXI, 37.
32. *Or*. LVI, 30.

leur position au sein du Conseil ? Car si le nom de ses cibles n'est jamais cité, elles étaient facilement identifiables. De fait, il semble peu probable que Libanios ait pu avoir l'idée d'adresser de tels reproches à un petit nombre d'individus peu influents à la curie devant ceux qui la soumettaient à leur écrasante influence : les *principales*. Ce que Libanios demande à ses anciens élèves, dans un contexte où la *Boulè* semble divisée en deux camps (« eux » et « vous[33] »), c'est de se montrer forts non seulement face aux gouverneurs mais aussi face à ces curiales qui de connivence avec les *honorati* les écrasent ou les écartent du pouvoir. Ses propos ne devaient donc atteindre que ceux qu'ils concernaient directement.

Sur ce point, des rapprochements entre le discours XXXV et d'autres discours clairement adressés à la curie peuvent être riches d'enseignements. Les discours XXXI et XVI s'adressent aux Antiochéens, du moins à leurs représentants, de manière explicite : ὦ ἄνδρες Ἀντιοχεῖς ; le discours XLVIII aussi : ὦ βουλή. De même, alors qu'aucune apostrophe ne guide le lecteur moderne au début ou dans le corps du discours XXXVIII, sa péroraison l'éclaire : « Que donc le Conseil[34]… » Le discours XXXV n'apporte lui aucun indice de cette sorte qui permettrait de soutenir qu'il aurait, en intention ou dans les faits, été destiné à la *Boulè* : s'il ne fait aucun doute dès le début du discours qu'il s'adresse à des curiales, ce n'est pas en tant que curiales proprement dits que Libanios les apostrophe mais en tant qu'êtres chers (ὦ φίλτατοι) qu'il connaît bien pour leur avoir dispensé son savoir rhétorique et dans lesquels il ne peut s'empêcher de voir ses anciens élèves.

Peut-on alors envisager la possibilité d'une réunion de la curie en petit comité ? « Libanios nous parle parfois de conciliabules à effectif réduit, mais ce ne sont pas des

---

33. *Or.* XXXV, 8 : Οἳ … ὑμεῖς.
34. *Or.* XXXVIII, 23 : Ἐχέσθω τοίνυν ἡ βουλὴ…

séances officielles[35] ». On imagine mal que dans le cadre
institutionnalisé de la curie, on ait pu convoquer seulement des membres triés sur le volet, à l'exclusion de tous
les autres qui n'auraient pas eu le droit d'entendre les
échanges ! De fait, quand la curie est convoquée ou
qu'elle se réunit de sa propre initiative, c'est l'ensemble
des curiales qui siègent, même si certains devaient occa-
sionnellement être absents[36]. De plus, même si une relation d'autorité subsistait sans doute entre les nouvelles
recrues du conseil municipal et leur ancien maître, les
jeunes gens auraient sans doute ressenti quelque réticence
à se laisser publiquement infantiliser de la sorte. Le discours XXXV lui-même montre d'ailleurs bien la volonté
de ces jeunes adultes de marquer leur indépendance et
leur liberté d'agir sans être sans cesse rappelés à l'ordre
par un vieux sophiste donneur d'ordres : « N'avez-vous
pas toujours eu droit de ma part à ces discours et à d'autres
du même genre ? En me voyant de loin, ne vous attendiez-vous pas à ce que je vous parle de la sorte ? Le fait
de vous y attendre ne vous a-t-il pas fait fuir plus d'une
fois[37] ? »

Trois possibilités subsistent donc : soit le sophiste
a organisé une réunion privée[38] à laquelle il n'a convié
que ses anciens élèves, leur laissant le choix de venir ou
pas ; on sait en effet qu'il s'adressait parfois à un cercle
restreint d'amis ou de proches et que c'est sans doute dans
de telles conditions qu'il fit connaître son autobiographie.
On peut alors imaginer, dans un tel scénario, que tous
n'aient pas honoré l'invitation mais que malgré tout,
Libanios en ait tiré comme bénéfice la conscience d'avoir

35. P. Petit 1955, p. 65.
36. P. Petit 1955, p. 65 : « Jamais il n'est question d'un *quorum*
à atteindre. Il n'y a pas de séances plénières s'opposant à des assemblées restreintes... »
37. *Or.* XXXV, 16.
38. *Or.* I, 221-224 : « ... j'avais le loisir de composer des discours
et de les présenter à mes réunions (φέρειν τε εἰς συλλόγους). »

fait son devoir. Soit, profitant de la proximité de sa salle de classe avec le lieu de réunion de la curie, il s'est adressé séparément et de manière informelle à chacun puis leur a adressé copie de son discours. Ou encore, considérant que ses élèves actuels, du moins ceux d'entre eux qui étaient destinés à prendre la succession de leur père à la curie, pouvaient tirer profit des remontrances du maître contre d'anciens membres de sa classe, Libanios a présenté ce discours au cours d'une récitation publique réservée à ses élèves[39].

La seule chose qu'on puisse affirmer sur les conditions dans lesquelles ce discours a été délivré, c'est qu'il n'a pas été prononcé devant la curie d'Antioche.

III. ANALYSE DU DISCOURS

EXORDE (1-2)

Libanios reproche à ses anciens élèves, devenus curiales, de ne pas prendre la parole lorsque la *Boulè* est réunie face aux représentants du pouvoir impérial. Le but de son discours est de leur réitérer des recommandations sur la manière de remédier à cette situation. Il adresse une prière aux dieux pour qu'ils le rendent persuasif.

PRÉNARRATION [40] (3-5)

Libanios rappelle ce que signifie être un curiale en opposant l'attitude d'un curiale idéal et l'attitude des jeunes curiales d'Antioche.

---

39. *Or.* II, 25 : « … aujourd'hui, je réserve à mes élèves ce qu'autrefois je récitais devant un public plus nombreux. »

40. Dans la doctrine d'Hermogène, la prénarration ou προκατάστασις, introduction à la narration, présente des événements antérieurs ou des faits permettant de faciliter la compréhension de la narration. Voir B. Schouler 1984, p. 154-155 ; M. Patillon 2012a, p. 17-18.

3. Définition positive du rôle d'un curiale : c'est servir la cité par la parole.

4-5. Définition négative : ce n'est pas dépenser de l'argent dans des liturgies même si ces dépenses sont utiles en soi.

NARRATION (6-8)

6. Récit des événements qui ont déclenché le discours. Libanios a constaté *de visu* le mutisme de ses anciens élèves au cours d'une réunion de la *Boulè* avec le gouverneur.

7-8. ἀκμή de la narration[41]. Les conséquences de ce silence sur les relations entre les curiales, leurs mères et d'autres catégories de population : mères indignement trompées si leurs fils leur cachent leur mutisme ou malheureuses à cause d'eux si elles connaissent la vérité, infériorité des curiales par rapport aux artisans qui eux sont prompts à rendre le service demandé, soumission aux *officiales*.

ARGUMENTATION (9-27)

9-11. Le devoir moral de dépasser leurs pères impose aux jeunes curiales d'Antioche d'être supérieurs aux grands orateurs de la curie d'antan : Phasganios, Argyrios et Euboulos.

12-16. Recherche des causes du mutisme des curiales.

12-14. La formation dispensée à ces jeunes hommes est inattaquable. De plus, ils n'étaient pas de mauvais élèves.

---

41. L' ἀκμή d'une narration en constitue le moment le plus fort, propre à frapper l'auditoire. Elle est servie par un certain mouvement oratoire, un certain ton et souvent, comme ici, par une ἀξίωσις, question ou série de questions auxquelles l'orateur fournit des réponses. Voir B. Schouler 1984, p. 155-161 ; M. Patillon 2012a, p. 34-35.

C'est leur passion pour les courses qui, une fois sortis de l'école, les a éloignés de la rhétorique.

15-16. Libanios lui-même n'est pas responsable : il a toujours été très présent auprès des curiales, sans jamais être avare d'avertissements ni de conseils.

17-19. Recherche des remèdes à la situation.

Il faut abandonner les passions délétères pour revenir à la fréquentation des textes. S'il est impossible aux curiales d'y renoncer complètement, ils doivent au moins se partager équitablement entre ces occupations et la rhétorique à laquelle ils se consacreront le soir ou même la nuit. Leurs profits seront nombreux.

20-22. Conséquences de la situation pour Libanios.

Sa réputation est fragilisée car la valeur d'un maître se reconnaît aux compétences montrées par les élèves sortis de sa classe. Or, dans leur majorité, ceux de Libanios se taisent alors que certains, qui n'ont même pas bénéficié de cours de rhétorique, prennent la parole.

23-27. Opposition à deux arguments des curiales[42].

23-25. Antithèse : s'ils se taisent, c'est pour laisser parler leurs aînés avant eux. Réfutation : en fait, ils se servent de ce prétexte pour ne pas parler du tout. C'est leur incapacité à parler qui explique leur silence, non leur respect pour les anciens.

26-27. Antithèse : la solution proposée par Libanios coûte trop d'efforts. Réfutation : le résultat du travail provoque un plaisir supérieur alors que le résultat de l'inaction est le déplaisir.

---

42. Libanios procède selon la méthode de la prolepse : les arguments des opposants (ici, les curiales) sont anticipés et présentés comme des citations. Ce mouvement du discours est donc construit sur la succession de deux couples formés d'une antithèse (argument adverse) et de sa réfutation. Voir B. Schouler 1984, p. 161-162.

PÉRORAISON (28)

Rappel des curiales à leur devoir et annonce de tous les bienfaits qui en découleront pour les curiales eux-mêmes (ambassades, satisfactions personnelles), pour la cité (gloire), pour Libanios (fin de ses inquiétudes).

IV. Éditions, corrections
et traductions antérieures

L'édition *princeps* du *À ceux qui ne prennent pas la parole* est celle de Fédéric Morel en 1627 dans *Libanii sophistae, operum tomus II* (p. 633-636). L'auteur indique qu'elle a été établie à partir d'un *codex bavaricus*. Ses leçons révèlent sa proximité avec le texte du *Monacensis gr.* 101. Cette édition est toutefois incomplète, le texte grec étant interrompu vers la fin du paragraphe 9 au mot κληρονόμους (l. 19). L'auteur indique alors : « λείπει τἆλλα ». Il est donc probable que la source de Morel ait été une copie, elle-même incomplète, du *Monacensis gr.* 101.

En 1766, J. Reiske l'a révisée dans le vol. V de ses *Animadversiones ad Graecos auctores* (p. 434-435) puis en 1793, il a édité le discours complet dans le tome II des *Libanii Sophistae Orationes et Declamationes* (p. 284-295).

Des corrections au texte ont été proposées par C. G. Cobet dans *Collectanea critica* en 1878 (p. 131) et par C. Sintenis dans la marge d'un exemplaire de l'édition de J. Reiske conservé dans la bibliothèque du Gymnasium Francisceum de Zerbst. Ces annotations ne sont pas datées.

Le discours a finalement été publié en 1906 par R. Foerster dans le volume III de *Libanius Opera, Orationes XXVI-L* (p. 210-224).

Il a été traduit en français par A. J. Festugière dans *Antioche païenne et chrétienne* en 1959 (p. 484-491) puis en 2015, en anglais, par R. Cribiore dans *Between City and School, Selected Orations by Libanius* (p. 158-172).

INDEX SIGLORUM

A   *Monacensis gr.* 483 sive *Augustanus* saec. X-XI
C   *Chisianus* R VI 43 (gr. 35) saec. XIV
I   *Marcianus gr.* VIII. 9 (collec. 1038)
P   *Palatinus gr.* 282 saec. XIV
u   *Urbinas gr.* 125 saec. XIV
V   *Vindobonensis phil. gr.* 93 saec. XIV

Codd. = consensus ACVP*u*I

Madore in inferiore parte foliorum codex *u* affectus est : itaque in apparatu non laudatur ubi scripta legi non possunt.

Nonnumquam laudantur codices :

Laur.   *Laurentianus* LVII 27
Vat. 939   *Vaticanus gr.* 939
Mu   *Mutinensis gr.* 181
Mo   *Monacensis gr.* 101

À CEUX QUI NE PRENNENT PAS
LA PAROLE

1. On aurait raison de pleurer sur moi, sur la cité, sur vous et sur vos pères, vivants ou morts[1*], en voyant votre mutisme[2] dans les tribunaux[3]. Il y a pourtant longtemps que vous auriez pu en être libérés si vous n'aviez pas méprisé mes recommandations[4], mais, encore aujourd'hui, il vous est possible, si vous voulez bien me prêter attention, de guérir de cette honte. **2.** Je prie donc les dieux qui veillent sur notre cité[5] de me permettre, dans les conseils que je suis venu vous prodiguer, de m'exprimer avec modération[6] et d'emporter votre adhésion. En effet, l'orateur et ses auditeurs tirent un profit commun, l'un à passer pour avoir très bien parlé, les autres, à faire passer l'utile avant l'agréable. Si, malgré tout, vous rivalisez pour garder votre comportement actuel, certes mon profit sera moindre, mais j'aurai du moins celui de vous avoir conseillés sur de tels sujets.

3. Que l'un de vous me réponde brièvement. Quel titre avez-vous en commun ? On me dira : « celui de curiales[7] ». Or, quelle est la fonction attachée à ce titre ? C'est exercer une liturgie par l'expression de son opinion[8], prendre la parole[9] pour proposer ce qu'il faut et

---

* Voir Notes, p. 95.

ΠΡΟΣ ΤΟΥΣ ΟΥ ΛΕΓΟΝΤΑΣ

1. Καὶ ἐμὲ καὶ τὴν πόλιν καὶ ὑμᾶς καὶ τοὺς ὑμετέρους πατέρας ζῶντάς τε καὶ τετελευτηκότας δακρύσειεν ἄν τις εἰκότως ὁρῶν τὴν ὑμετέραν ἐν τοῖς δικαστηρίοις ἀφωνίαν. Ἧς πάλαι μὲν ὑμῖν ἐξῆν ἀπηλλάχθαι μὴ τὰς ἐμὰς ἀτιμάσασι παραινέσεις, γένοιτο δ᾽ ἂν καὶ νῦν, εἴ 5 μοι προσέχειν ἐθελήσετε, τῆς αἰσχύνης ἴασις. **2.** Εὔχομαι τοίνυν τοῖς τὴν πόλιν ἔχουσι τὴν ἡμετέραν θεοῖς δοῦναί μοι περὶ ὧν ἥκω συμβουλεύσων, εἰπεῖν τε μετρίως καὶ πειθομένους ὑμᾶς λαβεῖν. Κοινὸν γὰρ δὴ τοῦ τε λέγοντος καὶ τῶν ἀκουόντων τὸ κέρδος τὸν μὲν εἰρηκέ- 10 ναι δόξαι τὰ βέλτιστα, τοὺς δ᾽ ἀντὶ τῶν ἡδέων ἑλέσθαι τὰ συμφέροντα. Εἰ δ᾽ αὖ ἐπὶ τῶν νῦν φιλονεικήσετε μένειν, ἥττω μέν, κερδανῶ δὲ ὅμως αὐτό γε τὸ περὶ τῶν τοιούτων συμβεβουλευκέναι. **3.** Μικρὸν δέ τις ὑμῶν ἀποκρινάσθω μοι. Τίς ὑμῖν 15 προσηγορία κοινή ; Φαίητ᾽ ἄν · οἱ πολιτευόμενοι. Τί τοίνυν ἔργον ταυτησὶ τῆς προσηγορίας ; Γνώμῃ λειτουργῆσαι καὶ λόγοις εἰσηγήσασθαι τὸ δέον, κωλῦσαι

---

1. 2 τε om. I.
2. 7 τοῖς τὴν πόλιν ἔχουσι iter. et alter. del. I ‖ 10 τὸ κέρδος ante τοῦ τε λ. transp. uI ‖ post κέρδος add. τὸ V ‖ 13 μένειν codd. : μεῖναι I ‖ κερδανῶ PᵖᶜIᵖᶜ : -δάνω ACVPᵃᶜuIᵃᶜ.
3. 15 ὑμῖν CVuI : ὑμῖ/ν A ἡμῖν P.

empêcher ce qui est nuisible, approuver les uns et réfuter
les autres[10], suivre ceux qui font preuve de bon sens dans
leur gouvernement[11] et combattre ceux qui n'ont pas en
vue ce qui est avantageux[12], opposer aux voix qui viennent
du trône celles qui viennent des délibérations du Conseil[13],
pouvoir, grâce à l'art oratoire, effrayer plutôt que
craindre[14]. **4.** Voilà ce qu'est un curiale, et non pas du
bois, des chaudières, des chevaux, des athlètes, des ours
ni des chasseurs[15]. Car ces dépenses aussi sont bonnes et
dispensatrices d'honneur pour la cité et de réputation pour
celui qui se met en frais[16], mais en aucune façon ce n'est
cela être curiale ; il s'agit, selon moi, de formes apparentes de liturgies[17] alors qu'un curiale, comme je le disais
à l'instant, c'est autre chose et même si quelqu'un accomplissait dix fois chacune d'elles en faveur de sa cité, cela
certes prouverait son amour des honneurs[18], sa grandeur
d'âme [19] et sa magnificence[20], mais on serait bien loin de
ce qu'est en propre le rôle d'un curiale. En voici une
preuve : **5.** souvent, des pères, et, par Zeus, des mères
aussi qui avaient perdu leur mari, ont poussé leurs enfants
à de telles dépenses, certains à peine détachés du sein
maternel, les autres pas encore[21]. À ceux-là, qui accordera
ce titre ? Personne, à moins de déraisonner. En effet,
comment un individu qui n'est même pas en mesure de
comprendre qu'il exerce une liturgie pourrait-il agir en
curiale ? Et comment, alors qu'il n'agit pas, pourrait-il
être appelé du nom de l'action ? Eh bien, vous aussi,
comme cet enfant, vous avez certes assumé des liturgies
mais vous n'exercez pas la fonction de curiale.

6. Et cela je l'entendais dire depuis longtemps par ceux
qui se réjouissaient de mon sort et se moquaient de vous
et je ne manquais pas de le croire, car je savais comment
on parlait de vous en divers lieux, mais à présent, il est
certain que je me suis plus clairement rendu compte de
mon infortune[22]. En effet, j'étais entré dire un mot au gouverneur[23], alors que je n'aurais pas dû[24], et le Conseil était

ΠΡΟΣ ΤΟΥΣ ΟΥ ΛΕΓΟΝΤΑΣ

τὰ βλαβερά, τοῖς μὲν συνειπεῖν, τοῖς δὲ ἀπαντῆσαι, ἀκο-
λουθῆσαι μὲν εὖ φρονοῦσιν ἄρχουσι, μαχέσασθαι δὲ τὸ
λυσιτελοῦν οὐχ ὁρῶσιν, ἀντιστῆσαι ταῖς ἀπὸ τοῦ θρόνου φωναῖς τὰς ἀπὸ τοῦ βουλεύειν, τὸ φοβεῖν μᾶλλον ἢ
δεδιέναι ἐκ ῥητορείας ἔχειν. 4. Ταῦτ' ἔστιν ὁ πολιτευό-   5
μενος, οὐ ξύλα καὶ κάμινοι καὶ ἵπποι καὶ ἀθληταὶ καὶ
ἄρκτοι καὶ κυνηγέται. Καλὰ μὲν γὰρ καὶ ταῦτα τὰ ἀνα-
λώματα καὶ φέροντα τιμὴν μὲν τῇ πόλει, δόξαν δὲ τῷ
δαπανωμένῳ, ἀλλ' οὔπω τοῦτ' ἔστι πολιτεύεσθαι, ἀλλ'
εἴδη μὲν οἶμαι λειτουργιῶν, ἕτερον δὲ ὁ πολιτευόμενος,   10
οἷον ἔλεγον ἀρτίως. Κἂν δεκάκις τούτων τις ἕκαστον
πρὸς τὴν ἑαυτοῦ ποιῇ, φιλοτιμία μὲν καὶ μεγαλοψυχία
καὶ λαμπρότης ταῦτ' ἂν εἴη, πόρρω δέ γε τοῦ τῆς πολι-
τείας χρήματος. Δῆλον δὲ ἐκεῖθεν · 5. Πολλοὶ πατέρες
καί, νὴ Δία γε, καὶ μητέρες τῶν ἀνδρῶν αὐταῖς οἰχομέ-   15
νων ἤγαγον ἐπὶ τὰς τοιαύτας δαπάνας τὰ μὲν ἄρτι
γάλακτος ἀπηλλαγμένα παιδία, τὰ δὲ οὔπω. Τούτοις
οὖν ἐκείνης μεταδώσει τίς τῆς προσηγορίας ; Οὐδείς,
πλὴν εἰ παραπαίοι γε. Πῶς γὰρ ἂν ὅ γε μηδ' ὅτι λει-
τουργεῖ δυνάμενος εἰδέναι τὸ τοῦ πολιτευομένου πρά-   20
ξειε ; Πῶς δ' οὐ πράττων τῷ τῆς πράξεως ἂν ὀνόματι
καλοῖτο ; Καὶ ὑμεῖς τοίνυν, ὥσπερ ἐκεῖνο τὸ παιδίον,
λελειτουργήκατε μέν, πολιτεύεσθε δ' οὔ.
   6. Καὶ τοῦτο πάλαι μὲν ἤκουον τῶν ἐμοί τε ἐπιχαιρό-
ντων καὶ ὑμῶν καταγελώντων καὶ οὐκ ἠπίστουν, ᾔδειν   25
γὰρ ὑμῶν ἐν πολλοῖς χώροις τὰς γλώττας, νῦν δὲ δὴ καὶ
σαφέστερον ἔγνων τὴν ἐμαυτοῦ συμφοράν. Εἰσῆλθον
μὲν γὰρ τὸν ἄρχοντα προσερῶν, ὡς οὐκ ἔδει, παρῆν δὲ

---

3. 4-5 φοβεῖν μᾶλλον ἢ δεδιέναι prop. Reiske Foerster : δεδιέναι
μᾶλλον ἢ φοβεῖν ACP^{ac}uI Reiske ‖ ante δεδιέναι add. μὴ P^{pc}.
   4. 11 ἕκαστον in ras. P ‖ 12 μὲν om. I.
   5. 18 τίς ego : τις codd. ‖ τις ante μεταδώσει transp.
V ‖ 19 παρα-
παίοι ACV^{pc}PuI : -παίει V^{ac} ‖ ἂν V : ἂν om. ACPuI ‖ 22 καλοῖτο
AVPuI : -λείτω C.

au complet[25]. On avait proposé un sujet sérieux réclamant de l'éloquence et des orateurs. Or, alors que les autres[26] disaient ce qui leur semblait avantageux[27], vous, vous exerciez votre fonction en silence, limitant votre contribution à un hochement de tête pour approuver ce qui était dit ; ou plutôt, certains parmi vous étaient visibles et agissaient ainsi alors que les autres, même pas : cachés dans leur dos, rien ne les distinguait de domestiques s'en remettant à leur maître[28]. À votre sortie, il revint aux uns de s'enorgueillir de ce qu'ils avaient dit, et à vous d'être humiliés de vous être tus ; quant aux partisans[29] de chaque groupe, les leurs ressentirent de la joie, les vôtres, de la honte. **7.** Quels propos teniez-vous donc à vos mères[30] au dîner ? Si vous leur mentiez et disiez rentrer après avoir pris la parole, cela même constituait une faute de votre part, mais si vous reconnaissiez vous être tus, qu'obteniez-vous sinon de les affliger, les malheureuses, faisant d'elles des mères qui se maudissent elles-mêmes d'avoir enfanté un objet d'injure, d'outrage et d'opprobre ? Un artisan sera prompt à vous manifester du respect, prompt à vous rendre le service demandé, prompt à croire qu'une situation fâcheuse pour lui sera réglée par votre entremise, quand vous, il vous en faudra d'autres pour parler à votre place[31]. **8.** Au nom des dieux, qu'y a-t-il de préférable : diriger ou être dirigé, avoir de l'influence ou être réduit à l'impuissance, secourir ou avoir besoin du secours d'autrui, recevoir le nom de bienheureux ou considérer autrui comme bienheureux, rendre service à sa cité ou en être incapable ? Dans ces alternatives que j'ai citées, les seconds termes vous sont-ils donc réservés alors que les premiers le sont à d'autres ? Ceux-là peuvent effrayer les valets des gouverneurs[32] dont vous, vous avez peur. Et il est facile à ces derniers d'inquiéter par un regard,

ἡ βουλὴ πᾶσα. Προὔκειτο δέ τι τῶν σπουδαίων ἀπαι-
τοῦν λόγον καὶ ῥήτορας. Τῶν δ᾽ ἄλλων ὃ δοκοῖ σφίσι
λυσιτελεῖν λεγόντων ὑμεῖς ἐπολιτεύεσθε τῇ σιωπῇ
τοσοῦτον συνεισφέροντες, ὁπόσον νεύματι τὸ λεγόμενον
ἐπαινέσαι, μᾶλλον δὲ οἱ μὲν ἑωρῶντό τε ὑμῶν καὶ τοῦτ᾽   5
ἐποίουν, οἱ δ᾽ οὐδὲ τοῦτο, ἀλλὰ κρύψαντες αὑτοὺς ὑπὸ
τοῖς νώτοις ἐκείνων οὐδὲν οἰκετῶν διέφερον εἰς δεσπότας
βλεπόντων. Ἐξιόντων δὲ ὑμῶν τοῖς μὲν ἐξ ὧν εἰρήκεσαν
ὑπῆρχε μέγα φρονεῖν, ὑμῖν δ᾽ ἐκ τοῦ σεσιγηκέναι τετα-
πεινῶσθαι καὶ τοῖς γε ἀκολούθοις ἑκατέρων τοῖς μὲν   10
ἐκείνων χαρά, τοῖς δ᾽ ὑμετέροις κατήφεια. 7. Τίνες δὴ
καὶ δειπνοῦσιν ἦσαν ὑμῖν πρὸς τὰς μητέρας οἱ λόγοι ;
Ψευδόμενοι μὲν γὰρ καὶ ἐκ λόγων ἥκειν αὐταῖς λέγοντες
κατ᾽ αὐτὸ τοῦτο ἠδικεῖτε, σεσιωπηκέναι δὲ ὁμολογοῦ-
ντες τί ἄλλο ἢ στένειν ἐποιεῖτε δυστυχεῖς αὐτὰς ἀπο-   15
φαίνοντες μητέρας καταρωμένας σφίσιν αὐταῖς ὕβριν
καὶ λώβην καὶ ὀνείδη τεκούσαις ; Ταχύ γ᾽ ἂν ὑμᾶς
αἰσχυνθείη χειροτέχνης, ταχύ γ᾽ ἂν ὑπουργήσειε κελεύουσι, ταχύ γ᾽ ἂν ἐλπίσειε δυσχερὲς αὐτῷ τι λυθήσεσθαι
δι᾽ ὑμῶν, ὅταν ὑμεῖς ἄλλων δέησθε τῶν ὑπὲρ ὑμῶν ἐρού-   20
ντων. 8. Πρὸς θεῶν, πότερον ἄμεινον, ἄγειν ἢ ἄγεσθαι,
καὶ ἰσχύειν ἢ μὴ δύνασθαι, καὶ βοηθεῖν ἢ χρῄζειν τοῦ
βοηθήσοντος, καὶ καλεῖσθαι μακάριον ἢ μακαρίζειν ἕτερον, καὶ ὠφελεῖν τὴν ἐνεγκοῦσαν ἢ μὴ οἷόν τε εἶναι ;
Οὐκοῦν ἐν τοῖς εἰρημένοις τούτοις τὰ δεύτερα μὲν ὑμέ-   25
τερα, τὰ πρότερα δὲ ἄλλων ; Οἳ φοβεῖν δύνανται τοὺς
τῶν ἀρχόντων ὑπηρέτας οὓς ὑμεῖς δεδοίκατε. Καὶ ἔστιν
αὐτοῖς ῥᾴδιον λυπῆσαι βλέμματι, λυπῆσαι ῥήματι,

6. 2 δοκοῖ ACP : δοκεῖ VI ‖ 8 τοῖς μὲν ἐξ ὧν ACVPuI : τοῖς μὲν
AᵞᵖVᵞᵖ ‖ εἰρήκεσαν ACVuI : -εσα- in ras P εἰρηκόσιν AᵞᵖVᵞᵖ
ε/ρημέν//// Pᵞᵖ ‖ ante τοῖς μὲν add. ἐνταῦθα πρότερ// Pᵞᵖ.
7. 18-19 κελεύουσι Pᵞᵖ : -εύοντι ACVPuI ‖ 19 αὐτῷ Reiske Foerster : αὐτῶ codd. ‖ λυθήσεσθαι ACVPI : λυθήσε///σθαι u.
8. 26 πρότερα ACVP : πρῶτα uI ‖ 27 τῶν ACPI : τοὺς [-ὺς] in ras. V.

d'inquiéter par un mot, d'inquiéter par un geste, d'avoir un mouvement de colère, d'appréhender quelqu'un et, s'il ne consent pas, de le dépouiller de ses vêtements et pire encore[33]. Comment se fait-il donc qu'ils cherchent à en séduire certains et les cajolent, alors que vous, ils vous malmènent ? C'est que des uns, ils respectent la gloire qu'ils tiennent de leur éloquence[34], alors que vous, ils vous considèrent comme privés de gloire parce que vous restez silencieux, même s'ils n'ignorent pas les liturgies que vous accomplissez et avez accomplies ; mais ils les imputent à la loi et à vos obligations alors qu'ils ne peuvent avoir d'admiration pour votre talent.

9. Si vous étiez citoyens d'une cité tirant sa renommée de quoi que ce soit d'autre qu'on reconnaisse comme un bien mais pas de l'habileté oratoire de ses curiales, même dans ce cas il serait beau que vous surpassiez vos pères et que vous puissiez vous-mêmes dire le mot de Sthénélos[35], mais sans doute auriez-vous une excuse pour ne pas avoir acquis cette qualité-là. Mais en réalité, on peut constater que notre cité a surtout brillé par la science du Conseil dans le domaine de la parole[36], science au service de laquelle les enseignants aussi consacrent beaucoup de temps en démonstrations publiques[37]. Il est donc terrible que vous n'apparaissiez pas comme les héritiers[38] de cela aussi et que ce soit au cours de votre existence que la gloire de la cité ait été ruinée. Autrement dit, si vous rasiez les murailles qui l'entourent[39], on vous condamnerait, mais en la privant de ce que lui apporte l'art oratoire, accomplissez-vous une action digne d'honneurs ?
10. Pour moi, je me réjouis qu'on admire Phasganios[40] et qu'on me loue tout autant que lui, mais ce que je voudrais c'est que vous aussi on vous admire avec lui, puisque la cité aussi tirerait profit à ce qu'on dise, non pas ce qu'on dit aujourd'hui, à savoir que personne ne le vaut, mais plutôt que beaucoup s'en approchent. Et nous savons qu'Argyrios et aussi Euboulos[41] sont célébrés comme de

λυπῆσαι χειρί, λαβέσθαι μετ᾽ὀργῆς, στῆσαι καὶ μὴ βουλόμενον, ἀποδῦσαι καί πού τι καὶ πλέον. Πόθεν οὖν
τοὺς μὲν ὑπέρχονται καὶ θεραπεύουσιν, ὑμᾶς δὲ ἐλαύνουσιν ; Ὅτι τῶν μὲν αἰδοῦνται τὴν δόξαν ἣν ἀπὸ τοῦ
λέγειν ἔχουσιν, ἐν ἀδόξοις δὲ ὑμᾶς ἐκ τοῦ σιωπᾶν εὑρί-   5
σκουσιν οὐκ ἀγνοοῦντες μὲν ὑμῶν ἃ καὶ λειτουργεῖτε
καὶ λελειτουργήκατε, τῷ νόμῳ δὲ καὶ ταῖς ἀνάγκαις
ταῦτα λογιζόμενοι, τὰς ψυχὰς δὲ ὑμῶν οὐκ ἔχοντες
θαυμάσαι.

9. Εἰ μὲν οὖν ἦτε πολῖται πόλεως ἀπ᾽ ἄλλου του τῶν   10
νομιζομένων ἀγαθῶν εἰς ὄνομα ἡκούσης, ἀλλ᾽ οὐ τῆς
δεινότητος τῶν πολιτευομένων, ἦν μὲν ἂν καὶ οὕτω
καλὸν ἀμείνους γενέσθαι πατέρων καὶ ἔχειν γε καὶ
αὐτοὺς εἰπεῖν τὸ τοῦ Σθενέλου, τάχα δ᾽ ἄν τις ἦν ὑμῖν
οὐ κτησαμένοις τοῦτο ἀπολογία. Νῦν δὲ τοῦτ᾽ ἂν εὕροι   15
τις, ὅτι μάλιστα ἡ πόλις ἡμῖν ἐξέλαμψε τῇ περὶ τὸ
λέγειν τῆς βουλῆς ἐπιστήμῃ, δι᾽ ἣν καὶ τοῖς παιδεύου-
σιν οὐ μικρὸς ἐν ταῖς ἐπιδείξεσιν ὁ χρόνος. Δεινὸν οὖν
μὴ καὶ τούτου φαίνεσθαι κληρονόμους, ἀλλ᾽ ἐν τῷ ὑμε-
τέρῳ βίῳ διαφθαρῆναι τῇ πόλει τὴν δόξαν. Ἢ τὸ μὲν   20
τεῖχος αὐτῆς εἰ περιῃρεῖτε, δίκην ἂν ὠφείλετε, τῶν δ᾽
ἀπὸ τοῦ λέγειν γιγνομένων ἀποστεροῦντες τιμῶν ἄξιόν
τι ποιεῖτε ; 10. Ἐγὼ χαίρω μὲν θαυμαζομένου Φασγα-
νίου καὶ οὐχ ἧττόν γε ἢ αὐτὸς ἐγκωμιαζόμενος, ἐβουλόμην δ᾽ ἂν μετ᾽ ἐκείνου καὶ ὑμᾶς, ἐπεὶ καὶ τῇ πόλει κέρ-   25
δος ἂν ἦν οὐ τὸ νῦν λεγόμενον λέγεσθαι τὸ οὐδεὶς ἐκείνῳ
προσόμοιος, ἀλλ᾽ ὅτι πολλοὶ παραπλήσιοι. Καὶ τὸν
Ἀργύριον δὲ καὶ τὸν Εὔβουλον ὡς ῥήτορας ἀγαθοὺς

8. 2 τι καὶ V*u* : καί τι ACPI ‖ 8 ταῦτα V : ταύταις ACVP*u*I ‖ τὰς
ACVP : πρὸς *u*I.
9. 14 ἦν om. C ‖ 15 εὕροι AVPI : εὕρῃ C ‖ 16 ὅτι V : ὅτῳ ACPI ‖
18 χρόνος CV : φόβος API θρόνος LaurMuMoVat.939 ‖ οὖν om. C.
10. 25 δ᾽ ἂν Foerster : δὲ codd.

grands orateurs mais moi, je pourrais encore leur en ajouter d'autres, certes inférieurs à eux mais meilleurs que
vous. **11.** Lorsque donc vous entendez dire qu'eux étaient
les remparts de la cité quand vous en êtes les traîtres[42],
qu'eux la rendaient florissante quand vous la rendez misérable, et qu'autrefois son Conseil était quelque chose
d'important quand aujourd'hui il n'en subsiste pas grand-
chose et que la majeure partie en a disparu[43], comment
pouvez-vous toucher à la nourriture ? Comment daignez-
vous vivre[44] ? Comment pouvez-vous ne pas prier pour
que la terre vous engloutisse ? Car c'est cela, c'est cela
qui peut surtout chagriner : que vous ne vous sentiez pas
malheureux mais que vous trouviez du plaisir à vivre, que
vous riiez de vous-mêmes et des autres et que vous croi-
siez les gens avec de la hardiesse dans le regard comme
si vous n'étiez pas dans une position fâcheuse.

12. Cependant, qu'y a-t-il de plus terrible que ce
mutisme ? À son sujet, quel légitime prétexte[45] donnerez-
vous ? Car, encore une fois, vous ne pourrez pas accuser
vos parents[46] de ne pas vous avoir confiés à ceux auprès
desquels il était possible d'apprendre quelque chose ni de
ne pas avoir fait de dépenses à acheter les livres d'usage[47]
et à verser un salaire, ni non plus nous accuser nous de ne
pas être savants. Mes dires sont attestés par nombre de
cités dans nombre de provinces[48] où ceux qui ont fréquenté mes cours détiennent l'autorité grâce à leur éloquence. Et si cela ne nécessitait pas un long développement, de surcroît ennuyeux, j'en ferais l'énumération.
13. Or, à l'école[49], vous n'avez nullement été plus mauvais qu'eux ; vous aviez les capacités naturelles pour assi-
miler les éléments de cet art et vous n'avez pas ménagé
vos efforts[50], mais c'est la suite qui n'a pas été la même :
eux ont conservé leurs acquis, alors que vous, vous les
avez laissés s'échapper. La raison ? Eux touchent aux

ὑμνουμένους ἴσμεν, ἐγὼ δὲ καὶ ἄλλους προσθείην ἂν
ἐκείνων μὲν ὑστέρους, ὑμῶν δὲ βελτίους. 11. Ὅταν οὖν
ἀκούητε λεγόντων, ὡς οἱ μὲν ἦσαν πύργοι τῆς πόλεως,
ὑμεῖς δὲ προδόται, καὶ οἱ μὲν αὐτὴν ἐποίουν εὐδαίμονα,
ὑμεῖς δὲ ἀθλίαν, καὶ ὡς ἦν ποτε ἡ βουλὴ μέγα, νῦν δ'   5
ὀλίγον μὲν αὐτῆς οὐ τέθνηκε, τὸ πλέον δὲ οἴχεται, πῶς
ἅπτεσθε σιτίων ; Πῶς δὲ ἀξιοῦτε ζῆν ; Πῶς δὲ οὐκ εὔχεσθε τὴν γῆν ὑμῖν χανεῖν ; Τοῦτο γάρ, τοῦτό ἐστιν ἐφ' ᾧ
τις ἂν μάλιστα ἀλγήσειεν, ὅτι δυστυχοῦντες οὐκ αἰσθά-
νεσθε, ἀλλὰ σὺν ἡδονῇ ζῆτε καὶ γελᾶτε πρός τε ἀλλή-   10
λους καὶ τοὺς ἄλλους καὶ ἐντυγχάνετε τοῖς ἀνθρώποις
ἀναπεπταμένοις ὄμμασιν ὡς ἐν οὐδενὶ καθεστηκότες
κακῷ. 12. Καίτοι τί δεινότερον τῆς ἀφωνίας ταύτης ; Περὶ
ἧς τίς ἂν ὑμῖν εἴη δικαία πρόφασις ; Τοῖς μὲν γὰρ αὖ   15
γονεῦσιν οὐκ ἂν ἔχοιτε ἐγκαλέσαι, ὡς οὐ παρέδοσάν τε
ὑμᾶς παρ' ὧν ἦν τι μαθεῖν καὶ ἀνηλώκασι τὰ εἰωθότα
βιβλία τε ὠνούμενοι καὶ μισθὸν τελοῦντες, οὐ τοίνυν
οὐδ' ἡμῖν ὡς οὐκ ἐπισταμένοις. Μαρτυροῦσι δὲ τούτῳ
τῷ λόγῳ πολλαὶ πόλεις ἐν πολλοῖς ἔθνεσιν, ἐν αἷς οἱ   20
παρ' ἐμὲ πεφοιτηκότες ἔχουσιν ἐκ τοῦ λέγειν τὸ κρατεῖν. Καὶ εἰ μὴ μακροῦ τε πρὸς τοῦτο ἔδει λόγου καὶ ἅμα
ἦν ἐπαχθές, κατέλεξα ἄν. 13. Τούτων τοίνυν ἐν μὲν τοῖς
διδασκαλείοις οὐδὲν ἐγένεσθε χείρους, αἵ τε γὰρ φύσεις
ὑμῖν οἷαι δέξασθαι <τὰ> τῆς τέχνης πόνου τε οὐκ ὀλί-   25
γον τι προσῆν, ὁ δ' ἐπὶ τούτῳ χρόνος οὐχ ὅμοιος, ἀλλ'
ἐκείνοις μὲν ἐφυλάχθη τὸ κτηθέν, ὑμῖν δὲ διερρύη. Τὸ δὲ

---

11. 2 οὖν om. C ‖ 7-8 εὔχεσθε ACVP*u* : -σθαι I ‖ 9 δυστυχοῦντες
ACV*u*I : -υστ- in ras P ‖ 12 ἀναπεπταμένοις ACVP*u* : -οισιν I ‖ ἐν
om. I ‖ καθεστηκότες ACVP : -κότας *u*I.
12. 19 post ἡμῖν add. ἢ *u* Reiske.
13. 24 ἐγένεσθε ACVPI : -εσθαι *u* ‖ 25 τὰ add. Foerster ‖ 26 τι
ACP*u* : τί VI.

écrits[51] ; vous, vous toucheriez plutôt à des serpents ; eux ne leur ont pas préféré les courses de chevaux ; vous, vous les considérez comme le sel de l'existence et, toute autre source d'intérêt écartée, vous vous appliquez à ce que tel cocher l'emporte sur tel autre. Et le sorcier qui en fait la promesse[52] est plus honoré que les dieux mêmes, et le sont plus que les spectateurs[53] ceux qui moissonnent l'hippodrome[54], à qui cela rapporte de l'argent de dire quelque chose d'en haut aux coureurs[55] et, à travers eux, à ceux qui sont sur les chars : voilà ceux que vous enviez, que vous jalousez, que vous imitez ; voilà ceux auxquels vous voulez ressembler plutôt qu'à vos pères. Et, par Zeus, vous leur ressemblez. Vous êtes quelques-uns à en avoir vaincu un grand nombre sur leur propre terrain et vous vous glorifiez de cette victoire plus que ceux qui rapportent leurs couronnes d'Olympie[56]. **14.** Or, ce qui vous a surtout conduits à cette extrémité, c'est que beaucoup de jeunes gens s'engagèrent dans cette liturgie et qu'après avoir vendu les chevaux qu'ils avaient achetés[57], ils furent certes libérés de la liturgie mais conservèrent leurs ardeurs pour ces bêtes ainsi que pour les cochers qui les réjouissaient lorsqu'ils étaient liturges. Cependant, une fois la dépense arrivée à son terme, pourquoi l'intérêt pour eux n'a-t-il pas cessé lui aussi, pourquoi le vice perdure-t-il, impérissable ? Vos meilleures et pires journées, c'est à cela que vous les jugez, à leurs victoires ou à leurs défaites, mais vos victoires à vous, vous ne pourriez nullement en parler ; quant à vos défaites, vous n'en êtes pas affectés : telle est chez vous la force de l'habitude d'être vaincus.

15. Vous ai-je donc négligés quand vous étiez malades, n'ai-je pas joué les médecins[58] ni agi en homme qui souffre au lieu de m'en aller après avoir proféré contre

αἴτιον, οἱ μὲν ἅπτονται συγγραμμάτων, ὑμεῖς δὲ ἑρπε-
τῶν μᾶλλον ἂν ἢ τούτων, καὶ οἱ μὲν οὐκ ἐποιήσαντο πρὸ
αὐτῶν τὰς τῶν ἵππων ἁμίλλας, ὑμῖν δὲ τοῦ βίου κέρδος
αὗται, καὶ πάντων ἀμελήσαντες τῶν ἄλλων ὅπως ὁ
δεῖνα τοῦ δεῖνος ἡνίοχος περιέσται σκοπεῖτε. Καὶ ὁ   5
τοῦτο ἐπαγγελλόμενος γόης τῶν θεῶν αὐτῶν τιμιώτερος
καὶ τῶν γε θεατῶν οἱ τὸν ἱππόδρομον γεωργοῦντες, οἷς
ἐντεῦθεν ἀργύριον, εἰπεῖν τέ τι τοῖς κέλησιν ἄνωθεν καὶ
δι᾽ ἐκείνων τοῖς ἐπὶ τῶν ἁρμάτων · τούτους τοίνυν ὑμεῖς
μακαρίζετε, ζηλοῦτε, μιμεῖσθε · τούτοις ἐοικέναι βούλε-   10
σθε μᾶλλον ἢ τοῖς πατράσι. Καὶ νὴ Δία γ᾽ ἐοίκατε. Εἰσὶ
δὲ οἳ πολλοὺς αὐτῶν ἐν τοῖς αὐτῶν ἐκείνων νενικήκατε
καὶ φιλοτιμεῖσθέ γε τῇ νίκῃ ταύτῃ μᾶλλον ἢ οἱ τοὺς
στεφάνους ἐξ Ὀλυμπίας ἀναιρούμενοι. 14. Τὸ δ᾽ οὐχ
ἥκιστα πρὸς τοῦθ᾽ ὑμᾶς ἠχὸς ἐκεῖνό ἐστιν, ὅτι πολλοὶ   15
μὲν τῶν νέων εἰς ταύτην τὴν λειτουργίαν κατέστησαν,
πεπρακότες δὲ ἵππους οὓς ἦσαν ἐωνημένοι, τοῦ λειτουργεῖν μὲν ἀπηλλάγησαν, ἐν δὲ ταῖς σπουδαῖς ταῖς τε
ὑπὲρ τούτων καὶ τῶν ἡνιόχων οἷς ἡνίκα ἐλειτούργουν
ἔχαιρον, ἔμειναν. Καίτοι πέρας ἐχούσης τῆς δαπάνης τί   20
μὴ καὶ τὸ τούτοις προσέχειν πέπαυται, ἀλλ᾽ ἀθάνατον
προέρχεται τὸ κακόν ; Καὶ τὰς βελτίους καὶ χείρους
ἡμέρας τούτῳ κρίνετε, ταῖς νίκαις καὶ ταῖς ἥτταις ἐκείνων, ὑμετέρας δὲ νίκας μὲν οὐκ ἂν ἔχοιτε εἰπεῖν οὐδαμοῦ, ταῖς δ᾽ ἥτταις οὐκ ἄχθεσθε · τοσαύτη τις ἡ τοῦ   25
νικᾶσθαι γέγονεν ὑμῖν συνήθεια.

15. Ἆρ᾽ οὖν ὠλιγώρησα νοσούντων καὶ οὐκ ἐμιμησά-
μην τοὺς ἰατροὺς οὐδὲ τὰ τῶν ἀλγούντων ἐποίησα, ἀλλ᾽
ὅσον καταράσασθαι, τοσοῦτον φθεγξάμενος ἀπῆλθον ;

13. 2 ἂν om. V ‖ πρὸ AVPI : πρὸς C ‖ 3 τοῦ ACP : τὸ V ‖ 8 τι om.
C ‖ τοῖς iter. *u* ‖ 13 γε Reiske Foerster : τε codd.
14. 15 ἠχὸς ACVP*u*I : ἀγαγὸν Aᵞʳ Vᵞʳ ‖ 24 δὲ ACVP*u* : μὲν I ‖
μὲν AC*u* : om. IV in ras P ut videtur.

vous toutes les malédictions possibles ? Et ai-je laissé
passer un seul jour sans vous adresser les paroles de qui
avertit[59] ? « Très chers enfants, soyez sobres, arrêtez de
vous enivrer, revenez à la raison. C'est de la folie. Repre-
nez-vous. Ménagez-vous, ménagez moi[60]. Soyez, dans
votre langage, supérieurs à vos serviteurs ; car, à présent,
seule votre Fortune[61] vous rend supérieurs à eux. Si
quelqu'un vous observait en conversation avec eux dans
le plus simple appareil[62], sans rien savoir d'autre de votre
situation, il n'aurait, je pense, aucune raison de croire
qu'il existe entre vous une relation d'autorité[63]. »
16. N'avez-vous pas toujours eu droit de ma part à ces
discours et à d'autres du même genre ? En me voyant de
loin, ne vous attendiez-vous pas à ce que je vous parle
de la sorte ? Le fait de vous y attendre ne vous a-t-il pas
fait fuir plus d'une fois ? Ne vous ai-je pas demandé d'arrêter de détester Démosthène[64] ? Quand vous commettiez
des fautes de langue et que je vous les corrigeais[65], ne
vous étais-je pas insupportable ? Ne vous ai-je pas promis
avec bonne grâce la guérison[66] de nombre de vos erreurs ?
Mais apparemment, cela aussi vous indisposait. Eh bien,
puisque vous ne l'avez pas fait plus tôt, excellents garçons, au moins maintenant confirmez votre nom[67] par vos
œuvres et devenez ce qu'on vous appelle : des curiales.
17. Comment cela se fera-t-il ? Si vous êtes capables
de prendre la parole. Comment donc en serez-vous
capables ? Si vous arrêtez de fuir les livres et de trouver
plus d'agréments aux activités que je viens de citer. Et on
pourrait leur ajouter les dés[68] et la grossièreté à l'égard
des dieux qui s'y manifeste. Car, vous le savez, celui qui
perd ne s'abstient d'aucun commentaire et il se rend
agréable et charmant par son impiété[69]. Laissez tomber
vos danseurs[70], laissez tomber vos cochers. Rapprochez-
vous des anciens orateurs, purifiez votre langue[71] et bientôt on vous verra prendre la parole au lieu de vous taire.

ΠΡΟΣ ΤΟΥΣ ΟΥ ΛΕΓΟΝΤΑΣ 88

Καὶ τίνα παρέλιπον ἡμέραν ἐν ᾗ μὴ τὰ τοῦ νουθετοῦντος
διῆλθον ; Ὦ φίλτατοι, νήψατε, παύσασθε μεθύοντες,
ἐπανέλθετε πρὸς νοῦν. Μανία ταῦτα ἔστιν. Ἐν ὑμῶν
αὐτῶν γένεσθε. Φείσασθε μὲν ὑμῶν αὐτῶν, φείσασθε δὲ
ἐμοῦ. Γένεσθε κατὰ τὰς γλώττας τῶν οἰκετῶν βελτίους ·   5
ὡς νῦν γε Τύχῃ μόνον ἐστὲ βελτίους. Εἰ δ' ἐπισταίη τις
ὑμῖν τε κἀκείνοις γυμνοῖς λαλοῦσιν ἄλλο εἰδὼς τῶν περὶ
ὑμᾶς οὐδέν, οὐκ ἄν μοι νομίσαι δοκεῖ δίκαιον εἶναι τοὺς
ἑτέρους τῶν ἑτέρων κρατεῖν. 16. Οὐκ ἀεὶ παρ' ἐμοῦ
ταῦτά τε καὶ τὰ τοιαῦτα ; Οὐχ ὁρώμενος πόρρωθεν   10
ταῦτ' ἐρεῖν προσεδοκώμην ; Οὐχ ἡ προσδοκία τούτων
δρασμὸν ὑμῶν πολλάκις ἐποίησεν ; Οὐκ ἐδεήθην ὑμῶν
παύσασθαι μισοῦντας τὸν Δημοσθένην ; Οὐκ ἐν τοῖς
ἁμαρτανομένοις ὑμῖν τῶν ῥημάτων βαρὺς ἦν ἐπανορ-
θῶν ; Οὐ μετὰ ῥαστώνης ἐπηγγειλάμην τὴν περὶ πολλὰ   15
τῶν πλημμελουμένων ἴασιν ; Ὑμῖν δὲ καὶ τοῦτο ἐπίπο-
νον ἐδόκει. Ἀλλ' εἰ καὶ μὴ πρότερον, νῦν γε, ὦ βέλτι-
στοι, βεβαιώσατε τοὔνομα τοῖς ἔργοις καὶ γένεσθε ὃ δὴ
κέκλησθε, πολιτευόμενοι.

17. Πῶς οὖν τοῦτο ἔσται ; Ἂν δυνηθῆτε λέγειν. Πῶς   20
οὖν τοῦτο δυνήσεσθε ; Ἂν μὴ φεύγητε τὰ βιβλία μηδ'
ἡδίω νομίζητε τούτων ἃ νῦν διῆλθον. Οἷς προσθείη τις
ἂν κύβους τε καὶ τὴν περὶ θεοὺς ἐνταῦθα ἀσέλγειαν.
Ἴστε γὰρ ὡς οὐδενὸς ὅ γε ἡττώμενος ἀπέχεται ῥήματος
καὶ ἔστιν ἡδύς τε καὶ ἀστεῖος ἀσεβῶν. Ἐᾶτε μὲν χαίρειν   25
ὀρχηστάς, ἐᾶτε δὲ ἡνιόχους. Χωρεῖτε δὲ παρὰ τοὺς
παλαιοὺς ῥήτορας καὶ τὰς γλώττας ἐκκαθαίρετε
καὶ τάχα τις ὑμᾶς ὄψεται λέγοντας, οὐ σιωπῶντας.

15. 4 Φείσασθε μὲν iter. I ‖ 7 τε ACP : γε VuI.
16. 12 ὑμῶν ACVPuI : -ῖν P^{γρ} ‖ 12-13 Οὐκ ἐδεήθην — Δημοσθένην om. I.
17. 21 οὖν om. I ‖ 22 post νῦν add. δὴ prop. Cobet Foerster ‖
23 ἀσέλγειαν codd. : ἀσέβειαν Foerster ‖ 25 ἀσεβῶν ACVP : εὐ- uI ‖
28 ὄψεται ὑμᾶς I.

18. Si toutefois il vous est absolument impossible de renoncer à ces passions, et certes, avoir du goût pour ce qui cause sa perte est un désastre, vous, au moins, partagez-vous équitablement entre les deux extrémités, le pire et le meilleur[72]. Mais comment trouver ce juste équilibre ? Eh bien, je te l'apprends : tu as dîné. Ne perds pas ton temps à rivaliser de mémoire avec ton serviteur au sujet des cochers si personne d'autre n'est là ; demande plutôt un livre et aiguise ta langue[73] avant d'aller dormir ; et, au plus profond de la nuit, chante avec les coqs[74] et, en route pour l'agora, au cas où tes affaires t'en donnent l'occasion, ne crois pas que tu te rendras coupable d'une action honteuse si on te voit faire ton profit d'un livre[75]. **19.** Voilà qui embellira ta bouche, voilà qui la fera apparaître fluide, voilà qui rendra ta langue rapide et en même temps au-dessus de tout reproche[76] ; grâce à elle, tu construiras plus somptueux, tu auras de meilleures cultures, tu seras possesseur d'un mobilier plus abondant[77] et tu fermeras la bouche à mes accusateurs et aux tiens puisque tu ne vivras pas dans l'impuissance, du moins si tu changes quelque chose à ton comportement actuel.

20. On va sans doute me demander : « Eh bien quoi ? Sont-ils tous comme cela ceux d'ici ? Aucun de ceux qui ont fréquenté tes cours ne prend la parole ni n'agit en curiale ? » Pour moi, je ne confirmerai pas ces dires ni ne combattrai de telles évidences, mais je répondrai ceci : que les uns sont rares, les autres nombreux. Les premiers sont deux ou trois, les seconds dix fois plus ; or, il faudrait, si tant est que c'est cela qu'il faudrait, qu'ils soient trois à ne pas parler, et beaucoup plus à parler. En effet, je ne ferais pas l'éloge d'un champ dont la plus grande partie est en jachère[78] ; un maître de gymnastique n'est pas réputé non plus s'il a trois élèves qui savent lutter quand il en va tout autrement du grand nombre. Dresserait-on une embuscade de vingt hommes ou plus dans

18. Εἰ δ' οὐκ ἔστιν ὑμῖν ὅλως ἀποστῆναι τῶν παιδικῶν
ἐκείνων, συμφορὰ μὲν ἀγαπᾶν τὰ ζημιοῦντα, ὑμεῖς δὲ
ἴσον ἑκατέρῳ νέμετε, τῷ τε χείρονι τῷ τε βελτίονι. Καίτοι
ποῦ τοῦτο δίκαιον ; Ἀλλ' ὅμως δίδωμι · δεδείπνηκας.
Μὴ διάτριβε τῇ μνήμῃ περὶ τοὺς ἡνιόχους ἐρίζων πρὸς   5
τὸν οἰκέτην, ἣν μηδεὶς ἄλλος παρῇ, ἀλλ' αἰτησάμενος
βιβλίον θήξας τὴν γλῶτταν κάθευδε κἂν ταῖς μακροτέ-
ραις τῶν νυκτῶν ᾆδε μετὰ τῶν ἀλεκτρυόνων εἰς ἀγοράν
τε ἐλθών, ἣν τὰ πράγματα παρέχῃ, μὴ νόμιζε αἰσχύνην
ὀφλήσειν, ἣν ὀφθῇς ἐκ βιβλίου τι λαμβάνων. 19. Ταῦτά   10
σοι καλὸν ποιήσει τὸ στόμα, ταῦτα ῥέον δείξει, ταῦτα
ταχεῖάν τε ἀπεργάσεταί σοι τὴν γλῶτταν καὶ ἅμα αἰτίας
κρείττονα, ἀπὸ ταύτης οἰκοδομήσεις λαμπρότερον καὶ
γεωργήσεις κάλλιον καὶ πλειόνων ἐπίπλων ἔσῃ δεσπό-
της καὶ τοὺς ἐμοῦ τε καὶ σοῦ κατηγοροῦντας ἐπιστομι-   15
εῖς, ὡς οὐ μεταβάλλων γέ τι τῶν νῦν ἐν ἀδυναμίᾳ βιώσῃ.
20. Τάχ' ἂν οὖν τίς με ἔροιτο · Τί δ' ; Ἅπαντές εἰσιν
οἱ τῇδε τοιοῦτοι ; Λέγει δὲ οὐδεὶς τῶν σοὶ πεπλησιακότων οὐδέ γε πολιτεύεται ; Ἐγὼ δὲ τοῦτο μὲν οὐκ ἂν
φαίην οὐδ' ἂν μαχεσαίμην τοῖς οὕτω φανεροῖς, ἐκεῖνο   20
δέ, ὅτι ὀλίγοι μὲν οὗτοι, πολλοὶ δὲ ἐκεῖνοι. Οἱ μὲν δύο ἢ
τρεῖς, οἱ δὲ δεκάκις τοσοῦτοι. Ἔδει δέ, εἴπερ ἄρα καὶ
τοῦτο ἔδει, τρεῖς μὲν εἶναι τοὺς οὐ λέγοντας, πολλάκις
δὲ τοσούτους τοὺς λέγοντας. Οὐδὲ γὰρ ἀγρὸν ἐπαινέ-
σαιμ' ἄν, οὗ τὸ πλέον ἀργόν, οὐδὲ παιδοτρίβης εὐδόκι-   25
μος, ὅτῳ τρεῖς μὲν ἐπίστανται παλαίειν, τὸ δ' ἄλλο πᾶν
ἄλλως ἀριθμός. Λόχον δὲ καθίσαι τις ἂν ἀνδρῶν εἴκοσι

18. 3 ἑκατέρῳ ACVP*u* : -τέρων I ‖ 8 alt. τῶν om. C ‖ 10 βιβλίου
AVP*u* : βίβλου C ‖ τι ACP*u* : τί VI.
19. 13 κρείττονα ACV*ac*P*u* : κρείττω V*pc* ‖ 16 post οὐ add. μὴ I ‖
γέ τι ACVP : γε τί *u*I.
20. 25 οὐδὲ iter. I ‖ 26 ὅτῳ ACVP*u* : οὕτω I ‖ 27 τις CV : τίς API.

laquelle tous, à part trois, seraient des lâches affectés des maux dont Homère dit qu'ils touchent les hommes vils dans les guets-apens[79] ? **21.** Eh bien, il ne me suffit pas à moi, ni à la cité, qu'il y en ait trois qui parlent ; tous ceux qui ont eu part à l'enseignement sacré[80] devraient le faire. Reconnaissez-vous ou non, par Zeus, que ces trois-là sont plus utiles à eux-mêmes et à la cité que vous ? Si vous le niez, vous êtes fous ; mais si vous en convenez, pourquoi ne vous cachez-vous pas la face ? Or, si vous ne pouvez faire la même chose qu'eux, vous vous êtes dépossédés vous-mêmes. Ou alors vous n'avez pas tous été formés selon les mêmes règles[81], dans le même « gymnase[82] », à cheminer sur la même route, à écouter la même voix, à suivre les mêmes pas[83] ? D'où vient que vous ne soyez pas tous d'un niveau identique ou presque semblable, je l'ai dit et expliqué. De ce fait, en trouvant auprès de vous des occasions de discours contre moi, ceux qui veulent dire du mal de moi camouflent ces trois-là sous le nombre des plus mauvais. **22.** Le plus douloureux de tout, c'est qu'un certain individu, dont je ne citerai pas le nom, prétend être tenu pour un orateur alors qu'il a tout étudié plutôt que l'art de la parole car il n'a même pas fréquenté ce genre de maîtres, mais que, malgré cela, il ne supporterait pas de sortir avant de s'être peu ou prou adressé au juge, alors que vous qui, dans votre enfance, avez régulièrement, chaque mois, recouvert vos tablettes[84] d'exercices en rapport avec la rhétorique, vous partez, en ne vous distinguant de figures dessinées[85] que dans la mesure où vous marchez, avez l'usage de la vue, respirez, mais égales à elles par votre mutisme.

23. « Il faut, par Zeus, se retenir devant nos aînés. » Certes oui, se retenir de parler les premiers. Mais ce que

ἢ καὶ πλειόνων, ἐν ᾧ πλὴν τριῶν δειλοὶ πάντες πάσχοντες οἷά φησι τοὺς κακοὺς ἐν ταῖς ἐνέδραις Ὅμηρος ;
21. Οὐκ ἀρκεῖ τοίνυν οὔτ' ἐμοὶ οὔτε τῇ πόλει τὸ τρεῖς
λέγειν, ἀλλὰ πάντας ὅσοι μετέσχον τῶν ἱερῶν. Αὐτοὺς
δὲ τούτους, πρὸς Διός, τοὺς τρεῖς καὶ αὐτοῖς καὶ τῇ   5
πόλει χρησιμωτέρους ὑμῶν ὁμολογεῖτε εἶναι ἢ οὔ ; Εἰ
μὲν γὰρ οὔ φατε, μαίνεσθε, εἰ δὲ συγχωρεῖτε, τί οὐκ
ἐγκαλύπτεσθε ; Εἰ δ' οὐ δύνασθε ταὐτὸν ἐκείνοις ποιεῖν,
ὑμᾶς αὐτοὺς ἀπεστερήκατε. Ἢ οὐ τοῖς αὐτοῖς ἅπαντες
ἐπαιδεύεσθε νόμοις, ἐν ταὐτῷ γυμνασίῳ, τὴν αὐτὴν ὁδὸν   10
ἰόντες, τῆς αὐτῆς φωνῆς ἀκούοντες, τῶν αὐτῶν ἰχνῶν
ἐχόμενοι ; Πόθεν οὖν οὐκ ἴσοι πάντες οὐδὲ παραπλήσιοι, εἶπον καὶ διελέχθην. Παρ' ὑμῶν οὖν ἔχοντες τῶν
κατ' ἐμοῦ λόγων ἀφορμὰς οἱ τοῦ κακῶς με λέγειν ἐπιθυμοῦντες κρύπτουσι τοὺς τρεῖς ἐκείνους τῷ πλήθει τῶν   15
χειρόνων. 22. Τὸ δὲ πάντων ἀλγεινότατον, ὅτι ὁ δεῖνα
μὲν οὔ οὐκ ἂν εἴποιμι τοὔνομα, ῥήτωρ ἀξιοῖ νομίζεσθαι
πάντα μᾶλλον μεμαθηκὼς ἢ λέγειν, οὐδὲ γὰρ ἐφοίτησε
παρὰ τοιούτους διδασκάλους, ἀλλ' ὅμως οὐκ ἂν ἐξελθεῖν ἀνάσχοιτο πρὶν εἰπεῖν τι πρὸς τὸν δικαστὴν ἢ πλέον   20
ἢ ἔλαττον, ὑμεῖς δὲ οἱ τὰς δέλτους ἐν παισὶ πολλάκις
ἑκάστου μηνὸς τῶν ῥητορικῇ προσηκόντων γραμμάτων
ἐμπεπληκότες ἀπέρχεσθε τοσοῦτον τῶν ἐν ταῖς γραφαῖς
διενεγκόντες ὅσον βαδίζετε καὶ βλέπετε καὶ ἀναπνεῖτε,
τὰ δὲ τῆς ἀφωνίας ἴσα.   25
23. « Τοῖς γὰρ πρεσβυτέροις, νὴ Δία, παραχωρητέον.» Πάνυ γε τοῦ πρώτους εἰπεῖν. Ὑμεῖς δ' αὐτοῖς

20. 2 ante Ὅμηρος add. ὁ V.
21. 4 πάντας V : πάντες ACPuI ‖ 5 αὐτοῖς ACPuI : αὐτοῖς V ‖
6 ὁμολογεῖτε ACVPu : -εῖται I ‖ 7 μαίνεσθε ACVPu : -εσθαι I ‖
συγχωρεῖτε ACVPu : -εῖται I ‖ 8 εἰ δ' Foerster : εἶτ' codd. ‖ 13 διελέχθην VuI : διει- ACP ‖ ὑμῶν οὖν ACVP : ἐμοῦ μὲν uI.
22. 22 τῶν ACPu : τῇ V ‖ 24 ἀναπνεῖτε AVPu : -πνῆτε C.
23. 26-27 παραχωρητέον. Πάνυ dist. Foerster.

vous leur accordez, vous, c'est d'être les seuls à le faire.
Car ce que vous prétendez, ce n'est pas parler après eux
mais ne pas parler du tout. Or, dans le premier cas, c'est
les honorer, dans le second, c'est vous couvrir personnellement de honte. Eux non plus n'auraient pas prétendu
être honorés de cette façon-là. Cependant, si dans certaines circonstances, vous pensez devoir prendre la parole
avant eux aussi, vous pourrez vous retrancher derrière un
exemple approprié, celui de Démosthène, qui reconnaît
lui-même s'être levé en devançant ceux après lesquels il
avait l'habitude de parler[86]. **24.** Qui plus est, il fut un
temps où les aînés d'aujourd'hui étaient plus jeunes que
d'autres, et de beaucoup plus jeunes que vous ne l'êtes,
vous, par rapport à eux. Eh bien, demandez-leur s'ils faisaient comme vous, s'ils s'abstenaient de parler, de
contester, de bondir. Et vous découvrirez vite qu'ils ont
fait tout cela et n'en ont éprouvé aucun dommage mais y
ont gagné les plus grands profits, ce qui a déconcerté ceux
qui avaient l'habitude de détenir l'autorité. Et je sais que
même à ces trois-là qui imitent aujourd'hui la conduite
des jeunes d'autrefois devant eux qui ont vieilli, cela n'a
apporté ni honte ni blâme mais de la gloire, des éloges et
une influence proche de la leur. **25.** Cessez donc d'imputer au respect et à la réserve ce qui vient de votre incapacité à parler, puisque souvent, en l'absence d'un certain
homme, poussés par la nécessité à prendre la parole, vous
avez jugé bon de l'appeler, alléguant que vous n'aviez
rien à dire[87]. Quoi donc ? Si cet homme-là perd la vie, que
ferez-vous ? Aurez-vous besoin d'une ambassade chez
Pluton chargée de lui demander de renvoyer l'homme ici[88]
afin que les affaires soient débattues ? Ce n'est certes pas
sa mort qui vous transformera en orateurs. Il est donc

παρέχετε τὸ μόνους. Οὐ γὰρ ἐπ᾽ ἐκείνοις ἀξιοῦτε λέγειν,
ἀλλ᾽ οὐδὲ λέγειν ὅλως. Ἔστι δὲ ἐκεῖνο μὲν τιμώντων
ἐκείνους, τοῦτο δὲ αὐτοὺς καταισχυνόντων. Οἱ δ᾽ οὐδ᾽
αὐτοὶ τούτῳ γ᾽ ἂν ἠξίωσαν τιμᾶσθαι. Καίτοι καὶ πρὸ
ἐκείνων ἔστιν οὗ λέγειν οἰόμενοι δεῖν εἴχετ᾽ ἂν εἰς παρά-   5
δειγμα ἱκανὸν καταφεύγειν, τὸν Δημοσθένην, ὃς αὐτὸς
ὁμολογεῖ πρότερος ἐκείνων μεθ᾽ οὓς εἰώθει λέγειν, ἀνε-
στηκέναι. 24. Ἔτι τοίνυν οἱ νῦν πρεσβύτεροι ἦν ὅτε
ἦσαν ἑτέρων νεώτεροι καὶ πλείονί γε ἐκείνων ἢ ὅσον
ὑμεῖς τούτων νεώτεροι. Ἔρεσθε οὖν αὐτούς, εἰ τὸ ὑμῶν   10
ἐποίουν καὶ οὔτε ἔλεγον οὔτε ἀντέλεγον οὔτε προεπή-
δων. Καὶ τάχα εὑρήσετε πάντα ταῦτα πεποιηκότας καὶ
τούτοις βλαβέντας μὲν οὐδέν, κερδάναντας δὲ τὰ μέγι-
στα, ὃ καὶ τοὺς εἰωθότας κρατεῖν τεθορύβηκεν. Οἶδα δὲ
οὐδὲ τοῖς τρισὶ τούτοις οἳ τὰ τῶν πάλαι νεωτέρων μιμοῦ-   15
νται νῦν πρὸς αὐτοὺς γεγηρακότας, αἰσχύνην τοῦτ᾽
ἐνεγκὸν καὶ ψόγον, ἀλλὰ δόξαν τε καὶ ἐπαίνους καὶ τὸ
τῆς ἐκείνων δυνάμεως εἶναι μὴ πόρρω. 25. Παύσασθ᾽ οὖν
εἰς αἰδῶ τε καὶ ἐπιείκειαν τοῦτο ἀναφέροντες ὃ τῷ μὴ
δύνασθαι λέγειν γίγνεται, ἐπεὶ πολλάκις γε ἀνδρός   20
τινος ἀπόντος ἀνάγκης ὑμᾶς καταλαβούσης λέγειν ἠξιώσατε καλεῖν ἐκεῖνον ὡς οὐκ ἔχοντες ὅ τι ἂν καὶ λέγοιτε.
Τί οὖν ; Ἂν ἐκεῖνος τελευτήσῃ τὸν βίον, τί δράσετε ;
Πρεσβείας ὡς τὸν Πλούτωνα δεήσεσθε πέμψαι δεῦρο τὸν
ἄνδρα δεησομένης, ὅπως γένοιντο περὶ τῶν πραγμάτων   25
λόγοι ; Οὐ γὰρ δὴ τῷ ᾽κείνου γε θανάτῳ γενήσεσθε

23. 1 ἀξιοῦτε ACVPu : -ται I ‖ 3 ἐκείνους ACVPul^{ac} : ἐκείνοις
V^{pc} ‖ οἱ CVP : οἳ Aul ‖ 4 τούτῳ ACVP : τοῦτο ul.
24. 9-10 καὶ — νεώτεροι om. I ‖ πλείονί γε Reiske Foerster :
πλεῖον εἴγε ACPu πλεῖον οἵ γε V ‖ 12 εὑρήσετε ACVP : -εται ul ‖
ταῦτα πάντα C ‖ 17 ἐνεγκὸν ACVP : -κεῖν I.
25. 18 παύσασθ᾽ ACVul : -σασθ᾽ in ras P ‖ 19 τῷ ACVP : τὸ I ‖
25 δεησομένης ACVP : δεηθησομένης ul.

préférable de vous atteler, de son vivant, à l'art oratoire, afin d'acquérir la capacité de parler[89], plutôt que de vous y essayer quand il sera mort, pour ensuite manquer aux bienséances en étant à court de paroles. Puisque donc être capable de parler est une nécessité, et que cela requiert des livres, il vous faut fréquenter des livres.

26. « Mais il est agréable de ne pas faire d'efforts et ce dont tu nous parles, toi, réclame des efforts. » Et qu'y a-t-il de terrible à se soustraire à un plaisir dommageable pour fournir des efforts profitables ? Si son but est supérieur au but du plaisir, l'effort lui est supérieur. Il est agréable pour les agriculteurs de ne rien faire mais la faim arrive nécessairement. C'est pour cela qu'ils déploient leurs efforts à labourer et à semer, pour éviter d'en souffrir. La navigation aussi comporte, par Zeus, des efforts et des dangers. Mais faire prospérer ses biens apporte plus de plaisir que de ne pas même monter sur son bateau. Si un pugiliste raisonnait comme vous, quand remporterait-il une couronne ? Il est agréable de vivre sans la rhétorique ? Mais le silence dans les tribunaux n'engendre-t-il pas du désagrément ? Il est désagréable de s'abîmer les yeux sur des écrits ? Mais le résultat produit n'est-il pas très plaisant ? **27.** Ainsi, ce qui nous est agréable débouche sur du déplaisir et ce qui paraît désagréable sur du plaisir, le seul plaisir qui convienne à l'homme en vérité et qu'il soit permis de qualifier de beau. En effet, quel plus beau sujet de conversation pourrait-on avoir que si on discourait, dans toute la cité, de la tenue de beaux discours[90] ? Ainsi, vous et moi aurions plaisir à nous fréquenter, moi, pour avoir reçu votre reconnaissance et vous, pour me l'avoir témoignée, alors qu'à présent nous sommes mécontents les uns des autres, vous de moi qui suis outragé par vous, moi de vous qui m'outragez.

ῥήτορες. Οὐκοῦν ζῶντος ἄμεινον ἅψασθαι τοῦ λέγειν
κτησομένους δύναμιν ἢ τεθνεῶτος ἐπιχειρεῖν, εἶτ᾽ ἀπο-
ροῦντας ἀσχημονεῖν. Εἰ δὴ τὸ μὲν δύνασθαι λέγειν ἀναγκαῖον, τοῦτο δὲ δεῖται βιβλίων, βιβλίοις ὁμιλητέον
ὑμῖν.   5
26. « Ἀλλ᾽ ἡδὺ τὸ μὴ πονεῖν, ὃ δέ γε φῂς αὐτός,
ἀπαιτεῖ πόνον.» Καὶ τί δεινὸν ἀποστάντας ἡδονῆς βλα-
βερᾶς χρήσασθαι πόνοις συμφέρουσιν ; Εἰ δὲ τὸ τέλος
τοῦ τέλους βέλτιον, βελτίων τῆς ἡδονῆς ὁ πόνος. Ἡδὺ
μὲν τοῖς γεωργοῖς ἀργεῖν, ἀλλ᾽ ἀνάγκη πεινῆν. Διὰ   10
τοῦτο ἀροῦσι καὶ σπείρουσι πονοῦντες, ὅπως μὴ τοῦτο
πάθοιεν. Ἔνι πόνος ἐν τῷ πλεῖν καί, νὴ Δία γε, καὶ κίν-
δυνοι. Ἀλλὰ τὸ προσθεῖναι τοῖς οὖσιν ἥδιον ἢ τὸ μηδὲ
ἐπιβῆναι τοῦ σκάφους. Εἰ ταῦτα πύκτης ἐλογίζετο,
πότ᾽ ἂν ἠνέγκατο στέφανον ; Ἡδὺ ζῆν ἔξω λόγων. Ἡ δ᾽   15
ἐν δικαστηρίοις σιωπὴ λύπην οὐκ ἔχει ; Ἀηδὲς συγγράμμασι δοῦναι τὰ ὄμματα. Ὁ δὲ ἐντεῦθεν τόκος οὐχ
ἥδιστον ; 27. Οὕτω τὰ μὲν ἡδέα ἡμῖν εἰς ἀηδίαν τελευτᾷ,
τὰ δὲ ἀηδῆ δοκοῦντα εἰς ἡδονήν, ἡδονὴν ἢ μόνη πρέ-
πουσά ἐστιν ἀνδρί γε ὡς ἀληθῶς, ἣν ἔξεστι καλὴν προσ-   20
ειπεῖν. Τί γὰρ εἴποι τις ἂν κάλλιον ἢ εἰ καθ᾽ ἅπασαν
τὴν πόλιν λόγος εἴη περὶ λόγου ῥηθέντος καλῶς ; Οὕτω
μὲν ἂν καὶ ἀλλήλοις ἐγώ τε καὶ ὑμεῖς ἡδέως συνεῖμεν,
ἐγὼ μὲν εἰληφὼς χάριν, ὑμεῖς δὲ δεδωκότες, ὡς νῦν γε
δυσχεραίνομεν ἀλλήλους, ὑμεῖς μὲν ἐμὲ τὸν ὑφ᾽ ὑμῶν   25
ἀδικούμενον, ἐγὼ δὲ ὑμᾶς τοὺς ἀδικοῦντας ἐμέ.

25. 1 ἅψασθαι ACVP : ἅψεσθαι uI ‖ 2 κτησομένους prop. Reiske
Foerster : -σαμένους codd. Reiske.
26. 13 ἥδιον AVPuI : ἴδιον C ‖ 16 σιωπὴ ACVPu : σιωπὴν I ‖
16-17 συγγράμμασι CPᵍʳ : -ματι AVPuI ‖ 17 ἐντεῦθεν ACVPu :
ἐνταῦθα I.
27. 21 ἂν LaurMuMoVat.939 : om. codd ‖ 22 λόγου ῥηθέντος
codd. : λόγους ῥηθέντας Foerster.

28. Soyez donc grands, forts et brillants ; rougissez devant ceux des autres cités qui ont le même âge que vous[91] et forcez ceux qui aujourd'hui vous traitent de lièvres[92] à vous appeler d'un nom plus beau. Et bientôt, le moment venu d'une ambassade[93], on viendra vous trouver en laissant de côté les aînés, comme s'ils avaient besoin d'une pause, et on inscrira certains d'entre vous au départ dans l'idée que par votre opinion vous apporterez autant qu'eux l'auraient fait. Voilà qui ornerait notre cité plus que toutes ses places et tous ses portiques[94] ; voilà qui vous réjouira plus, je crois, que tous vos athlètes, tous vos chasseurs et tous vos cochers. Voilà qui me débarrassera l'esprit de mes nombreuses raisons d'être découragé aujourd'hui. Voilà ce qui serait pour moi le seul remède à la situation actuelle.

28. Γένεσθε δὴ μεγάλοι καὶ ἰσχυροὶ καὶ λαμπροὶ καὶ
τοὺς ἐν ταῖς ἄλλαις πόλεσιν ἡλικιώτας ὑμῶν αἰδέσθητε
τούς τε νῦν λαγὼς ὑμᾶς ὀνομάζοντας ἄλλο τι κάλλιον
καλεῖν ἀναγκάσατε. Καὶ τάχα γ᾽ ἄν τις καιροῦ πρεσβείας ἥκοντος ἐφ᾽ ὑμᾶς ἔλθοι τοὺς μὲν πρεσβυτέρους   5
ἀφιεὶς ὡς ἄν τινος δεομένους ἀναπαύσεως, ὑμῶν δέ
τινας ἰέναι γράφων ὡς εἰσοίσοντας ἀπὸ τῆς γνώμης
ὁπόσα ἂν ἐκεῖνοι. Τοῦτο μᾶλλον ἀγορῶν ἁπασῶν καὶ
στοῶν κοσμήσειεν ἂν τὴν πόλιν. Τοῦθ᾽ ὑμᾶς μᾶλλον ἢ
πάντες μὲν ἀθληταὶ τέρψει, οἶμαι, πάντες δὲ κυνηγέται,   10
πάντες δὲ ἡνίοχοι. Τοῦτ᾽ ἐμοὶ τὰς πολλὰς τὰς νῦν ἀθυ-
μίας ἐκβαλεῖ τῆς ψυχῆς. Τοῦτο μόνον ἄν μοι γένοιτο
πρὸς τὰ παρόντα φάρμακον.

28. 1 λαμπροὶ om. I ‖ 3 τούς τε ACVP*u* : καὶ I ‖ 10 τέρψει οἶμαι
Reiske Foerster : τερψόμενοι ACVPI ‖ 12 ἐκβαλεῖ V : ἐκβάλῃ AC
ἐκβάλλῃ *u*I ἐκβάλ[οι] in ras. P.

NOTES

1. §1 Sur l'importance pour un jeune homme de l'aristocratie de ne pas déchoir par rapport à son père, voir *infra*, n. 35 au § 9.

2. Le silence, antithèse de l'éloquence, est très présent dans l'œuvre de Libanios. Le silence du sophiste est synonyme de suspension des cours, qu'elle soit volontaire et corresponde à une sanction à l'encontre des élèves (*Or.* I, 242), ou involontaire, quand elle est causée par des problèmes de santé (*Or.* XXXIV, 20). Le silence des autres est une conséquence de leur indigence rhétorique, qu'il s'agisse de sophistes tout simplement médiocres ou en proie à des défaillances de mémoire ou des troubles psychologiques (*Or.* I, 50 ; 256) ou, comme ici, d'anciens élèves devenus curiales. Les substantifs ἀφωνία, σιωπή et σιγή, ainsi que les adjectifs ou verbes correspondants, sont souvent employés comme synonymes : ainsi, dans *Or.* I, 256, un sophiste de bas niveau se mesurant à Libanios « resta sans voix dès l'exorde. Le silence valait mieux pour lui » (ἦν **ἄφωνος** εὐθὺς ἐν προοιμίοις, κερδαίνων μὲν ἂν ἐν **τῇ σιωπῇ**, traduction P. Petit 1979, p. 193) ; dans *Or.* I, 50, le sophiste de Nicomédie, placé dans la même situation, est réduit au silence (σιγῶντα). Comme le rapprochement de ces deux exemples le montre, aucune famille de mots appartenant au champ lexical du silence n'est réservée à une situation précise. De même, ce qui est nommé dans ce prologue ἀφωνία devient σιωπῇ au § 6. On notera cependant que c'est principalement le groupe ἀφωνία/ἄφωνος qui apparaît en référence à l'absence de participation à la vie politique par la prise de parole (*Or.* XI, 140 ; *Or.* XLIX, 4). Il est probable, comme le souligne B. Schouler 2004, p. 99, n. 8, que l'emploi de ce terme par Libanios fasse écho à l'adjectif ἄφωνος par lequel Démosthène, dans *Sur la Couronne,* 198, reproche à Eschine son silence dans les moments où le dévouement à la cité nécessitait au contraire de s'impliquer et d'agir (πολιτεύειν), au moins par la prise de parole. Sur le silence chez Libanios, voir R. Cribiore 2007, p. 229-231 et *eadem* 2015, p. 153-155.

3. Le mot δικαστήριον (ἐν τοῖς δικαστηρίοις : « dans les tribunaux ») désigne ici le prétoire, la salle d'audience d'un représentant du

pouvoir impérial qui servait par ailleurs de « tribunal ». Il ne renvoie pas aux fonctions judiciaires du « juge-gouverneur » évoqué au § 22 (τὸν δικαστὴν) mais plutôt à ses attributions administratives et exécutives : il n'est pas fait mention d'un procès dans les quelques lignes où Libanios précise quel était le but de la réunion à laquelle il a assisté mais plutôt d'une question relative à l'intérêt de la cité. Le verbe λυσιτελεῖν (« être avantageux ») employé au § 6 pour caractériser la teneur des propos de certains lors de cette assemblée appartient bien aux topiques du genre délibératif et non judiciaire (M. Patillon 1990, p. 48). Toutefois, les curiales pouvaient aussi exercer leur rôle de représentants de la cité en participant à des procès au cours desquels ils étaient apparemment habilités à prendre la parole (voir *Or.* XI, 139). Le pluriel ἐν τοῖς δικαστηρίοις peut s'expliquer par l'existence à Antioche de plusieurs prétoires/cours de justice : celles du gouverneur et du comte d'Orient. Mais le préfet du prétoire et l'empereur lui-même exerçaient aussi leurs fonctions judiciaires dans la cité lorsqu'ils y séjournaient (sur les tribunaux comme lieux d'éloquence, voir C. Saliou 2015b, p. 92). Cependant, c'est bien avec le gouverneur que les curiales avaient le plus à faire puisque celui-ci les recevait quatre fois par mois (*Or.* X, 3 ; *Or.* LVI, 2) au tribunal ; ils s'y engouffraient alors avec hâte au signal du héraut (*Or.* XXV, 44). Le reproche adressé par Libanios à ses anciens élèves présente à première vue un caractère circonscrit puisque c'est dans le prétoire qu'il les montre et non, comme on pourrait s'y attendre, au *Bouleuterion*, siège du Conseil et lieu par excellence du débat civique comme y insiste le polyptote d'*Ep.* 1038, 1 : ἐν τῷ βουλευτηρίῳ μετὰ τῆς βουλῆς ποτε βουλευούσης (« un jour que la *Boulè* délibérait au *Bouleuterion* »). C'est dans ce lieu qu'ils apparaissent aussi dans *Ep.* 180, 2 ; *Or.* LIV, 74 ; *Or.* LVI, 30 : καλεῖν τε τὴν βουλὴν εἰς τὸ βουλευτήριον (« convoquer la *Boulè* au *Bouleuterion* »). Dans notre discours, c'est sans doute la mésaventure relatée au § 6 : « J'étais entré dire un mot au gouverneur, alors que je n'aurais pas dû » qui amène Libanios à se concentrer sur le silence des curiales dans le prétoire de ce haut dignitaire. Mais dans *Or.* XI, 139, des auditeurs férus de belles prestations rhétoriques se précipitent aussi aux tribunaux pour entendre le « chœur de sophistes » formé par les curiales. Quand il veut en faire l'éloge ou au contraire la critique, Libanios place les curiales dans les tribunaux, parce que c'est face au pouvoir impérial et à ses représentants qu'ils se devaient de faire retentir avec le plus de force la voix de la cité comme il est rappelé au § 3.

4. Au substantif παραινέσεις succèderont au § 2 les formes verbales συμβουλεύσων et συμβεβουλευκέναι, ce qui tend à prouver que Libanios n'établit pas de distinction entre conseils parénétiques et symbouleutiques. La même observation peut être faite relativement à *Or.* XLIII, 1 et *Or.* XLVIII, 2 où les noms συμβουλή et παραίνεσις sont employés comme synonymes. Il existe pourtant une différence

technique entre conseils symbouleutiques et conseils parénétiques : les premiers sont sujets à contestation, les seconds entraînent l'adhésion générale. L. Pernot 1993, p. 719-720, fournit les exemples suivants : « Il faut déclarer la guerre » est symbouleutique, « Il faut être sage » est parénétique. Le premier conseil est lié à une situation précise pouvant provoquer des opinions contraires, le second constitue un précepte moral sur lequel tous s'accordent.

    5. §2 On trouve le même type de prière chez Libanios dans *Or.* XLVIII, 2. L'invocation des dieux au début d'un discours était très peu commune chez les Grecs. On en trouve un exemple chez Lycurgue, dans son *Contre Léocrate* § 1 : « Je prie Athéna, les autres divinités et les héros qui ont des temples dans la cité et sur son territoire... » (Εὔχομαι γὰρ τῇ Ἀθηνᾷ καὶ τοῖς ἄλλοις θεοῖς καὶ τοῖς ἥρωσι τοῖς κατὰ τὴν πόλιν καὶ τὴν χώραν ἱδρυμένοις...) Mais la prière inaugurale qui a exercé sur Libanios la plus grande influence est sans doute celle du *Sur la Couronne* de Démosthène : « La première prière, Athéniens, que j'adresse à tous les dieux et à toutes les déesses...» (Πρῶτον μέν, ὦ ἄνδρες Ἀθηναῖοι, τοῖς θεοῖς εὔχομαι πᾶσι καὶ πάσαις...) Le but de l'orateur est à chaque fois de s'assurer le succès. Selon Hermogène, la prière rend l'énoncé éthique et naïf (voir *infra*, n. 6) en offrant une garantie de bonne foi de la part de l'orateur (Herm. *Id.* II, 3, 14). L'Anonyme de Séguier (4, 238) n'envisage le recours à la prière que dans la péroraison, lieu d'amplification du *pathos* mis en place dans l'exorde. La prière se distingue de la supplication parce qu'elle s'adresse aux dieux (voir M. Patillon 2005, p. 45 et p. 119-120, n. 5).

    6. La modération est une *idea* ou « catégorie stylistique » hermogénienne constitutive de l'*ethos* (Herm. *Id.*, II, 6, 1-24). Le discours « éthique » est produit par la modération et la naïveté et dégage une impression de sincérité et de spontanéité ; son auteur y apparaît comme honnête et digne de confiance. Selon Hermogène, tout ce qui concourt à établir qu'une personne se tient volontairement en deçà de ce qu'elle est en droit de faire et de dire rend le discours éthique et modéré en ce qui concerne la pensée. Ainsi, l'orateur se présente sans faire étalage de ses qualités et même en les minimisant. S'il déroule ses actions glorieuses, c'est parce que les circonstances l'y contraignent. L'autre versant de la modération consiste à atténuer les attaques contre l'adversaire. Cependant, Hermogène nomme la modération ἐπιείκεια alors que Libanios emploie ici l'adverbe μετρίως et, dans *Or.* XLIII, 12, l'adjectif μέτρια. S'agit-il de la même notion chez l'un et l'autre ? Il semble justifié d'établir une équivalence entre les termes μετριότης et ἐπιείκεια puisque l'Anonyme de Séguier (1, 18) emploie les adjectifs correspondants comme synonymes ; leur interchangeabilité est d'ailleurs soulignée par M. Patillon 2005, p. 6, qui les traduit pareillement. De plus, l'auteur de référence pour Hermogène dans son chapitre sur la modération est Démosthène qu'il cite à plusieurs reprises ; il ne tire

toutefois aucun exemple du *Sur la couronne*. C'est pourtant dans
l'exorde de ce discours (*Or.* XVIII, 4) que Démosthène annonce en
termes clairs que, lorsqu'il sera amené à parler de ses actes et de sa
politique, il le fera ὡς μετριώτατα. Libanios souhaite donc marquer le
discours XXXV du sceau de la modération. Il en fera preuve par
exemple dans sa manière de justifier son intervention (§ 6), en avançant
que c'est le choc ressenti au cours d'une séance du Conseil, désastreuse
pour les curiales, qui l'a poussé à prendre la parole pour leur faire la
leçon ; il savait depuis un certain temps déjà qu'ils ne remplissaient pas
correctement leur fonction mais il n'était pas intervenu jusqu'alors, du
moins pas de manière aussi formelle. Ces indications suggèrent de
manière habile que Libanios aurait préféré ne pas avoir à faire une telle
démarche. C'est une des modalités de la modération, dont on trouve
l'écho le plus proche dans l'Anonyme de Séguier (1, 18) : « ... tu seras
jugé modéré s'il apparaît que tu ne t'es pas jeté indiscrètement dans le
procès, mais que tu t'es retenu longtemps. » De même, quand Libanios
rappelle qu'il a formé un certain nombre d'hommes qui détiennent
maintenant le pouvoir grâce à lui (§ 12), il ne le fait que sous couvert
d'un procès fictif justifiant tous les propos laudateurs qu'il tient sur
lui-même : « On va sans doute me demander : eh bien quoi ? Sont-ils
tous comme cela ceux d'ici ? Aucun de ceux qui ont suivi tes cours ne
prend la parole ni n'agit en curiale ? » Il emploie alors une prétérition,
en réalité très habile parce que, sous une apparence de modestie, elle
suggère en fait beaucoup plus que ce qui pourrait être dit : « Mes dires
sont attestés par nombre de cités dans nombre de provinces (...) Et si
cela ne nécessitait pas un long développement, de surcroît ennuyeux,
j'en ferais l'énumération. » Comme annoncé dans cet exorde, de nombreux passages du discours révèlent une véritable recherche de modération chez Libanios.

    7. **§3** Libanios désigne les curiales par les termes βουλευταί ou
πολιτευόμενοι mais c'est le second qui compte le plus grand nombre
d'occurrences dans ses textes (selon le décompte du *TLG*®). Les sources
variées et assez abondantes dont nous disposons pour l'étude des curies
municipales dans l'Orient romain au IVe s. (inscriptions, textes juri-
diques ou littéraires et papyrus) révèlent que les deux mots sont
employés comme synonymes mais que πολιτευόμενοι a eu tendance
à supplanter βουλευταί. D'ailleurs, c'est sous l'appellation πολιτευόμενοι que les curiales subsistent en Égypte jusqu'au VIIIe siècle alors
que la mention de βουλευταί disparaît à partir du VIe siècle (A. Laniado
1997, p. 141). Cette évolution lexicale reflète une évolution historique
du rôle des curies municipales de plus en plus considérées comme
« une classe de citoyens soumis à un statut juridique restrictif et à un
système de liturgies exigées par la cité et l'État. Déjà, sous le Haut-
Empire en effet, πολιτεύομαι se réfère à l'exercice des *honores* et à la
prise en charge des *munera* » (A. Laniado 1997, p. 138). En Occident,

un glissement similaire à celui observé en Orient au Bas-Empire assure au mot *municeps* (de *munera* et *capio*) le sens de *curialis* (A. Laniado 1997, p. 138-139). De plus en plus, être au service de la cité s'apparente donc essentiellement à l'exercice de charges concrètes. Ce discours révèle que les curiales d'Antioche eux-mêmes ont une vision restreinte de leurs responsabilités civiques et placent l'accomplissement des liturgies au-dessus de l'investissement par la parole. Leur silence, dénoncé par Libanios comme une preuve accablante de leur indigence rhétorique, s'inscrivait donc aussi dans une évolution de la conception du rôle d'un curiale (voir § 6).

8. Libanios joue ici de manière habile sur la polysémie de λειτουργέω, qui est une référence au monde grec de l'époque classique : le sens institutionnel du verbe est « accomplir une liturgie » c'est-à-dire, pour les membres du Conseil, assumer au profit de la cité une charge contraignante de nature fiscale (voir § 8) et, dans son sens plus général, il signifie simplement « servir ». Le sens technique du verbe confère au syntagme employé par Libanios (γνώμη λειτουργῆσαι) la valeur forte d'une alliance de termes puisque la formulation d'une opinion ne peut être assimilée à une dépense financière, le sens affaibli semblant mieux adapté à un tel complément. Si Libanios fait montre d'habileté rhétorique dans le choix de cette expression, c'est que le verbe λειτουργῆσαι, dont les deux sens se lisent simultanément, est un rappel destiné à ses anciens élèves : le service civique ne se réduit pas aux liturgies telles qu'ils l'entendent mais la prise de parole fait aussi partie intégrante de leur fonction. Telle est l'idée maîtresse du discours.

9. Les λόγοι ne se limitent pas à des discours en bonne et due forme ; les curiales, s'ils devaient parfois tenir des discours préparés, avaient à charge aussi de donner leur opinion de façon impromptue. Libanios souligne la force de leurs improvisations dans *Or.* XI, 139.

10. Selon B. Schouler 2004, p. 103, dans cette double définition du rôle des curiales et de l'« éloquence délibérative telle qu'elle pouvait être pratiquée sous l'Empire », Libanios procède par gradation ascendante et distingue « les trois situations dans lesquelles celle-ci peut s'exercer : chaque bouleute peut lui même proposer un avis, soutenir ou critiquer l'avis d'un collègue, opposer enfin (…) la voix de la *Boulè* aux décisions du représentant de l'autorité impériale. » « Approuver les uns et réfuter les autres » semble effectivement se référer aux débats internes à la curie. Celle-ci en effet ne formait pas un tout homogène et pouvait être en proie à d'importantes dissensions entre individus, comme dans toute assemblée délibérante ; ainsi, même dans l'*Antiochicos* qui déploie une vision idéalisée de la vie politique à Antioche, Libanios admet qu'il existe des « rivalités entre ses membres » mais il y voit un signe de vitalité et la condition d'un véritable combat pour le « bien commun » (*Or.* XI, 144).

11. Chez Libanios, le substantif ὁ ἄρχων désigne de manière générale tous les représentants du pouvoir impérial (P. Petit 1955, p. 47 et p. 72-74 ; L. De Salvo 2001, p. 740). À Antioche, il peut s'appliquer au préfet du prétoire, au vicaire ou comte d'Orient en charge du diocèse ou au gouverneur qui dirige la province de Syrie. C'est à ce dernier qu'il est toutefois le plus souvent réservé.

12. Τὸ λυσιτελοῦν est un écho de τὰ συμφέροντα (§ 2).

13. Pour opposer le trône à la *Boulè*, Libanios n'emploie pas en parallèle deux termes de même nature mais un substantif (τοῦ θρόνου) et un infinitif substantivé (τοῦ βουλεύειν), le verbe βουλεύω traduisant le processus d'élaboration d'une prise de décision, le substantif renvoyant au siège impérial d'où émane l'expression d'une autorité qui ne résulte pas du débat et ne tolère pas la contestation. Dans un contexte politique, le θρόνος est l'emblème des représentants du pouvoir impérial, gouverneur, vicaire ou préfet du prétoire et de l'empereur lui-même.

14. Des curiales dignes de ce nom devraient, pendant les séances de la *Boulè*, susciter de la peur chez les représentants du pouvoir central en montrant leur capacité de résistance, leur force de conviction et leur esprit libre : « ce n'est pas le Conseil qui fait son entrée devant les gouvernants en tremblant, mais ce sont ceux qui vont décider qui le convoquent avec circonspection, comme s'ils allaient soutenir l'épreuve devant des hommes difficiles à subjuguer et capables de décider » (*Or.* XI, 142). L'activité curiale est pensée par Libanios comme un combat dont l'arme est la parole ; ainsi, sur les trois analogies présentées au § 20, deux appartiennent au domaine de la lutte, d'abord sportive puis armée. Voir aussi *infra*, n. 56.

15. §4 De toutes les liturgies ou charges dont devaient s'acquitter les curiales (en latin *munera*), Libanios ne cite ici que des liturgies municipales c'est-à-dire en rapport avec les distractions offertes au peuple antiochéen souvent décrit comme voluptueux (C. Saliou 2011) et par ailleurs *munera mixta*, engageant aussi bien la fortune que la personne des curiales (P. Petit 1955, p. 45-62) : d'abord le chauffage des thermes (« du bois et des chaudières »), liturgie appelée ailleurs des « grandes chaudières » (*Or.* XXVIII, 6 : τὰς καμίνους τὰς μεγάλας) puis l'entretien des attelages ou *hippotrophia* (« des chevaux »), nécessaire au spectacle des courses dans l'hippodrome, la sélection et la préparation des athlètes en vue des jeux Olympiques (« des athlètes »), et enfin le recrutement des bestiaires ainsi que l'acheminement des fauves en vue des chasses de l'amphithéâtre (« des ours et des chasseurs »). Le sophiste procède par gradation, citant les liturgies par ordre de fréquence des loisirs qu'elles financent et conjointement, par ordre de coût, moins important pour celui qui fournissait le bois de chauffage que pour celui qui pourvoyait à l'approvisionnement des chasses en fauves, *munus* particulièrement lourd à assumer (J. Martin 1988,

p. 226-227). Pour preuve, en 386, le gouverneur Tisamenos, afin de pallier l'incapacité des curiales d'Antioche à financer les *venationes*, fait appel à un curiale de Béroé : « ...ayant appelé ici l'homme de cette cité de Béroé avec les fauves entretenus par lui et les hommes payés pour les combattre. Et il est arrivé en amenant des ours, des panthères et les gens qui sont tantôt dominés par les bêtes, tantôt les dominent. » (*Or.* XXXIII, 21 : ...τὸν ἐν Βεροίᾳ ταύτῃ δεῦρο καλέσας μετά τε τῶν ὑπ' αὐτοῦ τρεφομένων θηρίων καὶ τῶν ἐπ' αὐτὰ μεμισθωμένων ἀνδρῶν. Καὶ ἧκεν ἄγων ἄρκτους τε καὶ παρδάλεις καὶ τοὺς τούτων ποτὲ μὲν ἡττημένους, ποτὲ δὲ κεκρατηκότας.) Dans *Or.* XXXI, 41, le sophiste rappelle les risques d'endettement courus par les curiales endossant de telles responsabilités : « Mais, par Hélios, l'illustre éleveur de chevaux, celui qui rassemble les athlètes de tous les coins reculés et celui qui achète une quantité de fauves et qui suit à la trace ceux qui les combattront, chacune de ces activités étant propre à ébranler la fortune de ceux qui accomplissent les liturgies... » (Ἀλλ' ὁ λαμπρὸς ἱπποτρόφος, Ἥλιε, καὶ ὁ τοὺς ἀθλητὰς ἐξ ἅπαντος ἀγείρων μυχοῦ καὶ ὁ θηρίων πλῆθος ὠνούμενος καὶ τοὺς πρὸς ταῦτα μαχουμένους ἰχνεύων, ὧν ἕκαστον διασείειν πέφυκε τῶν λειτουργούντων τὰς οὐσίας ...) Voir aussi sur ce point *Or.* XI, 134-138. Au plan stylistique, cette énumération tranche avec l'énumération précédente (§ 3) en ce qu'elle est composée de substantifs quand la première était uniquement formée de verbes. De même, dans *Or.* XXXI, 41 cité *supra*, Libanios, par le biais de périphrases verbales, indique l'action requise dans le cadre de chaque liturgie ; ici, les verbes ont disparu : le *munus* est réduit à son objet, effaçant toute notion d'investissement personnel et de service réel, et l'énumération hétéroclite qui résulte de ce choix stylistique confère une dimension péjorative aux liturgies envisagées. L'expression condensée sert aussi le propos : l'équation « curiale égale ours », dans le déséquilibre entre les deux termes qu'elle met en balance, est dépréciative et peut même provoquer dans l'esprit des auditeurs une forme de drôlerie. Le service le plus exigeant et le plus important, même dépourvu d'investissement financier et physique, est celui de la prise de parole.

16. Ces dépenses privées, assumées à tour de rôle par les curiales, ne sont pas mauvaises en soi. D'ailleurs, dans l'*Antiochicos* (*Or.* XI, 133-138), Libanios présente les liturgies comme le produit d'une splendide émulation entre les curiales et vante leur empressement à ne pas s'y dérober, phénomène qui distingue Antioche d'autres cités et lui permet de jouir d'un important prestige : « Nous sommes les seuls chez qui il y a plus d'émulation à obtenir les liturgies qu'il y en a chez les autres à y échapper... » (*Or.* XI, 137 : Μόνοις δὲ παρ' ἡμῖν πλείων ἔρις ὑπὲρ τοῦ λαβέσθαι λειτουργίας ἢ παρ' ἑτέροις ὑπὲρ τοῦ διαδρᾶναι.) Mais le prisme épidictique cède le pas ici à une vision sans concession de la réalité où les liturgies détournent les curiales de leurs

vraies responsabilités. En 360, Libanios félicite Stratégios d'être un curiale dont la puissance repose sur ses interventions orales et non sur ses dépenses (*Ep.* 180, 2) : « Entendant dire que tu as du pouvoir au *Bouleuterion*, plus par le fait que tu parles que par tes dépenses, je me réjouis que tu aies du pouvoir, mais du fait que tu ne me l'annonces pas toi-même, je m'afflige. » (Ἀκούων δέ σοι κράτος εἶναι ἐν τῷ βουλευτηρίῳ μᾶλλον ἀπὸ τοῦ λέγειν ἢ τῶν ἀναλωμάτων χαίρω μέν, ὅτι κρατεῖς, ὅτι δὲ οὐ καὶ αὐτὸς ἡμῖν ταῦτα μηνύεις, ἄχθομαι.)

17. Εἴδη μὲν οἶμαι λειτουργιῶν est à mettre en relation avec le groupe verbal γνώμῃ λειτουργῆσαι du § 3. Libanios emploie deux termes de la même famille, tantôt le verbe à l'infinitif pour désigner ce qui constitue à son sens la véritable fonction de curiale, tantôt le substantif pour ce qui n'en constitue que des manifestations, certes les plus éclatantes aux yeux du peuple d'Antioche et des étrangers mais en fait accessoires. Le vocable εἴδη présente une intéressante polysémie jouant à la fois sur l'idée de genre, d'espèce et de forme visible, d'apparence, par opposition à une substance. C'est sur ces considérations que repose la traduction de εἴδη par « formes apparentes ». L'emploi du mot χρῆμα à la fin du paragraphe appuie cette opposition entre l'apparence et la réalité. En effet, ce substantif, lorsqu'il est accompagné d'un complément au génitif, souligne ce qui constitue la nature propre d'une chose ou d'un être.

18. La φιλοτιμία ou « amour des honneurs » s'exprime pleinement dans la compétition évergétique. De manière générale, c'est une composante du caractère agonistique de la culture grecque (P. Veyne 1976, p. 722-723, n. 25). Selon P. Petit 1955, p. 49, dans le contexte liturgique, cette émulation était particulièrement vive pour financer les jeux du fait que les sommes engagées étaient laissées à « l'appréciation personnelle du donateur ». Le terme φιλοτιμία en est venu à désigner parfois les spectacles eux-mêmes, combats de gladiateurs ou chasses (L. Robert 1940, p. 278-280). Dans l'*Antiochicos* aussi, il est employé en relation avec le comportement des curiales d'Antioche qui « ont dépensé de très grosses sommes par amour des honneurs » (*Or.* XI, 134 : διὰ δὲ τὴν φιλοτιμίαν πλεῖστα ἀνηλώκασι) ; le lien entre φιλοτιμία, μεγαλοψυχία et λαμπρότης (voir *infra*, n. 19 et 20) est ainsi clairement établi.

19. La μεγαλοψυχία, littéralement « grandeur d'âme » ou « magnanimité » renvoie plus précisément dans ce contexte à la « libéralité » de l'évergète (P. Veyne 1976, p. 730-731, n. 129 au chap. 2) comme dans *Or.* XI, 134 où il apparaît au pluriel. Cette vertu occupe une place prépondérante dans la philosophie morale d'Aristote où elle est définie (*EN.* 4, 1123a-b) comme la conscience de sa valeur par un individu digne de grands honneurs, conscience qui le conduit à la recherche de la gloire, au mépris pour l'enrichissement et à l'accomplissement de libéralités ; elle va de pair avec la volonté de ne jamais déroger à son

rang, à sa τάξις (B. Schouler 1984, p. 979-981). Le terme voisin de μεγαλοφροσύνη (« conscience de sa propre grandeur ») renvoie à une notion morale très proche (*Or*. XI, 138 et *Or*. LIX, 37 ; 68 ; B. Schouler 2004, p. 101). On a souvent recours, pour illustrer les textes de Libanios, à une mosaïque découverte à Yakto (Daphné) et qui représente une personnification de la μεγαλοψυχία. Elle n'est cependant pas contemporaine du sophiste puisque datée du Vᵉ ou VIᵉ s. (D. Levi 1947, p. 323-345, pl. LXXV-LXXX).

20. Le substantif λαμπρότης, « éclat, gloire, magnificence », est, dans cette dernière acception, un synonyme de μεγαλοπρέπεια. Comme la μεγαλοψυχία, la μεγαλοπρέπεια est une vertu morale analysée par Aristote (*EN*. 3, 6, 1233a). La différence entre ces deux notions est faible et relève d'une question de degré : la magnificence « surpasse la libéralité en grandeur » (P. Veyne 1976, p. 31-44) mais elle n'est pas une sotte ostentation. Libanios emploie les deux termes mais il use plus volontiers de λαμπρότης qui lui sert aussi à caractériser la magnificence des curiales d'Antioche dans *Or*. XI, 134.

21. §5 Des exemples précis attestent que de très jeunes enfants pouvaient être inscrits sur la liste des curiales. Deux cas de figures sont cependant à distinguer, comme le révèlent les propos de Libanios : soit un père, membre de la *Boulè*, accomplissait une liturgie au nom de son fils pour que la gloire en rejaillisse sur lui. (P. Petit 1955, p. 289 : « Ce sont les fils de grandes familles au nom desquels leur père offrent les liturgies, et qui revêtent le costume spécial des agonothètes. ») C'est ce que fit Celsus I en confiant la syriarchie à son petit garçon « à peine détaché du sein maternel » (*Ep*. 1399, 4) comme le sont ces enfants évoqués par Libanios dans ce paragraphe. Il s'agit donc de pères qui « encore en vie, conduisent leurs fils à exercer une liturgie » (*Or*. XI, 134 : ἔτι ζῶντες εἰσάγοντες εἰς τὸ λειτουργεῖν τοὺς παῖδας). Par ailleurs, des orphelins de père risquaient eux aussi d'être inscrits au nombre des curiales pour empêcher une baisse d'effectif de la *Boulè*. Le cas est rapporté par Basile de Césarée qui évoque la situation délicate d'un enfant à peine âgé de trois ou quatre ans (*Ep*. 84, 2 : οὔπω τέταρτον ἔτος ἀπὸ γενέσεως ἄγοντα) : son grand-père ayant obtenu une exemption du fait de son grand âge, il avait été ordonné que l'enfant, orphelin de père et de mère, lui succédât au Conseil (κελεύσας τοῦ βουλευτηρίου μετέχειν), ce dont Basile s'indigne car, de fait, c'est le grand-père qui sera forcé d'accomplir les tâches personnelles en principe exigibles du petit garçon : « Car ce n'est pas, je suppose, le petit enfant qui fera partie des bouleutes, qui prélèvera les impôts ou qui fournira aux soldats leur solde, mais il faudra à nouveau que les cheveux gris du malheureux vieillard soient déshonorés. » (Οὐ γὰρ δή που τὸ παιδίον εἰς βουλευτὰς συντελέσει ἢ ἐκλέξει τὰς εἰσφορὰς ἢ στρατιώταις χορηγήσει τὸ σιτηρέσιον, ἀλλ᾽ ἀνάγκη πάλιν τοῦ ἀθλίου γέροντος τὴν πολιὰν καταισχύνεσθαι.) En effet, selon la

législation, il fallait être âgé d'au moins dix-huit ans pour être en droit d'accomplir un *munus personale* (Cod. Theod. XII, 1, 19 ; Cod. Iust. X, 41, 1 ; X, 42, 5 ; X, 42, 7).

22. **§6** Le silence des curiales afflige Libanios entre autres raisons parce qu'il accrédite les arguments de ceux qui mettent en doute l'efficacité de son enseignement. Libanios consacre tout le discours LXII (*circa* 382 : A. F. Norman 2000, p. 88) à se défendre de ce genre d'accusations.

23. Sur la présence des curiales dans le prétoire du gouverneur, voir *supra*, n. 3.

24. Libanios n'est pas curiale mais à partir de 383 où il reçoit de Théodose un titre honorifique (sur la nature de cette dignité, voir *Or*. XXXVI, n. 23 au § 6), il assiste à des délibérations du Conseil en présence des autorités impériales (P. Petit 1951, p. 290). Ainsi, en 392, le sophiste rappelle à Ioulos, ancien élève élevé un temps au rang de gouverneur à Antioche, l'honneur qu'il lui avait conféré de participer à ces délibérations (*Ep*. 1038, 1) : « Alors que tu siégeais au *Bouleute-rion* avec la *Boulè* qui délibérait, tu lui demandas de m'honorer, moi qui étais à l'extérieur en train de faire classe à mes jeunes gens, et de me faire participer aux délibérations et de toujours en faire de même. » (Ἐν τῷ βουλευτηρίῳ μετὰ τῆς βουλῆς ποτε βουλευούσης καθήμενος ἐκέλευες αὐτὴν τιμᾶν τέ με ἔξω συνόντα τοῖς νέοις καὶ ποιεῖσθαι κοινωνὸν τῶν βουλευμάτων καὶ ἀεί ποτε τοῦτο ποιεῖν.) Mais ses relations difficiles avec certains gouverneurs pouvaient l'écarter de ces réunions. En 388, Eustathios V ne le convie pas à des séances importantes (*Or*. LIV, 74 et commentaire de P. Petit 1951, p. 290). Dans notre discours, Libanios fait justement allusion à une séance où il n'est pas convié.

25. Le fait que certaines délibérations importantes réunissaient l'effectif complet de la *Boulè* indique qu'en temps ordinaire, celle-ci pouvait se réunir malgré l'absence de certains curiales. Voir la notice du discours.

26. Qui sont ces curiales actifs ? Selon B. Schouler 2004, p. 102, il s'agirait de curiales sortis d'une autre école que celle de Libanios ou plus âgés qu'eux et occupant « une situation prééminente » ; l'opposition entre ceux qui parlent et ceux qui se taisent peut effectivement recouper l'opposition entre *principales* et simples curiales (voir *infra*, n. 34). Selon P. Petit 1955, p. 65 et p. 269, il s'agirait plutôt d'*honorati* (sur les *honorati* voir la notice et *Or*. XXXVI, n. 18 au § 5). La réalité n'était cependant peut-être pas aussi tranchée d'autant qu'au § 20, Libanios reconnaît que certains de ses anciens élèves, même s'ils sont trop rares à son goût, expriment leur avis pendant les séances de la *Boulè*. Le groupe des curiales influents pourrait donc, dans les faits, être constitué de ces trois catégories : *principales*, *honorati* et simples curiales usant de leur droit de parole.

27. Sur le verbe λυσιτελεῖν (« être avantageux »), voir *supra*, n. 12.

28. Les curiales qui n'expriment pas leur avis sont rabaissés au rang de serviteurs (οἰκετῶν) qui écoutent leur maître sans broncher. Dans l'*Antiochicos*, de tels curiales sont qualifiés de δοῦλοι : « s'ils ont le nom de Conseil, ils ont le traitement d'esclaves » (*Or.* XI, 140 : ...καὶ τοὔνομα μὲν αὐτοῖς βουλή, δούλων δὲ τὰ πάθη) mais ce terme dépréciatif n'est pas rapporté à ceux d'Antioche, présentés au contraire comme des « esprits libres » (*Or.* XI, 143 : ἐν φρονήμασιν ἐλευθέροις). La comparaison présente ici met l'accent sur le déclassement social qui atteint les jeunes curiales ne remplissant pas leur fonction dignement et n'honorant pas leur titre. La comparaison suivante (§ 7) entre des artisans et ces curiales mutiques est à l'honneur des premiers, toujours prêts à rendre le service demandé, donc à jouer leur rôle, contribuant ainsi à maintenir l'ordre social auquel Libanios est attaché (B. Schouler 1973, p. 120). Savoir rester à sa place et tenir son rang (l'εὐταξία) est en effet une exigence très présente dans la morale du sophiste et qui vaut pour toutes les catégories sociales (voir, par exemple, la phrase conclusive du discours XXXIV). La forme d'esclavage évoquée ici se double d'un esclavage moral : dans le *Περὶ δουλείας* (*Or.* XXV), en héritier de la tradition socratique relayée par le stoïcisme et l'épicurisme, le sophiste considère comme l'esclavage le plus avilissant l'asservissement aux passions. Si le terme n'est pas repris dans la suite de notre discours, Libanios y dépeint tout de même des jeunes gens que leurs différentes passions (danseurs, chevaux, jeu de dés) détournent du travail qui leur permettrait d'assumer leurs responsabilités à l'égard de leurs concitoyens.

29. P. Petit 1955, p. 65, se fonde sur ce passage pour affirmer que la séance de la *Boulè* évoquée ici avait lieu à huis clos car « les amis des curiales et des *honorati* les attendent à la sortie pour savoir comment les choses se sont passées. » Ce n'est pas précisément ce que dit le texte ; de plus, rien ne prouve que ceux qui donnent leur impression sur le déroulement de la séance, une fois les curiales sortis du tribunal, n'aient pas été autorisés à y assister sans pour autant avoir le droit de s'exprimer. Des auditeurs étaient admis au moins à certaines séances (Voir *Or.* XI, 139).

30. §7 Si l'exorde du discours évoquait les pères, vivants ou morts, des curiales silencieux, ici, c'est la figure de la mère qui est au centre de cette vignette sans doute inspirée à Libanios par des souvenirs personnels dont elle présente le négatif : dans *Or.* I, 117, le sophiste dépeint la folle joie de sa propre mère « lorsque je lui rapportais la sueur de mes combats ». Il suffit à Libanios d'une simple notation concrète (« au dîner ») pour susciter dans l'esprit de son auditeur ou lecteur le décor d'un repas partagé au cours duquel un fils, à peine sorti d'une séance du Conseil où il s'est tenu coi, avoue sa déroute et conduit sa mère au désespoir. Seule la mère est présente dans cette scène de la

vie quotidienne, éclipsant tout autre membre de la famille, père, frères ou sœurs, mais aussi épouse, puisque les jeunes gens incriminés avaient l'âge d'être mariés. Ce choix de Libanios est révélateur du rôle qu'il assigne aux mères de famille dans l'éducation et dans la formation de leurs enfants et l'importance à ses yeux de leur contribution civique. Voir sur cette question B. Schouler 1985 et sur ce passage précis B. Schouler 2004, p. 102.

31. Dans ce mouvement du discours, Libanios évoque successivement les personnes, autres que lui-même, qui, dans l'entourage des curiales, comptent sur eux pour tenir correctement leur rôle, et même en dépendent : les mères, dont la réputation est ternie par l'incapacité de leur(s) fils, les petites gens qui n'ont que les curiales pour les défendre face aux représentants du pouvoir central. Les artisans comptent sur ceux qu'ils estiment supérieurs à eux pour les aider alors qu'en fait ils sont les seuls à remplir leur fonction, quand ceux-là même qu'ils admirent en sont bien incapables puisqu'ils ont besoin que d'autres parlent à leur place. Sur le silence des curiales comme raison d'une forme de déclassement social, voir aussi *supra*, n. 28 au § 6.

32. **§8** Les « valets des gouverneurs » sont les *officiales,* fonctionnaires membres de leurs bureaux qui peuvent aussi apparaître dans les textes sous la dénomination de στρατιῶται puisqu'ils étaient revêtus des insignes militaires. On les voit dans *Or.* XLVI, 11-13, exercer leurs méfaits sur des cabaretiers que leur condition rend particulièrement vulnérables. C'est en tant qu'agents des gouverneurs qu'ils ont aussi le pouvoir de malmener les curiales qui montrent leur faiblesse en se taisant. Or, selon Libanios, la fonction de curiale est justement de faire la guerre par la parole aux gouverneurs quand besoin est. La métaphore sociale est riche de sens : les anciens élèves de Libanios sont soumis à des valets. On retrouve ici un reproche déjà implicitement exprimé plus haut (voir *supra*, n. 28 au § 6) : en se taisant au Conseil, ces jeunes curiales se laissent déclasser et donc trahissent leur lignée.

33. Selon B. Schouler 2004, p. 104, ce sont les *principales* qui sont capables d'intimidations et de violences sur autrui, si bien qu'on leur fait la cour alors qu'on méprise les autres curiales. Cette interprétation laisse d'ailleurs supposer que les petits curiales seraient les premières victimes de leurs collègues influents. Elle repose toutefois sur une analyse du texte qui n'est pas la nôtre ; en effet, dans le passage : Οἳ φοβεῖν δύνανται τοὺς τῶν ἀρχόντων ὑπηρέτας, οὓς ὑμεῖς δεδοίκατε. καὶ ἔστιν αὐτοῖς ῥάδιον… (« Ceux-là peuvent effrayer les valets des gouverneurs dont vous, vous avez peur. Il est facile à ces derniers … »), le pronom de rappel αὐτοῖς renvoie plus vraisemblablement au syntagme « les valets des gouverneurs » dont il est plus proche qu'au pronom relatif/démonstratif οἳ désignant les *principales* et qui en est plus éloigné. Certes, plusieurs discours de Libanios véhiculent une image désastreuse de ces πρῶτοι : non seulement, ils laissent les curiales

pauvres vendre leurs terres et quitter le Conseil, mais bien pire, ils achètent eux-mêmes ces terres ou en facilitent l'acquisition par des puissants dont ils favorisent les intérêts (*Or.* XLVIII, 37). C'est pourquoi ils sont désignés comme la cause première de l'extinction de la curie d'Antioche : « ... les premiers de la curie faisant périr les seconds et les troisièmes » (*Or.* XLVIII, 40 : ... ἐν βουλῇ τοὺς πρώτους ἀπολλύντας τοὺς δευτέρους καὶ τρίτους). Le propos est identique dans *Or.* XXXII, 8 où « les plus puissants parmi ceux qui restent pillent les biens des plus faibles» (τῷ τῶν λειπομένων τοὺς ἰσχυροτέρους πορθεῖν τὰ τῶν ἀσθενεστέρων), ces deux discours étant contemporains du nôtre et datant de la seconde moitié de la décennie 80. Ces achats de biens patrimoniaux pouvaient effectivement s'opérer sous la pression (P. Petit 1955, p. 152-153 ; 353). De même, certains *principales* s'illustrèrent par leur cruauté et leur violence à l'égard du petit peuple d'Antioche : ainsi, Candidos, nommé contrôleur des boulangeries par Icarios, le comte d'Orient, fait-il arrêter le vieux boulanger Antiochos sous prétexte qu'il fraude sur le poids de son pain et obtient-il du gouverneur que l'artisan soit fouetté et promené nu et ensanglanté à travers la ville (*Or.* XXIX, 10-11 et P.-L. Malosse 2009, p. 122-123). Cependant, rien ne permet d'affirmer que les πρῶτοι se livraient eux-mêmes à des voies de faits sur leurs collègues inférieurs. Si la flagellation des curiales est interdite par un ensemble de lois (Cod. Theod. 12, 1, 39 ; 80 ; 85), celles-ci ne visent pas les *principales* en particulier. Dans *Or.* XXVIII, 4, Libanios rappelle à Théodose la loi qu'il a promulguée pour interdire que des coups soient portés par les gouverneurs sur les curiales puis il rappelle, aussitôt après, les infractions à cette même loi commises par le comte d'Orient Icarios. C'étaient donc plutôt les « valets » des gouverneurs que les *principales* qui s'adonnaient à de tels actes sur la personne des curiales.

34. Libanios distingue deux catégories de curiales sur le critère de la prise de parole : ceux qui s'expriment et ceux qui se taisent, les premiers ayant acquis gloire, autorité et respectabilité par leur éloquence, les seconds étant méprisés voire malmenés à cause de leur mutisme. La logique du texte conduit à considérer que la première catégorie correspond à celle des *principales*. Libanios simplifie la complexité des relations sociales en faisant dépendre l'influence et le pouvoir des *principales* uniquement du talent et de l'audace oratoire, sans prendre en compte le statut particulier de ces curiales, ni l'influence que leur conféraient une plus grande richesse et de meilleurs appuis politiques. Voir *infra*, n. 77 et B. Schouler 2004, p. 104.

35. §9 Sthénélos, roi d'Argos, fils de Capanée et d'Evadné, participa au siège de Troie avec Diomède, dont il fut l'ami fidèle et dévoué. « Le mot de Sthénélos » est une référence à l'*Iliade* IV, 405. Dans ce chant, Agamemnon passe ses troupes en revue et s'en prend aux deux hommes qui ne sont pas encore descendus de leur char. Pour stimuler

l'ardeur au combat de Diomède, il fait l'éloge de son père Tydée avant de déclarer : « mais le fils qu'il a engendré vaut bien moins que lui au combat, s'il est meilleur en paroles. » Diomède, respectueux de son chef et comprenant son intention, ne réplique pas. C'est Sthénélos qui le fait en prononçant le « mot » auquel Libanios fait allusion sans le citer : « nous nous vantons, nous, de valoir bien mieux que nos pères. » (ἡμεῖς τοι πατέρων μέγ᾽ ἀμείνονες εὐχόμεθ᾽ εἶναι·) Puis il justifie son affirmation en rappelant : « C'est nous qui avons pris Thèbes, la ville aux sept portes », avant de conclure : « Laisse leur gloire à nos pères ! Plus haute, ô combien, est la nôtre ! » De même, dans Hom. *Il.* VI, 479, Hector, au moment de quitter définitivement Andromaque et leur petit Astyanax, souhaite qu'un jour on puisse dire de son fils, de retour du combat, qu'il est « de beaucoup meilleur que son père » (πατρός γ᾽ ὅδε πολλὸν ἀμείνων). Dans l'épopée, dépasser son père appartient donc à l'idéal éthique des héros et se réfère à la valeur guerrière mais de manière plus générale, cette sentence qui traduit la nécessité pour tout homme bien né d'être à la hauteur de sa lignée, et même de lui être supérieur pour ne pas la trahir, est le fondement de la morale aristocratique. Voir sur ce précepte moral chez Homère et sa postérité dans la tradition grecque B. Schouler 1980, p. 1-24. Ce passage de l'*Iliade* devait être assez populaire dans les milieux cultivés pour que Libanios se contente d'y faire référence sans le citer ni même en résumer la teneur. Il y fait plusieurs allusions dans son œuvre et procède parfois à l'inverse d'ici, en citant le mot sans faire mention de Sthénélos (*Or.* XI, 164 et, pour d'autres références, n. 2, p. 145). La force de cette illustration guerrière relève du fait qu'elle rappelle implicitement aux anciens élèves du sophiste que pour lui, le seul combat qui vaille est celui dont l'arme est la rhétorique. Sthénélos est cité à deux autres reprises dans l'œuvre de Libanios (*Ep.* 1462, 2 ; *Decl.* 4, 2, 57), sans référence à son « mot » mais comme simple compagnon de Diomède au siège de Troie.

36. Cette science oratoire du Conseil d'Antioche fait l'objet des § 139-149 de l'*Antiochicos* (*Or.* 11). Libanios y vante la liberté et le pouvoir qu'elle confère aux curiales face aux gouvernants.

37. Les maîtres offrent beaucoup de démonstrations rhétoriques, lesquelles font partie de leurs cours et sont même, selon Libanios, indispensables à l'apprentissage des élèves. Voir *Or.* XXXIV, 26-27.

38. Il en va de l'appartenance à une lignée qui impose le devoir de ne pas déchoir par rapport à ses ancêtres, et même de les surpasser, comme de l'appartenance à une cité dont on se doit de faire fructifier l'héritage.

39. Cette comparaison prépare le motif du traître présent au § 11 (voir *infra*, n. 42).

40. **§10** Phasganios est l'oncle préféré de Libanios, qui, privé de père à l'âge de 11 ans, a tout de même pu suivre un modèle paternel.

Sur ce personnage, voir la notice du discours ; sur la famille de Libanios, voir B. Cabouret 2012b.

41. Sur la famille des Argyrioi à laquelle appartiennent les deux personnages cités dans ce passage, voir A. F. Norman 1954 et B. Cabouret 2006 ; voir aussi la notice du discours.

42. **§11** Les accès de sévérité de Libanios à l'égard des jeunes curiales, transformés en traîtres à la patrie alors que leurs prédécesseurs étaient les remparts de la cité, ont visiblement été influencés par un exercice préparatoire appelé le « lieu commun » (κοινὸς τόπος). Cet exercice consiste, si on suit Aphthonios, à amplifier, dans un contexte judiciaire, des fautes qui ont été prouvées par une démonstration préalable et sont de ce fait incontestables (Aphth., VII, 1). Les auteurs de ces délits sont anonymes et stéréotypés. Hermogène, pour sa part, admet que le lieu commun puisse s'appliquer à un acte de bravoure aussi bien qu'à un acte criminel (Ps.- Herm., *Prog.*, VI, 1). Parmi les accusés figure en bonne place le traître, figure standardisée et récurrente dans les discours d'école, à côté du tyran, du meurtrier ou du voleur sacrilège (Sur la fréquence de certains thèmes dans les problèmes d'école et pour une typologie des personnages les plus utilisés voir M. Patillon 2001, p. XCIV-XCVI). L'un des cinq lieux communs conservés de Libanios est consacré à un traître (*LC*2 : Κατὰ προδότου, « *Contre un traître* »). Dans son développement, Libanios présente le crime de trahison comme le pire des crimes parce qu'il les contient tous ; après avoir évoqué l'adultère, le meurtrier, le sacrilège à l'égard des dieux et des morts, il affirme (§ 14) : « Quand je dis traître, c'est de tous les crimes que je parle car les actes que ces hommes ont commis séparément, à lui seul il les a réunis. » (Προδότην δὲ ὅταν εἴπω, πάντα τὰ ἀδικήματα λέγω · Ἃ γὰρ ἐκεῖνοι διῄρηνται, ταῦτα μόνος συνείληφεν.) Le motif des remparts est lui aussi bien présent dans les exercices d'école : parmi les cinq grands sujets de délibération identifiés par Aristote, ceux qui concernent la guerre et la défense du territoire sont les mieux représentés, avec des questions sur les remparts, leur construction, leur défense ou démolition, l'ouverture des portes... (M. Patillon 2001, p. XCIV). La charge portée par Libanios contre ses anciens élèves peut paraître excessive mais le sophiste disposait avec cette référence commune d'un moyen rapide et efficace de montrer à ceux qu'il visait l'étendue de sa colère et de leur responsabilité à l'égard de la cité entière. Pour les jeunes curiales qui avaient fréquenté sa classe, avaient pratiqué bien des fois ce type d'exercice sous son égide et traité le lieu commun contre le traître, ce mot employé en référence à leur silence coupable était plus riche de sens que pour un lecteur du XXIe siècle ; ce seul vocable traînait à sa suite une série d'incriminations qu'il n'était pas même nécessaire de formuler pour qu'elles soient entendues d'eux.

43. Libanios évoque ici une baisse des effectifs du Conseil. Ce sujet de préoccupation apparaît dans plusieurs discours comme dans *Or*. II, 33 (380/381) : « Au lieu des six cents membres d'autrefois, il n'y en a même pas soixante aujourd'hui. » (Ἀντὶ μὲν ἑξακοσίων τῶν τότε οὐδὲ ἑξήκοντα νῦν.) Ce premier nombre est doublé dans *Or*. XLVIII, 3 : « Lorsque notre Conseil en était un d'importance, il comptait six cents membres ; ces derniers servaient avec leurs biens mais d'autres, aussi nombreux, faisaient ce qui leur était prescrit avec leur personne. » (Ἦν, ὅτ' ἦν ἡμῖν ἡ βουλὴ πολλή τις, ἄνδρες ἑξακόσιοι. Οὗτοι μὲν ἐλει- τούργουν τοῖς οὖσιν, ἕτεροι δὲ τοσοῦτοι τὸ κελευόμενον ἐποίουν τοῖς σώμασι.) Le nombre de mille deux cents est confirmé un peu plus loin dans le même discours (*Or*. XLVIII, 4) : « Nous sommes morts, nous sommes perdus, nous étions six cents et même, par Zeus, deux fois autant, alors que maintenant nous ne sommes pas même soixante. » (Οἰχόμεθα, ἀπολώλαμεν, ἦμεν ἑξακόσιοι ἤ, νὴ Δία γε, δὶς τοσοῦτοι, νῦν δ' οὐδὲ ἑξήκοντα.) P. Petit 1955, p. 53-54 et J. H. W. G. Liebe- schuetz 1972, p. 220-221, fournissent des explications à l'existence de ce second groupe de six cents hommes : P. Petit distingue les « riches, titulaires des *munera patrimonii*, (…) seuls membres de la *Boulè* » des « pauvres, assujettis aux *munera personalia*, simples curiales ». Selon l'analyse de J. H. W. G. Liebeschuetz, le second groupe de six cents était constitué de citoyens accomplissant des « liturgies plébéiennes » plutôt que curiales et qui n'étaient donc pas de véritables membres de la *Boulè*, leurs responsabilités ayant déjà été transférées au moment de la composition du discours aux groupements professionnels. *Or*. XLIX, 8 (de peu antérieur au discours XLVIII selon R. Foerster 1906, p. 450, postérieur à 388 selon A. F. Norman 1977, p. 417) surenchérit sur la baisse d'effectifs : « … nous qui sommes douze au lieu des mille deux cents » (…τοὺς ἀντὶ τῶν χιλίων καὶ διακοσίων δώδεκα).

44. Dans la morale libanienne, « la mort est plus désirable qu'une existence déshonorée » (*Or*. I, 192).

45. §12 Libanios oppose « prétexte légitime » (δικαία πρόφασις) et vraie raison (§13 : τὸ δὲ αἴτιον). B. Schouler 2004, p. 105, signale que cette opposition rappelle le style de Thucydide, dont le sophiste a particulièrement apprécié la lecture de la *Guerre du Péloponnèse* dans une édition soignée (*Or*. I, 148-150). L'expression δικαία πρόφασις se rencontre aussi dans *Or*. XXXIV, 25.

46. Les parents, tels qu'ils sont représentés dans ce discours, sont irréprochables : les pères aussi bien que les mères sont attachés à la gloire que leurs fils peuvent gagner à être de brillants orateurs et ils ont veillé à leur éducation. Le discours XLIII en présente une tout autre image : les parents, et plus particulièrement les pères, y sont complices des défections de leurs enfants pour éviter d'avoir à payer les maîtres (*Or*. XLIII, 7).

47. Le livre est l'instrument indispensable à l'acquisition de la *paideia*. Voir *Or.* XXXIV, n. 77 au § 16 et, pour des éléments de synthèse, R. Cribiore 2010.

48. Sur le recrutement géographique des élèves de Libanios, voir R. Cribiore 2007, p. 95-100.

49. **§13** Il existe de nombreuses occurrences chez Libanios du substantif τὸ διδασκαλεῖον au singulier (« l'école ») comme par exemple dans *Or.* XXXIV, 14. Ici, on pourrait penser que Libanios emploie le pluriel ἐν μὲν τοῖς διδασκαλείοις parce qu'il prend en compte le fait que ses élèves ont fréquenté une autre école avant la sienne. Les déplacements des garçons étaient en effet monnaie courante à l'époque. Cependant, la suite du paragraphe évoque le sérieux des élèves dans leurs études ; or, si Libanios sait comment les jeunes curiales se sont comportés quand ils étudiaient, c'est qu'ils étudiaient avec lui. Par ailleurs, on connaît le goût du sophiste pour l'emploi du pluriel là où on s'attendrait à trouver un singulier : voir *Or.* XXXVI, n. 1 et n. 7 au § 3. La traduction « à l'école » est donc préférable à « dans les écoles ».

50. De bonnes dispositions naturelles doivent être entretenues par un travail constant. Sur leur nécessaire association, voir R. Cribiore 2007, p. 129-134.

51. L'idée qu'il faut continuer à travailler même après avoir quitté l'école est récurrente chez Libanios (R. Cribiore 2007, p. 153). Le substantif σύγγραμμα désigne aussi bien une composition rédigée en vue d'un discours qu'un livre. Les deux acceptions du terme concorderaient avec les idées de Libanios : soit il reproche aux curiales de ne plus s'exercer à composer de discours ; soit il leur reproche de ne plus lire les discours des auteurs qui, comme Démosthène, servent de modèles.

52. Libanios évoque ici la magie appliquée aux courses de chars. Les passionnés de courses n'hésitaient pas à utiliser les services d'un sorcier pour faire gagner leur équipe de prédilection. Deux substantifs coexistent en grec pour désigner ces experts en magie noire : γόης et μάγος (F. Graf 1994, p. 31-37). Le premier, par son étymologie (γοάω) est associé aux gémissements et aux plaintes ; il met l'accent sur l'oralité, les prières, les incantations et formules magiques, premiers outils du praticien, dont l'importance est signalée dans les textes des papyrus magiques et des tablettes de défixion, notamment sous la forme des noms barbares (M. Martin 2008, p. 44-45). Ici, le sorcier annonce la victoire du cocher voulu, non en tant que devin mais en tant que praticien certain de l'efficacité de l'action mise en œuvre, vraisemblablement un envoûtement des équipes concurrentes par le moyen d'une tablette de défixion (voir *Or.* XXXVI, 15 et n. 65). Six tablettes de ce genre ont été retrouvées enfouies dans l'hippodrome d'Antioche, cinq dans le virage de la *meta prima*, la dernière près de la *meta secunda* (A. Hollman 2003, p. 68). Il existait donc des gens, soit le sorcier lui-même, soit, plus vraisemblablement, des complices, peut-être employés

de l'hippodrome, qui se chargeaient, moyennant finances, d'aller dis-
crètement enfouir ces tablettes d'envoûtement, de préférence la nuit,
aux endroits les plus dangereux pour les chevaux (S. Trzcionka 2007,
p. 41). Cependant, c'est apparemment à une autre pratique lucrative liée
à la magie que Libanios fait allusion dans la suite du paragraphe (voir
infra, n. 55).

   53. Le génitif τῶν γε θεατῶν peut faire l'objet de deux analyses
différentes : soit il s'agit d'un second complément du comparatif « plus
honoré » (τιμιώτερος), lequel serait sous-entendu dans sa forme masculin pluriel accordée au participe substantivé : οἱ τὸν ἱππόδρομον
γεωργοῦντες, soit il s'agit d'un génitif partitif complétant ce même
participe : « ceux des spectateurs qui... ». Notre interprétation de la
suite du texte favorise plutôt la première analyse (voir *infra*, n. 54 et
55).

   54. Sur l'hippodrome d'Antioche, voir J. H. Humphrey 1986 p. 459-
461 et *Or.* XI, note 3 au § 218. Dans *Or.* XLIX, 2, Libanios use de la
même image qu'ici au sujet des *officiales* : γεωργοῦντες τὰ βασίλεια
(« moissonnant l'administration impériale »). Le verbe γεωργέω traduit l'idée d'exploiter un domaine, d'en tirer profit : il existe donc des
individus qui gagnent de l'argent grâce aux courses et que Libanios
désigne uniquement par une périphrase métaphorique (« ceux qui moissonnent l'hippodrome ») alors que tous les autres acteurs de l'univers
des courses figurent dans ce passage de manière explicite : le sorcier,
les spectateurs, les chevaux et les cochers. Or, la référence à ces personnes suit immédiatement celle du sorcier et Libanios souligne qu'aux
yeux des curiales elles sont aussi honorables que ce dernier, ce qui
suggère qu'elles ne le sont pas du tout du point de vue du sophiste. Il
ne s'agit donc vraisemblablement pas de ces spectateurs ordinaires auxquels les curiales chargés de la liturgie de l'*hippotrophia* doivent considération et respect puisque c'est à eux qu'ils offrent ces spectacles —
d'ailleurs, en principe, ces spectateurs ne gagnaient pas d'argent en
assistant aux courses — mais d'individus associés au magicien évoqué
avant eux. Toutefois, M. Casella 2007, p. 109, s'appuyant sur la traduction de A. J. Festugière 1959 qui analyse le génitif τῶν γε θεατῶν
comme un génitif partitif (« ceux des spectateurs », voir *supra*, n. 53),
voit dans « ces spectateurs qui font de l'hippodrome le seul champ
qu'ils cultivent puisque ce dont ils tirent argent, c'est d'exciter d'en
haut les chevaux et, par eux, les cochers des chars » des professionnels
de la « claque ». L'existence d'une claque à Antioche est en effet bien
attestée ; Libanios y fait de nombreuses allusions dans ses textes et,
dans son discours à Timocratès (*Or.* XLI), il met précisément en garde
ce gouvernant (comte d'Orient ou consulaire de Syrie) contre ceux qui
faisaient commerce de leurs acclamations aux personnes influentes.
Cependant, dans ces sources, la claque est presque toujours associée au
monde du théâtre et des danseurs, même si elle l'est sans doute une fois

aux bains dans *Or.* XXVII, 13, comme le laisse à penser l'emploi du substantif εὐφημίαι, récurrent dans un tel contexte. Pour une synthèse sur cette question, voir R. Browning 1952.

55. Par l'absence de conjonction de coordination, le texte établit l'identité des « laboureurs de l'hippodrome » et de ceux qui disent quelque chose d'en haut aux chevaux, versant lucratif de pratiques magiques liées aux courses. L'adverbe « de là-haut » peut faire songer en premier lieu aux gradins et le « quelque chose » prononcé de ces tribunes en direction des coureurs à des exclamations et cris d'encouragement de supporters à la motivation accrue par des enjeux financiers. Or, à ce jour, l'existence d'un système de paris organisés n'a pu être établie. Il est vrai que cette absence d'organisation officielle n'empêchait sans doute pas certains individus de se livrer à des paris de manière informelle comme cela se pratiquait dans d'autres domaines (S. Trzcionka 2007, p. 49) mais Libanios établit un lien direct entre le fait de parler aux chevaux et de gagner de l'argent ; or, parier n'est pas toujours gagner. De plus, le syntagme verbal εἰπεῖν τέ τι frappe par son manque de précision. Pourquoi Libanios ne mentionne-t-il pas plus clairement la teneur de ce qui était dit ? Le style de Libanios est certes souvent allusif. Mais ici, l'expression volontairement obscure traduit plutôt des manœuvres secrètes destinées à assurer la victoire à une couleur en prononçant à l'oreille de ses chevaux des incantations ou formules magiques censées les galvaniser. En effet, les pratiques d'envoûtement étaient si répandues, quel que soit le domaine concerné (amour, économie, jeux… Voir D. Ogden 2009, p. 210-226 ; M. Martin 2010), et si connues du public (voir *Or.* XXXVI, 15 et n. 65), qu'il existait en contrepoint toute une batterie de moyens de protection tels que le port de phylactères ou de gemmes magiques, l'absorption de potions ou l'application sur le corps d'onguents, la répétition incantatoire de formules… Il serait donc très étonnant que pour parer à des attaques venues d'adversaires, les écuries n'aient pas cherché à protéger leurs chevaux et leurs cochers. Les plus à même d'exercer cette magie sur les coursiers étaient les petits employés des hippodromes, les *moratores*, dont la fonction consistait à retenir les chevaux dans leurs stalles avant le départ de la course et pour lesquels des espaces étaient aménagés à cet effet entre les piliers comme cela a été mis au jour dans l'hippodrome de Leptis Magna (J. H. Humphrey, p. 49 et p. 157). Fl. Heintz 1999, p. 91-92, émet l'hypothèse qu'il existait des rebords surélevés, à l'image des marches latérales présentes de nos jours dans les stalles, du haut desquels ce personnel pouvait plus facilement faire son office et, d'un même mouvement, s'approcher des oreilles des chevaux pour y glisser des formules magiques. Nous savons en effet que ces employés pouvaient être suspectés de sorcellerie : dans *Or.* I, 161-162, Libanios rapporte comment il fut appelé à témoigner en faveur de Philoumenos, un ancien assistant, dans un procès pour sorcellerie qui

impliquait aussi un groupe d'individus tous liés au monde des courses, ce qui le plaça « au milieu de nombreux cochers, de nombreux palefreniers et de ceux dont le travail est d'ouvrir les portes aux chars » (ἐν μέσῳ πολλῶν μὲν ἡνιόχων, πολλῶν δὲ ἱπποκόμων, οἷς τε ἔργον ἀναπεταννύναι τοῖς ἅρμασι τὰς θύρας). Cette proximité avec les chevaux devait offrir à ces gens modestes un moyen plus sûr de gagner quelque argent que toute forme de pari pour les spectateurs. Comme la seule chose qui intéresse les curiales est de faire gagner tel conducteur sur tel autre, ces individus comptent plus pour eux que les Antiochéens à qui ils offrent les spectacles de courses. Les propriétaires de chevaux ou ceux qui avaient la charge de les entretenir pouvaient eux-mêmes, avant la course, tenter d'annuler les effets néfastes de pratiques magiques : ainsi, dans La vie d'Hilarion, récit hagiographique composé par Jérôme de Stridon (St Jérôme) à la fin du IVᵉ s., un certain Italicus demande à Hilarion de protéger ses chevaux des invocations démoniaques proférées contre eux par un magicien au service de son concurrent. Il leur fera gagner la course en les aspergeant, ainsi que les cochers et les barrières de départ, de l'eau remise par le saint homme (Jér., Hil., 11, 3-11).

56. Les curiales ont conservé le goût de la lutte et de la victoire des grands curiales du passé mais le terrain où ils l'exercent a changé ainsi que leurs modèles : aux luttes du Conseil, ils préfèrent celles de l'hippodrome ; à leurs pères, ils préfèrent les sorciers et consorts monnayant le trucage des courses. Pour des curiales, à qui leur naissance impose des devoirs moraux, « vaincre » ces individus peu estimables sur leur terrain signifie être pire qu'eux dans leur moralité et leurs goûts. En revanche, dans le domaine de la parole où ils devraient exceller, ils ne connaissent que des défaites puisqu'ils se taisent.

57. §14 On peut déduire de ce passage que les chevaux appartenaient personnellement aux curiales chargés d'organiser les courses de l'hippodrome (M. Casella 2007, p. 109).

58. §15 Les métaphores médicales sont récurrentes chez Libanios. Elles s'appuient sur l'analogie entre passions et maladies, motif fondateur de la philosophie stoïcienne mais déjà présent chez Aristote (De An., I 403a) et Platon (R. IV, 439 c-d) qui considèrent les passions comme des phénomènes pathologiques liés au corps. Les conseils prodigués par le sophiste-médecin sont censés opérer comme un baume ou un médicament (φάρμακον : § 28) et apporter la guérison (ἴασις : §1, §16).

59. Comme le note A. J. Festugière 1959, p. 488, n. 2, on rencontre ce tour constitué par l'emploi de l'article neutre complété par un participe au génitif dans Or. XXXIV, 6 et Or. XLIII, 19.

60. L'attitude de ses anciens élèves rejaillit sur Libanios et l'atteint moralement comme un père peut être atteint par l'attitude de ses enfants

tout au long de leur existence. Sur la figure du « professeur-père », voir R. Cribiore 2007, p. 138-141.

61. La Fortune est ici synonyme de naissance. Sur la Τύχη, voir *Or.* XXXIV, n. 81 au § 17.

62. Le vêtement dans l'Antiquité est un puissant marqueur social. Les conventions imposent à chacun de se vêtir selon son rang et son statut. Certaines lois instaurent même interdits et obligations en la matière. C'est ainsi qu'une loi de 382 fixe les tenues à Constantinople, distinguant nettement celles réservées aux sénateurs de celles autorisées aux bureaucrates et aux esclaves (Cod. Theod. XIV, 10, 1). De même, l'usage de l'or dans les paragaudes ornant les tuniques est réglementé par deux lois de 369 puis de 382 (Cod. Theod. X, 21, 1-2) : Valens, dans la première, réserve la fabrication des tuniques à bordure d'or ou de soie brodée d'or aux gynécées impériaux et leur port aux dignitaires et dames de la cour ; dans la seconde, Théodose défend aux particuliers d'en posséder (*DAGR*, s.v. « Paragaude », p. 322-323). Renoncer à ses vêtements habituels revient à rompre avec son milieu et à opérer un changement radical d'existence, notamment dans le cas de conversions au christianisme comme par exemple pour Julia Eustochium (Jér., *Ep.* 22, 27 ; R. Delmaire 2003, p. 88 pour d'autres références). À l'intérieur des maisons, c'était moins la forme du vêtement que sa couleur, sa richesse et sa sophistication, ainsi que l'étoffe employée, qui faisait la différence entre maîtres et serviteurs, revêtus alors de tuniques : selon les goûts de l'époque, elles pouvaient être en soie brodée, de couleurs bigarrées pour les premiers, sans parement et de couleur naturelle pour les seconds (R. Delmaire 2003, p. 89-90 ; 92-98). Sur l'évolution du vêtement et le passage progressif du style romain au style byzantin du IIIᵉ au VIᵉ s., voir M. G. Houston 1977, p. 120-161.

63. Parler comme des serviteurs est indigne d'un curiale. Sur l'argument du déclassement social qui irrigue tout le discours, voir *supra*, n. 28 au § 6.

64. §16 Démosthène, premier modèle de l'éloquence parfaite, était l'orateur le plus lu et le plus imité dans les classes de rhétorique grecque. Sur son importance dans les programmes scolaires, voir *Or.* XXXIV, n. 68 et n. 69 au § 15.

65. Les corrections dont les élèves pouvaient bénéficier de la part du sophiste sont aussi évoquées dans *Or.* XXXIV, 16.

66. Au sujet de la métaphore médicale, voir *supra*, n. 58 au § 15.

67. Τοὔνομα est employé ici comme le synonyme de προσηγορία présent au § 2 en référence au « titre » de curiales. C'est d'ailleurs τοὔνομα qui dans *Or.* XI, 140, s'oppose au substantif πάθη pour montrer que des conseillers muets désavouent leur nom en acceptant de subir un sort d'esclaves (…καὶ τοὔνομα μὲν αὐτοῖς βουλή, δούλων δὲ τὰ πάθη). Dans la morale libanienne, le nom doit correspondre à la chose.

68. **§17** Le jeu de dés est le roi des jeux de hasard et d'argent :
Thalassios, le secrétaire de Libanios, est un homme vertueux qui n'a
jamais « amputé ses ressources (οὐσία) ni aux dés, ni dans la boisson,
ni dans le libertinage » (*Or.* XLII, 7 : οὔτε ἐν κύβοις οὔτε ἐν πότοις
οὔτε ἐν λαγνείᾳ). Cette distraction apparaît condamnable aux yeux des
moralistes chrétiens comme païens : Libanios (*Or.* I, 39 ; *Or.* XLII, 7 ;
Decl. 1, 168 ; *Decl.* 34, 34) et Jean Chrysostome (par ex. *In Mat.*, 58,
583, 2 ; *In Joan.* 59, 478, 15 ; *De hyp.* 68, 26 ; 70, 1) l'associent souvent à l'ivresse, aux théâtres et aux mimes qu'on y représente, voire
à la prostitution. On y joue généralement avec trois dés et les règles
s'énoncent au début des parties : les joueurs définissent ensemble les
figures ou les totaux à obtenir selon le type de dés choisi. Comme
les enjeux étaient parfois importants et que l'on redoutait la tricherie,
on utilisait un gobelet de lancement et une tour de jeu, comme dans une
scène représentée sur la mosaïque de Yakto mise au jour à Daphné, près
d'Antioche (C. Breyer 2010, p. 104-107).

69. Libanios évoque ici les grossièretés dues à la colère et à la
déception provoquées par de mauvais tirages au jeu de dés, qui s'ac-
compagnaient d'insolences à l'égard des dieux. Le joueur embrasse les
mœurs et les mauvaises habitudes des cercles de jeux qu'il fréquente.
Par ailleurs, bagarres et échanges de coups pouvaient se produire entre
joueurs (C. Breyer 2010, p. 105).

70. Le mot ὀρχηστής couvre en grec un spectre beaucoup plus
large que sa traduction française. Il peut se rapporter à un éventail très
varié d'activités dans lesquelles l'expression corporelle entre en jeu,
notamment comme art de la μίμησις. C'est pourquoi son emploi peut
prêter à confusion : en effet, si les acteurs de pantomimes sont appelés
danseurs, les mimes comportent aussi des parties dansées et les deux
genres peuvent avoir en commun des sujets empruntés à la mythologie,
traités sur un mode sérieux dans le premier cas, satirique ou débridé
dans le second (V. Malineau 2005, p. 150-152). L'allusion précédente
au jeu de dés entraînant des comportements impies, puis celle à venir
du monde des courses de chevaux, peut faire pencher l'interprétation
plutôt du côté des spectacles de mimes, plus populaires et grossiers,
mais il ne peut être exclu que les jeunes curiales aient eu un penchant
partagé pour ces deux genres de divertissement. Cependant, dans
Or. XXVI, 23, Libanios évoque le luxe « des danseurs et des mimes »
(ὀρχησταῖς τε καὶ μίμοις) en distinguant les deux professions. Selon
B. Schouler 2004, p. 105, c'est aux pantomimes que Libanios ferait
allusion dans ce passage de notre discours. Le mot ὀρχηστής est
connoté péjorativement chez Libanios, mis à part dans son *Éloge des
danseurs*, qu'on peut considérer comme un exercice oratoire consistant
à fournir une réponse contradictoire à un discours critique d'Aelius
Aristide dont le texte ne nous est pas parvenu. Leur influence ne peut
être que néfaste. Dans *Or.* XIX, 28, les fauteurs de l'émeute de 387 sont

« ces gens qui donnent aux danseurs le pas sur le soleil, la lune et les nuées elles-mêmes » (οἱ καὶ ἡλίου καὶ σελήνης καὶ νεφῶν αὐτῶν τοὺς ὀρχουμένους προτιθέντες). L'anathème est exprimé sans détour dans *Or*. XXVI, 23-24 : « … les danseurs et les mimes par lesquels sont corrompus les hommes libres, corrompus les esclaves, les jeunes gens et les vieillards (…) Car enfin, il n'y a pas de pire calamité que ces fléaux, pas même les assassins. » (… ὀρχησταῖς τε καὶ μίμοις, ὑφ' ὧν χείρους μὲν ἐλεύθεροι, χείρους δὲ οἰκέται καὶ νέοι καὶ γέροντες (…) Τούτων γὰρ τῶν ὀλέθρων οὐ μεῖζον κακὸν οὐδὲ ἀνδροφόνος.) Païens et chrétiens se rejoignent dans la condamnation morale de cette profession (V. Malineau 2005, p. 152).

71. Les jeunes gens ont la langue impure car ils parlent comme des serviteurs des mêmes sujets et sont parfois grossiers et impies.

72. §18 Libanios fait preuve de réalisme, de psychologie et de pédagogie dans les conseils qu'il prodigue en admettant que certains ne puissent renoncer complètement à l'objet de leurs passions. Il persévère dans la condamnation de ces activités dommageables mais prône un équilibre. Si ces activités restent limitées au cadre restreint des loisirs sans envahir tout l'espace mental des jeunes gens ni les détourner de leurs responsabilités civiques, elles sont tolérables. Sinon, elles les aliènent. Tout est affaire de mesure. Libanios invite ici ses anciens élèves à faire preuve de σωφροσύνη (voir *Or*. XXXIV, n. 20 au § 3).

73. « Aiguiser sa langue » (θήξας τὴν γλῶτταν) est une image empruntée au domaine de la guerre, la langue étant considérée comme une arme. On la rencontre déjà chez Eschyle sous la forme : λόγοι τεθηγμένοι (Esch., *Prom.*, 311).

74. « Chanter avec les coqs » — le tour est peut-être proverbial — constitue une règle de vie partagée par Libanios et Julien. Dans *Or*. XII, 94, Libanios loue l'empereur qui « chante bien avant les oiseaux » (σὺ δὲ ᾄδεις πολὺ πρότερος τῶν ὀρνίθων) et consacre ses veilles au travail en compagnie des livres ou de ses discours. Dans *Or*. I, 109, Libanios évoque sa propre capacité de résistance au sommeil (τὸ ὕπνου περιεῖναι) qui lui permet de composer de nombreuses déclamations au grand dam d'Acacios. Le travail nocturne est un motif de la *philoponia* ou « amour du travail » (voir B. Schouler 1984, p. 967-968 et *Or*. XXXIV, n. 10 au § 2).

75. Le livre est l'instrument indispensable de la formation rhétorique, soit, comme ici, dans une relation directe avec un étudiant, soit par l'intermédiaire d'un maître : le verbe λαμβάνω traduit le fait d'y puiser son savoir. Dans *Or*. XXV, 46, Libanios définit le sophiste dans sa fonction d'enseignant comme un passeur qui reçoit l'éloquence des livres pour ensuite la donner à ses élèves : διδούς τε λόγους καὶ λαμβάνων, λαμβάνων μὲν ἐκ βίβλων, διδοὺς δὲ ἀπὸ στόματος (« …il dispense l'éloquence et la recueille ; il la recueille dans les livres et la dispense par sa bouche », traduction B. Schouler 1973, p. 205). Le

couple de verbes διδόναι/λαμβάνειν rend compte de la relation enseignant/enseigné déjà chez Platon (*Prot.*, 336C ; *Ph.*, 270E ; B. Schouler 2004, p. 111). Chez Libanios, on retrouve ce même vocabulaire à plusieurs reprises comme dans *Or.* XIX, 5 où la cité d' Antioche est admirée entre autres raisons du fait que « la rhétorique y est dispensée et reçue et qu'il y en a qui veulent recevoir son enseignement et d'autres aptes à le prodiguer » (...τοῦ λόγους ἐν αὐτῇ καὶ δίδοσθαι καὶ λαμβάνεσθαι καὶ εἶναι τούς τε παιδεύεσθαι βουλομένους τούς τε παιδεύειν δυναμένους). Sortis de la classe de rhétorique, les anciens élèves soucieux de conserver leurs acquis ou dont c'est le devoir, comme pour les curiales, doivent maintenir cette relation aux livres en se passant désormais de l'intermédiaire du maître.

76. §19 Le syntagme αἰτίας κρείττονα peut être interprété de deux manières différentes, selon le sens accordé au substantif αἰτία. B. Schouler 2004, p. 107, le traduit par « plus forte que l'accusation » tout en reconnaissant (n. 49) que la traduction de A. J. Festugière 1959, p. 488 : « au-dessus de tout reproche » est défendable. C'est cette dernière interprétation qui nous semble préférable du fait de l'absence d'article devant le substantif αἰτίας. De plus, au regard du contexte, il est probable que Libanios se concentre dans la première partie de ce paragraphe sur les qualités à rechercher dans les discours par un travail régulier : beauté, fluidité, vivacité et correction mettant la langue « au-dessus de tout reproche ». En effet, un peu plus haut, le sophiste a fait référence aux fautes des jeunes curiales qu'il se devait de corriger, preuve qu'ils pouvaient encore progresser de ce point de vue (§ 16). C'est dans la suite du passage que sont énoncées les conséquences positives, matérielles et sociales, d'un usage assuré de la rhétorique : les curiales pourront éviter à leur ancien maître l'accusation d'être un mauvais formateur et à eux-mêmes l'accusation d'impuissance.

77. Libanios présente ici les profits strictement matériels d'une éloquence bien maîtrisée au sein du Conseil ; ce qu'il garantit à ses anciens élèves comme prix de leurs efforts renvoie à l'origine sociale des curiales et à une richesse basée sur la propriété foncière. De même, dans *Or.* XXIII, 21, les discours « préservent la richesse et mettent fin à la pauvreté » (πλοῦτον δὲ φυλάττουσι, λύουσι δὲ πενίαν). D'autres textes contredisent cette vision idyllique et montrent les risques d'endettement courus par les curiales sans lier ce problème à leur mutisme à la *Boulè* (voir *supra*, n. 15 au § 4). Jean Chrysostome (*De in. gl.*, 4-7) montre lui aussi, dans un tableau contrasté, la déchéance d'un curiale passant d'une vaine gloire à la misère ; celui-ci se désespère de ses pertes financières après avoir prodigué quantité d'or et d'argent, chevaux, vêtements, esclaves et toutes ces choses, et avoir épuisé plusieurs fortunes » (Μετὰ δὲ τὸ πολὺ δαπανῆσαι χρυσίον καὶ ἀργύριον, ἵππους, ἱμάτια, παῖδας καὶ πάντα ἐκεῖνα καὶ κενῶσαι πολλὰς οὐσίας) puis est contraint de mendier en pleine agora (ἐν μέσῃ ἐπαιτῆται τῇ

ἀγορᾷ). Selon la finalité de leurs discours, les orateurs éclairent l'un ou l'autre versant de l'activité de curiale. De fait, Libanios use ici d'un raccourci : il n'existe pas de lien direct entre l'éloquence au Conseil et l'enrichissement des curiales. C'est plutôt l'inverse qui est attesté, la richesse garantissant l'influence au Conseil, comme il est dit dans *Or*. LXII, 39 (année 382) où Libanios déplore que les curiales riches monopolisent le droit de parole au détriment des plus démunis. Dans *Or*. XI, 144, Libanios évoque la répartition de la curie d'Antioche en trois corps, appelés « symmories » dans *Ep*. 1176, 1, la direction de chaque symmorie étant attribuée « aux meilleurs » (τοῖς ἀρίστοις), c'est-à-dire à ceux « qui savent déployer leurs efforts dans l'intérêt de leur groupe » (ἐπισταμένοις ὑπὲρ τοῦ μέρους πονεῖν). Or, selon Petit, il pourrait s'agir de « classes de type censitaire » (P. Petit 1955, p. 86), les curiales étant répartis selon leur niveau de fortune. Cette analyse, partagée par A. F. Norman 1958, est contestée par J. H. W. G. Liebeschuetz 1972, p. 171. Voir sur ce point C. Saliou 2016, p. 137-138, n. 1 au § 144 d'*Or*. XI. Voir aussi *supra,* n. 33 et 34 au § 8.

78. **§20** L'agriculture et l'athlétisme font partie des activités considérées par Libanios comme analogues à l'enseignement et à la formation intellectuelle. Elles lui offrent tout un répertoire de comparaisons. On notera la paronomase ou emploi de mots phonétiquement proches ἀγρὸν/ἀργόν. Ce procédé appartient aux « figures gorgianiques », à côté des membres de phrases de longueur égale ou de structure parallèle (ἰσοκωλία), les antithèses dans le contenu ou l'expression (ἀντιθέσεις) et les effets de rimes (ὁμοιοτέλευτα) (L. Pernot 2000, p. 34). Libanios en fait un usage modéré.

79. Hom., *Il.,* XIII, 276-286. Idoménée, le vieux chef Crétois, croise non loin de sa baraque dont il sort à peine, son serviteur Mérion. Ce dernier croit bon d'expliquer pourquoi il a quitté le champ de bataille : il a besoin d'une lance de bronze et, trop loin de sa propre baraque, il comptait en prendre une dans celle d'Idoménée. Le vieil homme le rassure : il sait que son intention n'était pas de s'exclure du combat car il connaît sa valeur et sait que son courage ne faiblirait pas même pendant une embuscade ; or, c'est là qu'on distingue le mieux le valeureux guerrier du lâche. Les maux dont sont affectés les hommes vils au cours de ces opérations sont détaillés aux vers 279-283 : il s'agit de manifestations physiques de la peur (changements de couleur, piétinement, palpitations cardiaques, entrechoquement des dents).

80. **§21** Chez Libanios, l'enseignement de la rhétorique est assimilé à un culte rendu aux Muses et la classe à un sanctuaire (*Or*. III, 35 : τῶν περὶ λόγους ἱερῶν (…) μιαίνων ταῖς Μούσαις τὸ χωρίον ; *Or*. XI, 188 : Μούσαις τε ἱερὰ πολυτελῶς οἰκοδομεῖσθε ; *Or*. LVIII, 4 : ἔξω τοῦ τεμένους τῶν Μουσῶν ; *Or*. LVIII, 14 : τὸ τῶν Μουσῶν … χωρίον). Sur l'ambiguïté du terme *Mouseion*, désignant une école ou un sanctuaire des Muses, voir C. Saliou 2015a, p. 48-49. Quant

à ceux qui ont été formés à la rhétorique, ils appartiennent au chœur
des Muses (*Ep.* 172, 1 : ἐν τοῖς Μουσικοῖς χοροῖς) ; ils ont fréquenté
leurs prairies (*Ep.* 154, 1 : ἐκ Μουσικῶν λειμώνων) ou leurs jardins,
soit pour s'y abreuver (*Ep.* XVIII, 3 : ἐν Μουσῶν κήποις πιὼν) soit
pour y bondir (*Ep.* 85, 1 : σκιρτήσας ἐν Μουσῶν κήποις). L'empereur
Julien a quant à lui tout mis en œuvre pour que le domaine des Muses
reverdisse (*Or.* XVIII, 160 : παρεσκεύασε τὰ τῶν Μουσῶν χλοῆσαι).
Les Muses sont parfois associées à Hermès, dieu protecteur de la rhétorique (*Or.* II, 46 : τρεψαμένων μὲν τὸν Ἑρμῆν, τρεψαμένων δὲ τὰς
Μούσας) ou à Hermès et Apollon (*Or.* XX, 51 : Μουσῶν τε καὶ
Ἑρμοῦ καὶ Ἀπόλλωνος). Calliope, divinité tutélaire d'Antioche (*Or.* I,
102), est la seule Muse à être nommément citée par Libanios (à douze
reprises). Une telle sacralisation de l'enseignement n'est toutefois pas
propre à Libanios ; on la rencontre fréquemment à l'œuvre chez son
contemporain Himérios (*Or.* 10, 31-35 ; *Or.* 34, 3 ; 7 ; 20 ; *Or.* 35,
3-6 ; 71 ; *Or.* 54, 25 ; *Or.* 61, 4 ; *Or.* 69, 51-53) qui n'hésite pas à
développer ces métaphores pour en faire le cadre d'une *lalia* entière
(*Or.* 66). Au-delà du paganisme de Libanios et d'une potentielle valeur
religieuse, ces images comportaient surtout une part de convenu. Sur
leur emploi, voir R. Cribiore 2007, p. 57-58.

81. Le terme νόμοις se rapportant ici à un ensemble de moyens mis
en œuvre en vue d'une efficacité pédagogique, il a été traduit par le
français « règles » plutôt que par « lois », ce dernier substantif étant
réservé aux νόμοι qui s'apparentent plutôt à des impératifs moraux.

82. Outre *Bouleuterion*, le terme le plus souvent employé par
Libanios pour désigner son école est διδασκαλεῖον comme dans
Or. XXXIV, 14 (Voir *supra*, n. 49 au § 13 et C. Saliou 2015b,
p. 98-103). Le mot γυμνασίον, employé par ailleurs au pluriel dans la
prose scolaire et les déclamations, y désigne des gymnases dans le
contexte culturel classique propre à ce type de littérature ; ailleurs,
Libanios l'emploie aussi au sens d'« exercices physiques » (*Or.* LIX,
36 ; 46 ; *Decl.* 1, 73). Notre discours présente la seule occurrence du
terme au singulier précédé d'un article défini pour nommer l'école
d'Antioche. Son emploi implique et nécessite un rapport de connivence
entre le sophiste et son public lettré capable d'établir des rapprochements entre διδασκαλεῖον et γυμνασίον. Les fonctions dévolues au
gymnase dans la civilisation hellénique ont beaucoup évolué avec le
temps : de clubs sportifs souvent complétés par des thermes, ils sont en
effet devenus par la suite « de vraies universités, des centres actifs
de la vie politique, religieuse et sociale » (J. Delorme 1960, p. 3) dispensant une formation intellectuelle et servant de cadre à des démonstrations oratoires ; cette évolution du gymnase n'est cependant pas
attestée avant le cours du IIIᵉ s. av. J.-C. dans les documents épigra-
phiques (J. Delorme 1960, p. 316-336 ; P. Scholz 2004, p. 111-124).
Outre la fonction intellectuelle commune à l'école et au gymnase, le

rapprochement entre ces deux lieux peut être justifié par la dimension cultuelle qui les unit : si Libanios sacralise l'enseignement de la rhétorique (voir *supra*, n. 80) et mentionne souvent Hermès comme dieu de l'éloquence (B. Schouler 1984, p. 657), ce dieu était aussi le protecteur des gymnases et il y faisait l'objet d'un culte (C. Trombetti 2006, p. 49-53).

83. Le principe d'un *curriculum* identique pour tous est affirmé et développé dans *Or*. XXXIV, 15-16.

84. §22 Les exercices de composition exigés des élèves étaient fréquents, réguliers et parfois jugés trop répétitifs par certains (*Or*. XXXIV, 15). Les tablettes servaient de support à ces entraînements intensifs que le sophiste corrigeait lui-même (*Or*. XXXIV, 16 et n. 80).

85. On rencontre la même image dans *Or*. XLVII, 37, au sujet d'une loi réglementant le patronage mais qui n'est pas appliquée : « Quel avantage présentent les écrits quand rien ne les distingue de personnages dessinés dont aucune action ne procèderait ? » (῍Η τί τὸ κέρδος τῶν γραμμάτων, ὅταν μηδὲν διαφέρῃ τῶν γεγραμμένων ἀνθρώπων παρ' ὧν γένοιτ' ἂν οὐδέν ;)

86. §23 Dem., *Or*. 4, 1. Ce prologue de la *Première Philippique* fait l'objet de plusieurs commentaires stylistiques dans le corpus hermogénien (Ps.-Herm., *Inv*. IV, 2, 10 ; Herm., *Id*. I, 11 ; II, 10) ; dans les deux derniers passages cités, il est opposé au prologue de l'*Archidamos* d'Isocrate pour faire apparaître plus clairement les défauts de ce dernier. Ces deux prologues reposent sur une thématique commune : la prise de parole à l'assemblée d'un jeune homme devançant ses aînés. Le passage de Démosthène auquel Libanios fait référence faisait donc partie des morceaux choisis les plus connus et étudiés en classe de rhétorique. Le droit de parler partagé par tous au sein du Conseil d'Antioche est affirmé dans *Or*. XI, 145 : dans ce tableau idyllique, les curiales les plus âgés encouragent les plus jeunes à prendre de l'assurance et à parler. Pour sa part, Julien condamne le manque d'éducation au respect des aînés qui entraîne une parole trop libre chez les jeunes Antiochéens (*Mis*. 27, 356 a-d).

87. §25 La suite du paragraphe permet d'identifier l'homme dont il est question ici à Libanios lui-même. En effet, il conseille aux curiales de profiter de cet homme tant qu'il est en vie pour acquérir l'aisance rhétorique nécessaire à des interventions publiques. Or, on ne voit pas qui d'autre que Libanios serait susceptible de prodiguer des conseils propres à garantir de tels progrès. Enfin, la disparition de ce même homme empêcherait les jeunes curiales encore peu autonomes de faire appel à lui pour prendre la parole à leur place au cours de certaines séances du Conseil. Or, on sait que le sophiste adressait des discours à la *Boulè* (voir *Or*. XXXI par exemple), pouvait la convoquer lui-même avec d'autres curiales (*Or*. LVI, 30), s'y présenter de manière impromptue (*Or*. LVI, 31) ou être officiellement invité par un

gouverneur à se joindre aux délibérations (*Ep.* 1038, 1 ; voir aussi *supra*, n. 24 au § 6). Dans l'évocation de ces jeunes gens appelant à l'aide leur ancien maître pour parler à leur place, il faut sans doute faire la part d'une volonté manifeste de les infantiliser et, encore une fois, de l'exagération rhétorique, mais il est très plausible que Libanios ait parfois exprimé ce qu'à son avis les curiales avaient tort de taire ou qu'au moins il les ait conseillés sur les propos à tenir avant une réunion du Conseil.

88. Cette ambassade à Pluton pourrait fournir un beau sujet de déclamation. Doit-on y lire une réminiscence littéraire des *Grenouilles* d'Aristophane où Dionysos part chercher Euripide aux Enfers ou, dans un registre plus grave, de l'hymne à Déméter où Zeus envoie Hermès auprès d'Hadès dans le but de ramener Perséphone, ou à d'autres textes encore ? Quoi qu'il en soit, le propos de Libanios, en faisant s'entre-choquer mythe et réalité, est de réveiller les jeunes curiales : celui à qui ils demandent de parler à leur place est un vieil homme des conseils duquel ils doivent profiter tant qu'il est encore là. On imagine aisément le parti qu'un sophiste pourrait tirer d'un sujet comme celui proposant de composer le discours des curiales à Pluton. Les discours d'ambassade étaient en effet travaillés à l'école ; ils constituent un type de déclamations où se conjuguent rhétorique épidictique et délibérative. De Libanios, nous en avons conservé trois, dont la matière est emprun-tée à l'*Iliade* (*Decl.* 3 : « Discours d'ambassade de Ménélas aux Troyens » ; *Decl.* 4 : « Discours d'ambassade d'Ulysse aux Troyens » ; *Decl.* 5 : « Réponse d'Achille au discours d'ambassade d'Ulysse »).

89. La correction apportée par R. Foerster qui a substitué au parti-cipe aoriste des manuscrits κτησαμένους le participe futur κτησομέ-νους se justifie par la proximité de trois syntagmes qui se répondent du fait que dans chacun d'entre eux figure un terme de la famille du verbe δύναμαι : après avoir reproché aux jeunes curiales sortis de sa classe leur « incapacité à parler » (τῷ μὴ δύνασθαι λέγειν), Libanios les invite à s'atteler au travail rhétorique dans le but d'acquérir cette capa-cité (τοῦ λέγειν κτησομένους δύναμιν). Puis il rappelle la nécessité de la posséder (τὸ μὲν δύνασθαι λέγειν ἀναγκαῖον). La double occur-rence du même infinitif à laquelle s'ajoute l'emploi du substantif de même racine n'est pas arbitraire ; Libanios aborde bien à trois reprises la question de la capacité oratoire et il serait contradictoire qu'il recon-naisse à ses anciens élèves, par l'emploi du participe aoriste κτησαμέ-νους, des aptitudes dont il vient juste de regretter le manque.

90. §27 Le polyptote λόγος/λόγους souligne la mise en abyme qui caractérise ce passage : le discours prononcé par Libanios vante comme la plus belle des choses les discours courant en ville sur les discours qu'on y a prononcés !

91. §28 Il est implicite que ces jeunes curiales d'autres cités prennent la parole dans leur Conseil.

92. Les deux traits caractéristiques du lièvre, tel qu'il est représenté dans bon nombre de textes de la littérature ancienne depuis Aristote, sont sa capacité de reproduction exceptionnelle et sa couardise (L. Bodson 1978, p. 68 et p. 76 pour les références textuelles). Dans son discours *Sur la Couronne* (*Or.* 18, 263), Démosthène traite de lièvre son adversaire Eschine : « ... dans le bonheur de la patrie, tu menais une vie de lièvre, craignant et tremblant... » (... εὐτυχούσης μὲν τῆς πατρίδος λαγὼ βίον ἔζης δεδιὼς καὶ τρέμων...). Rien ne prouve, dans la structure de phrase, que les jeunes curiales des autres cités et ceux qui traitent les destinataires du discours de lièvres soient les mêmes personnes.

93. La *Boulè* organisait elle-même des ambassades qu'elle envoyait à l'empereur et dont elle choisissait les membres. Y participer représentait un honneur ; du moins est-ce cet aspect des choses que Libanios met en lumière (voir aussi *Or.* XI, 147). Pourtant, le voyage jusqu'à Constantinople puis le séjour à la cour occasionnaient certaines difficultés, ce qui explique les lettres de recommandation écrites par le sophiste en faveur des curiales qui endossaient cette responsabilité. Les ambassades avaient « un double objet : répondre à des nécessités d'Empire et défendre des intérêts locaux » (P. Petit 1955, p. 263). Au nombre de ces « nécessités » figurent la célébration de l'avènement d'un prince, de ses anniversaires et victoires, ou le versement de l'or coronaire. Sur les ambassades, voir P. Petit 1955, p. 263-267.

94. L'éloge des portiques qui ornent la cité d'Antioche occupe une bonne place dans l'*Antiochicos* (*Or.* XI, 196-218) ; mais ici, Libanios établit une hiérarchie entre la valeur morale de la *Boulè* et la beauté des édifices. Le plus bel ornement d'Antioche serait des curiales courageux et éloquents.

SUR LES MALÉFICES

DISCOURS XXXVI

NOTICE

I. DATE ET CIRCONSTANCES DU DISCOURS

La convergence d'une série d'indices internes et externes au texte impose de dater ce discours de l'année 386.

La concordance du discours et du *Bios*

Des événements graves dont Libanios a été victime sont à l'origine de ce discours. Le sophiste ne rappelle pas les faits ; cette narration serait inutile puisque toute la ville, ou presque, est déjà informée de ce qui s'est passé : « … lorsque la conspiration fut connue et que, pour ainsi dire, toute la cité eut entendu raconter le méfait[1] ». Mais il s'attarde sur la nature de l'outrage subi : celui-ci relève de la magie noire. Libanios a été la cible de « sorciers » (ἀνθρώποις γόησι[2] ; γόητας[3]) qui ont machiné et mis en œuvre contre lui « un maléfice » (φάρμακα[4]) dont l'instrument, évoqué à la fin de l'exorde, était « un caméléon » (χαμαιλέοντας[5]). Cette indication concrète apporte

---

1. *Or.* XXXVI, 1 : τὸ τῆς ἐπιβουλῆς ἐγνωσμένης καὶ πάσης ὡς εἰπεῖν τῆς πόλεως δεδεγμένης τὸν περὶ τοῦ κακουργήματος λόγον.
2. *Or.* XXXVI, 1.
3. *Or.* XXXVI, 3.
4. *Or.* XXXVI, 3.
5. *Or.* XXXVI, 3. Pour l'emploi du pluriel dans ces syntagmes, voir note 1 au § 1 et note 7 au § 3.

aux lecteurs une information très utile pour rattacher ce discours à un épisode de la vie de Libanios bien connu par ailleurs grâce au *Bios* qui le rapporte assez longuement. Mieux vaut laisser la parole à Libanios lui-même pour rendre compte de l'événement :

« Ce mal ancien qui avait frappé ma tête, provoqué par la foudre, reparut après seize ans de rémission, plus pénible. Il commença aussitôt après la grande fête qui rassemble tous les sujets des Romains[6]. J'avais peur d'avoir une crise en chaire devant les élèves réunis, j'avais peur aussi quand j'étais couché, tous mes jours étaient pleins d'amertume, je remerciais la nuit qui me donnait le sommeil et à l'arrivée du jour le mal revenait. Si bien que je demandais aux dieux de me donner la mort pour toute faveur et rien ne me laissait espérer que la maladie ne détruirait pas ma raison. Au moment même où j'écris, cela ne s'est pas encore produit, mais il ne m'est pas possible d'avoir confiance en l'avenir (…). J'étais dans cet état quand me vint le rêve suivant : je crus voir des gens sacrifier deux enfants et déposer l'un des cadavres dans le temple de Zeus derrière le portail. Comme j'étais indigné de ce sacrilège envers Zeus, on me disait qu'il en serait ainsi jusqu'au soir et que le soir venu, on l'enterrerait. Cela paraissait démontrer l'action de philtres (φάρμακα) et de sortilèges (μαγγανεύματα) ainsi que des manœuvres hostiles de la part de magiciens (πόλεμον ἀπὸ γοήτων ἀνδρῶν). L'effet ne tarda pas à se faire sentir, avec ces angoisses dont j'ai parlé, et un seul désir, celui de mourir. J'en parlais à chacun de mes visiteurs et dans mes prières aux dieux. Je détestais celui qui me parlait de bains, je détestais celui qui me parlait de manger, je me détournai des livres qui ont recueilli les travaux des anciens, je cessai d'écrire et de composer mes discours, je cessai de parler et pourtant les élèves me le demandaient à grands

---

6. « La grande fête qui rassemble tous les sujets des Romains » est la fête des calendes de janvier, soit les fêtes du Nouvel An.

cris. À chaque tentative que je faisais en ce sens, j'étais repoussé en arrière comme une barque par un vent contraire, et, tandis que les élèves espéraient m'entendre, moi je restais silencieux. Les médecins me conseillaient de chercher ailleurs la guérison, car leur art ne disposait d'aucun remède pour ce genre de choses. Il leur semblait, ainsi qu'aux autres, que la même cause expliquait ce double symptôme encore jamais vu chez moi d'une goutte me faisant souffrir hiver comme été[7], ce qui permettait à ceux qui venaient me visiter de dire que le lendemain je serais mort. Dans les autres villes on me croyait même mort et l'on en demandait confirmation à nos nombreuses ambassades. Parmi mes amis, il y en avait qui m'engageaient et s'engageaient eux-mêmes, à attaquer certaines gens qui passaient pour être experts en ce genre de choses, mais je ne partageais pas ce sentiment et je les retenais en leur disant qu'il fallait plutôt prier que porter des accusations à propos de ces machinations obscures. Cependant, il y eut la découverte d'un caméléon (χαμαιλέων ἀναφα-νείς) venu je ne sais d'où, dans ma salle de conférences. C'était un caméléon d'un grand âge (πολὺς μὲν τούτῳ τῷ χαμαιλέοντι χρόνος) et il était mort depuis plusieurs mois, mais nous avons vu sa tête posée entre ses pattes de derrière, l'une de ses pattes antérieures manquait, et l'autre fermait sa bouche pour l'inviter au silence. Cependant, même après de telles révélations, je ne mis aucun nom en rapport avec cette découverte, mais une crainte sembla avoir frappé ceux qui avaient quelque chose sur la conscience, car ils relâchèrent leur pression et je pus moi-même de nouveau me mouvoir[8]. »

Ce passage du *Bios* éclaire le discours XXXVI et ses allusions à des sorciers et à un caméléon. Libanios fut donc victime, d'après lui, d'une défixion ou *katadesmos*,

<hr />

7. La goutte qui, en général, faisait souffrir Libanios plutôt l'été se déclencha cette fois-là en hiver.

8. *Or.* I, 243-250. Traduction P. Petit 1979, p. 189-191.

pratique magique répandue visant à lier ou immobiliser une ou plusieurs personnes de manière à les priver de toute liberté d'agir. Dans ce cas précis, on ne retrouva pas dans sa salle de classe de tablette portant le texte gravé de l'envoûtement mais un caméléon desséché ; celui-ci avait été utilisé dans le cadre de pratiques de magie sympathique, cette magie consistant, pour les praticiens, à transmettre à leur victime l'état de l'objet ou du petit animal utilisé dans leur rituel, ici un caméléon incapable de se mouvoir puisque privé d'une de ses pattes avant, incapable de parler puisqu'ayant la bouche obturée par cette patte arrachée et privé de l'usage de sa tête, celle-ci ayant été coupée et placée à l'arrière du corps, entre les pattes[9].

Les deux textes se recoupent : postérieurs à la découverte du caméléon, ils témoignent du retour de Libanios aux démonstrations oratoires, même si dans le discours XXXVI il affirme en avoir perdu le goût, ainsi qu'à l'enseignement puisque Libanios a retrouvé ses élèves, premiers destinataires du discours comme le prouve l'apostrophe initiale : ὦ νέοι[10] (« jeunes gens »). De même, leur proximité avec l'événement est patente. Libanios est encore marqué par ce qui s'est passé ; dans le *Bios*, il affirme : « Au moment même où j'écris, cela [la destruction de la raison par la maladie] ne s'est pas encore produit, mais il ne m'est pas possible d'avoir confiance en l'avenir ». Le début du discours XXXVI le montre « incapable de secouer [ses] liens[11] » ; il se clôt sur l'expression d'un mal-être tenace que le tableau ci-dessous détaillera[12]. De plus, le propos du discours qui deviendra son *leitmotiv* est écrit au parfait : Οὕτω γὰρ ἂν φανείην οὐ δίκην

9. Cet épisode a été largement commenté dans C. Bonner 1932, p. 36-39 ; L. Cracco-Ruggini 1996, p. 159-166 ; G. Marasco 2002, p. 209-211 ; F. Maltomini 2004, p. 147-153.
10. *Or*. XXXVI, 2.
11. Voir n. 4 au § 3.
12. *Or*. XXXVI, 15.

δεδωκώς, ἀλλ᾽ ἠδικημένος[13] (« C'est ainsi en effet qu'il apparaîtra que je n'ai pas reçu de juste châtiment mais que je suis victime d'une injustice »).

Le *Bios* et le discours XXXVI évoquent dans des termes proches les souffrances psychologiques de Libanios, atteint d'une forme de dépression, sa perte de goût pour ses activités habituelles ainsi que son désir de mourir.

Bios	*Or.* XXXVI
Je demandais aux dieux de m'accorder la mort pour toute faveur… L'effet [des maléfices signifiés par le rêve] ne tarda pas à se faire sentir, avec ces angoisses dont j'ai parlé, et un seul désir, celui de mourir…	§3 : Incapable de secouer mes liens, ce qui me fait me lamenter et préférer la mort à la vie… §15 : Je n'aspire plus aux discours (…) mais à la mort, aux funérailles et au tombeau.
Je détestais celui qui me parlait de bains…	§ 15 : Les uns considèrent qu'il n'y a rien de terrible à ce qu'on m'ait abattu, les autres qu'il est même très bien (…) que (…) j'aie du mal à supporter qu'on mentionne le bain…
Je me détournai des livres qui ont recueilli les travaux des anciens, je cessai d'écrire et de composer mes discours…	§ 15 : Je n'aspire plus aux discours ni aux démonstrations.

On notera cependant que les extraits mis en regard ne sont pas rédigés au même temps : le *Bios* utilise le passé quand le discours XXXVI use du présent. On serait tenté, à partir de cette simple remarque, de considérer le discours XXXVI comme antérieur à l'autobiographie.

13. *Or.* XXXVI, 3.

Cependant, il faut tenir compte du fait que, dans le *Bios*, Libanios parle au passé pour évoquer son état avant la découverte du caméléon — celle-ci semble d'ailleurs entraîner *de facto* une amélioration de sa santé physique et mentale —, alors que, dans le discours XXXVI, il décrit le même état mais après la mise à jour de l'envoûtement.

Il est donc difficile de situer les paragraphes 243-250 du *Bios* et le discours XXXVI l'un par rapport à l'autre. Nous nous arrêterons sur un seul indice qui tend à prouver que le discours a été composé avant ce passage de l'autobiographie. Il nous est fourni par l'écart de tonalité entre les deux textes : dans le *Bios*, Libanios raconte avec une certaine distance les épreuves traversées, tandis que le discours XXXVI le montre comme à vif dans une péroraison où le *pathos* éclate. Et si dans le *Bios*, il ne manifeste pas un grand désir de savoir qui est à l'origine de ses malheurs mais a l'air de se contenter d'avoir recouvré la santé[14], le discours XXXVI ne cesse d'affirmer le fort sentiment d'injustice qui l'anime et de s'intéresser à la question des coupables.

L'année 386

Le récit du *Bios* nous livre, dès son début, une indication chronologique importante : c'est après une rémission de seize ans que Libanios situe le retour de ses maux de tête, préliminaires à cette crise de goutte qui dépassa en intensité toutes celles qu'il avait jusqu'alors traversées

---

14. *Or.* I, 250 : Ἀλλ' ὅμως οὐδ' ἐπὶ τηλικούτοις τοῖς ἀποκεκαλυμμένοις ὄνομά τινος ὑπῆγον τῷ φανέντι · δέος μέντοι μοι ἐδόκει τοὺς αὐτοῖς τι συνειδότας εἰσελθεῖν, καὶ τοὺς μὲν ὑφεῖναι τῆς συνεχείας, ἐμοὶ δὲ αὖθις ἐγγενέσθαι κινεῖσθαι. (« Cependant, même après de telles révélations, je ne mis aucun nom en rapport avec cette découverte, mais une crainte sembla avoir frappé ceux qui avaient quelque chose sur la conscience, car ils relâchèrent leur pression et je pus moi-même de nouveau me mouvoir. »)

au point qu'il ne fut plus en mesure d'assurer son office de professeur pendant une période assez longue.

L'autobiographie et certaines des lettres de Libanios sont riches pour nous d'informations sur son état de santé[15]. Au cours de son existence, ces deux maux : les migraines et la goutte, l'affectèrent de manière récurrente. On sait que les premières furent provoquées par la foudre qui le frappa à l'âge de vingt ans, en 334. La lettre 727 en porte un témoignage précis : « Mon affection de la tête qui est ancienne — car j'en fus frappé à l'âge de vingt ans[16]... » ; quant à la goutte, c'est à l'âge de cinquante ans qu'il en fit la première douloureuse expérience, ce qui l'empêcha d'assister aux jeux Olympiques d'Antioche de 364 : « Vinrent là-dessus nos jeux Olympiques. J'avais cinquante ans et un très vif désir de voir la cérémonie. À peine avais-je jeté un coup d'œil sur le début de la fête que me voici comme prisonnier : (…) j'étais alors pour la première fois frappé d'une forte et pénible attaque de goutte[17]... » Les périodes les plus pénibles pour Libanios furent celles où ces deux affections le frappèrent de concert, comme en cette année 364, début de quatre années difficiles : « Les médecins s'avouaient vaincus et pour me consoler, disaient que la maladie était passée de la tête aux pieds : ce qui était mauvais pour les pieds serait bénéfique pour la tête. Mais c'étaient des sornettes, car le mal qui tenait ma tête restait là-haut, tandis que mes pieds, bien loin de soulager ma tête, comme s'ils lui transmettaient une partie de leurs propres maux, ne faisaient

15. Pour une synthèse sur les problèmes de santé de Libanios, voir M. E. Molloy 1996, p. 28-35 et B. Lançon 2014, p. 291-298 et 302-304.

16. *Ep.* 727, 1 : Τὸ δὲ τῆς κεφαλῆς κακὸν ἀρχαῖον ὄν, εἴκοσι γὰρ ἔτη γεγονὼς ἐπλήγην...Voir aussi *Or.* I, 9.

17. *Or.* I, 139 : Τὰ δὲ ἐπὶ τούτοις ἦν μὲν Ὀλύμπια τὰ παρ' ἡμῖν · ἔτος δὲ ἐμοὶ πεντηκοστόν, ἐπιθυμία τε τῆς πανηγύρεως ὑπερφυής. Παρακύψας δὲ ἐπὶ τὰ πρῶτα τῆς ἑορτῆς δεσμώτης ἦν (…), ποδάγρα τότε πρῶτον πολλή τις ἐπιπεσοῦσα καὶ χαλεπὴ ...

qu'aggraver son état[18]. » Il connut un soulagement relatif en 368 : « Cette tempête eut le dessus pendant quatre ans, puis, grâce à un serviteur, je trouve du secours auprès du toujours secourable, du grand Asclépios, (...) il y eut quelque mieux, mais le mal ne fut pas totalement extirpé[19]. » L'année 371 fut marquée par une rémission plus nette et plus longue, celle-là même qui nous intéresse pour dater l'épisode du caméléon, aussi bien de la goutte[20] que des migraines[21]. En novembre 371, Libanios avait déjà recouvré sa pleine santé, ce qui lui permit d'accueillir Valens à Antioche, de « supporter l'éclat des armes et des dragons et, en même temps, le bruit mêlé des instruments[22] » puis de lui offrir, un peu plus tard, un panégyrique. Cette heureuse période était appelée à durer seize ans. Le discours XXXVI peut donc être daté avec

18. *Or.* I, 140 : Ἰατροὶ δὲ νενικῆσθαι μὲν ὡμολόγουν, παρεμυθοῦντο δὲ μετατιθέντες ἀπὸ τῆς κεφαλῆς ἐπ' ἐκείνους τῷ λόγῳ τὴν νόσον · τὸ γὰρ αὐτὸ ποσὶ μὲν κακόν, τῇ δὲ ἔσεσθαι ἀγαθόν. Ἦν δὲ ἄρα τοῦτο φλυαρία, ἐπεὶ τό γε ἐκείνην κατειληφὸς εἴχετο τῶν ἄνω, καὶ τοσοῦτόν γε ἀπέσχον οἱ πόδες ὀνῆσαί τι τὴν κεφαλήν, ὥστε ὥσπερ ἂν ἀπὸ τῶν ἐν αὐτοῖς κακῶν μοῖράν τινα ἐκεῖσε πέμψαντες χαλεπώτερα τἀκείνης ἐποίησαν.

19. *Or.* I, 143 : Καὶ ὁ κλύδων οὗτος ἔτη τέτταρα ἐπεκράτει. Καὶ καταφεύγω δι' οἰκέτου πρὸς τὸν ἕτοιμον ἀμύνειν, τὸν μέγαν Ἀσκληπιόν, (...) ἦν μέν τι κέρδος · οὐ μὴν παντελῶς γε ἐξελήλατο τὸ κακόν.

20. *Or.* I, 143 : Καὶ ἦν μὲν ἔτος ἕβδομον ἐπὶ τοῖς πεντήκοντα λῆγον ἤδη, τρισὶ δ' ἐνυπνίοις ὁ θεός, ὧν τὼ δύο μεθημερινώ, μέρος οὐ μικρὸν ἑκάστῳ τοῦ νοσήματος ἀφῄρει καὶ κατέστησεν εἰς τοῦτο ὃ μήποτε ἀφέλοιτο. (« Et vers la fin de la septième année après ma cinquantième, au cours de trois rêves, dont deux en plein jour, le dieu [Asclépios] m'enleva à chaque fois une bonne partie de mon mal et m'accorda un état de santé que je ne voudrais plus perdre. »)

21. *Or.* I, 173 : Καὶ μαντικῇ μὲν οἶδα χάριν, ἥ μοι τὴν κεφαλὴν ἐν πρᾳοτέροις κατέστησεν, ὅτῳ τε χρηστέον καὶ ὅτῳ μή, φράζουσα … (« Je rends grâce à la mantique qui améliora mes maux de tête en me disant ce qu'il fallait faire et ne pas faire … »)

22. *Or.* I, 144 : … τὴν αἴγλην τήν τε ἀπὸ τῶν ὅπλων τήν τε ἀπὸ τῶν δρακόντων, ἠχώ τε ὀργάνων ὑπέμεινα συμμιγῆ …

certitude de l'année 386. Tous les éditeurs, traducteurs et
commentateurs de ce discours s'accordent sur ce point.

La référence aux calendes de janvier comme période de
déclenchement des maux de tête nous entraîne à essayer
de situer le discours plus précisément dans l'année 386.
Libanios, dans son autobiographie, montre que pendant la
période où il n'eut à souffrir que de ses migraines, il
continua à enseigner, malgré ses angoisses de tomber de
sa chaire. Ce n'est que lorsque la goutte s'en mêla qu'il
renonça aux *logoi*. Le récit ne précise pas combien de
temps dura cette absence de l'école, mais le discours
XXXIV, daté de 387, peut nous apporter sur ce point un
éclairage bienvenu. En effet, à l'élève qui se plaint de la
fermeture prolongée de sa classe, Libanios rétorque :
« Or, je me demande ce que tu aurais fait si mon mal
avait duré autant de jours que bien souvent, alors que cette
fois sa rémission a été rapide : car au lieu de dix-huit
jours, je suis resté cloué au lit trois fois moins longtemps
grâce à l'aide des dieux [23]. » La crise de 387 fut donc
exceptionnellement courte par rapport aux crises antérieures et donc par rapport à celle de 386 dont on peut
supposer qu'elle immobilisa Libanios pendant environ
trois semaines. Le discours XXXIV facilite donc l'interprétation du *Bios* dans lequel Libanios relève que pour la
première fois de sa vie, il souffrit de la goutte « l'hiver
comme l'été » (χειμῶνός τε καὶ θέρους), ce qui ne signifie pas que la crise commencée en janvier 386 dura six
mois mais plutôt qu'elle fut la première à se déclencher
en plein hiver, contrairement aux autres. On se souvient
que la première attaque de goutte eut lieu juste avant les
jeux Olympiques de 364, donc en plein été.

23. *Or.* XXXIV, 21 : Θαυμάζω δέ, τί ἂν ἐποίεις ἐφ' ὅσας οὐκ
ὀλιγάκις ἡμέρας ἐκταθέντος μοι τοῦ κακοῦ, ὁπότ' ἐν ἀπαλλαγῇ
ταχείᾳ · ἀντὶ γὰρ ἡμερῶν ὀκτωκαίδεκα τὸ τρίτον μέρος τῆς κλίνης
δεδέημαι βοηθείᾳ τῶν θεῶν.

Puisque le discours a visiblement marqué le retour de Libanios à la vie sociale et que partant du premier janvier, il faut ajouter la vingtaine de jours que dura son immobilisation, on peut affirmer que le *Sur les maléfices* fut composé dans les premiers mois de l'année 386.

II. Destinataires du discours

L'intention de Libanios est de prouver que quels que soient leur extraction sociale ou le corps de métier auquel ils appartiennent, ceux qui sont à l'origine de l'envoûtement n'avaient aucune raison d'être aussi cruels à son égard. Pour le prouver, il rappelle quelle fut sa ligne de conduite à l'égard de tous les groupes de population d'Antioche (πρὸς ἕκαστον τῶν ἐθνῶν τῶν ἐν τῇ πόλει) ; c'est donc la cité entière qui est visée. Cependant, l'apostrophe initiale du discours montre que seuls les élèves de Libanios forment ses auditeurs directs.

III. Analyse du discours

Dans sa forme, le discours *Sur les Maléfices* se distingue par l'absence de narration après l'exorde. On peut trouver la raison de cette particularité dès la première phrase du texte où Libanios rappelle que toute la cité a déjà entendu le récit de ses malheurs et n'a manifesté que peu d'intérêt pour le sujet. Par ailleurs, le discours est assez bref, ce qui traduit l'état de découragement du sophiste qui, comme il le dit lui-même dans la péroraison, n'aspire plus ni aux discours, ni aux démonstrations oratoires.

EXORDE (1-3)

1-2. Libanios se plaint de l'indifférence avec laquelle ses concitoyens ont entendu parler des maléfices qu'il a subis. Il oppose cette passivité à la saine colère et au désir de vengeance éprouvés par ses élèves.

3. Le propos du discours et son plan sont annoncés : il s'agit de détromper les générations futures et de se disculper d'une possible accusation d'avoir provoqué ces actes par des actes commis antérieurement ; la démarche suivie consistera à rappeler quelle attitude bienveillante le sophiste a toujours eue à l'égard de chaque groupe de population d'Antioche.

ARGUMENTATION (4-13)

L'argumentation a donc une structure énumérative, Libanios passant en revue chacun de ces groupes dans l'ordre suivant :

4.	Le petit peuple, les ouvriers, les artisans,
5-6.	Le Conseil,
7.	Les avocats,
8-9.	Les élèves,
10-13.	Les autres professeurs d'Antioche.

PÉRORAISON (14-15)

Libanios dénonce l'ingratitude des Antiochéens à son égard et exprime son amertume et son découragement.

IV. ÉDITIONS ET TRADUCTIONS ANTÉRIEURES

L'édition *princeps* du *Sur les maléfices* est celle d'Antoine Bongiovanni en 1754 à Venise : *Libanii Sophistae Orationes XVII* (p. 166-175). Elle est fondée sur le *Marcianus gr.* VIII 9.

En 1766, elle a été révisée par J. Reiske dans le vol. V de ses *Animadversiones ad graecos auctores* (p. 559-563) puis, en 1793, dans le tome II de son édition des *Libanii Sophistae Orationes et Declamationes* (p. 307-315).

Le discours a finalement été publié en 1906 par R. Foerster dans le volume III de *Libanius Opera, Orationes XXVI-L* (p. 227-235).

Des corrections au texte ont été proposées par C. G. Cobet dans *Collectanea critica* en 1878 (p. 131) et par C. Sintenis dans la marge d'un exemplaire de l'édition de J. Reiske conservé dans la bibliothèque du Gymnasium Francisceum de Zerbst. Ces annotations ne sont pas datées.

Il existe deux traductions dans des langues modernes de ce discours : celle de A. J. Festugière dans son *Antioche païenne et chrétienne* de 1959 (p. 453-458) et celle de A. F. Norman dans *Antioch as a Center of Hellenic Culture as observed by Libanius* en 2000 (p. 26-131).

INDEX SIGLORUM

A   *Monacensis gr.* 483 sive *Augustanus* saec. x-xi
C   *Chisianus* R VI 43 (gr. 35) saec. xiv
I   *Marcianus gr.* VIII. 9 (collec. 1038)
P   *Palatinus gr.* 282 saec. xiv
V   *Vindobonensis phil. gr.* 93 saec. xiv

Codd. = consensus ACVPI

SUR LES MALÉFICES

1. Ma plus grande cause de chagrin, ce sont les machinations et les manœuvres de sorciers[1*] pour m'atteindre
au moral et au physique, mais ce qui n'a pas non plus une
petite part dans mon découragement, c'est que lorsque
la conspiration fut connue et que, pour ainsi dire, toute la
cité eut entendu raconter le méfait, certains — et pas en
petit nombre —, qui passaient pour être des amis, se trou-
vèrent en notre présence, mais soit ne daignèrent pas
même dire ou entendre un mot de l'affaire, soit le firent
de si mauvaise grâce qu'ils se distinguaient peu des premiers. **2.** Pourtant, leur devoir aurait justement été, si du
moins je les avais retenus alors qu'ils voulaient en parler,
de me désobéir sur ce point précis et d'avoir toutes les
réactions que suscite un tel acte[2]. Mais ces personnes-là,
jeunes gens, suivent leur pente en se montrant sous un tel
jour, alors que vous, vous mériteriez d'être loués pour la
colère que vous avez éprouvée à l'égard de ces actes et
pour vous être irrités de ne pas en connaître l'auteur. Car
il me semble que vous pourriez[3] même n'attendre ni tribunal ni jugement mais tous user de vos poings en guise
d'action publique. **3.** Incapable de secouer mes liens[4], ce
qui me fait me lamenter et préférer la mort à la vie[5], je

---

* Voir Notes, p. 147.

ΠΕΡΙ ΤΩΝ ΦΑΡΜΑΚΩΝ

1. Ἡ μὲν μεγίστη μοι λύπη τὰ κατὰ τῆς ἐμῆς ψυχῆς
τε καὶ σώματος ἀνθρώποις γόησι μεμηχανημένα τε καὶ
τετελεσμένα, οὐ μικρὸν δὲ εἰς ἀθυμίαν οὐδὲ τὸ τῆς ἐπιβουλῆς ἐγνωσμένης καὶ πάσης ὡς εἰπεῖν τῆς πόλεως
δεδεγμένης τὸν περὶ τοῦ κακουργήματος λόγον συντυγ-   5
χάνειν μὲν ἡμῖν τινας οὐκ ὀλίγους εἶναι δοκοῦντας
φίλους, τούτων δὲ τοὺς μὲν μηδὲ ἀξιοῦν τι περὶ τοῦ
πράγματος ἢ λέγειν ἢ ἀκούειν, τοὺς δ᾽ οὕτως ἀηδῶς,
ὥστε ἐγγὺς ἐκείνων εἶναι. **2.** Καίτοι δίκαιόν γε ἦν αὐτούς,
εἴ γε λέγειν βουλομένους ἐπεῖχον, τοῦτό γε ἀπειθεῖν μοι   10
καὶ κεχρῆσθαι πᾶσιν οἷς περὶ τοιοῦτον ἄξιον. Ἀλλ᾽
οὗτοι μὲν αὐτοῖς ἀκολουθοῦσιν, ὦ νέοι, τοιοῦτοι δεικνύ-
μενοι, ὑμᾶς δ᾽ ἄν τις εἰκότως ἐπαινέσειε καὶ τῆς ὀργῆς
ἣν ἐπὶ τοῖς πεπραγμένοις ἐσχήκατε καὶ τοῦ χαλεπαίνειν
ὅτι μὴ τὸν δεδρακότα ἴστε. Δοκεῖτε γάρ μοι μηδ᾽ ἂν   15
δικαστήριον ἀναμεῖναι καὶ κρίσιν ἀλλ᾽ ἀντὶ γραφῆς
ταῖς χερσὶν ἅπαντες χρήσασθαι. **3.** Οὐκ ἔχων δὲ ἀποσεί-
σασθαι τὰ δεσμά, καὶ κατὰ τοῦτο στένων καὶ τὸ τεθνάναι πρὸ τοῦ ζῆν ποιούμενος, δέδοικα ἐκεῖνο · μὴ τῶν

Titulus. τῶν om. V.
1. 6 εἶναι ACVI :-ν- in ras. P ‖ 7 τι AP : τί CV.
2. 10 ἐπεῖχον ACVP : ἀπεῖχον I ‖ 12 αὐτοῖς ACP : αὐτοῖς V
αὐτοὺς I.

crains ceci : que des individus des générations futures[6]
— je suppose en effet qu'aucun de ceux d'aujourd'hui
n'ignore mes affaires — en entendant parler de sorciers,
de maléfices et de caméléons[7], ne pensent que cela est le
fait d'hommes qui se vengent de ce que je leur ai fait
subir et qui, certes, enfreignent les lois, mais ont probablement[8] subi quelque préjudice et s'indignent de leur
sort. Il me faut donc m'expliquer et dire comment je me
comporte envers chacun des groupes[9] composant la cité.
C'est ainsi en effet qu'il apparaîtra que je n'ai pas reçu de
juste châtiment mais que je suis victime d'une injustice.

4. Parmi lesquels me faut-il donc chercher celui qui
a fait cela ? Parmi la masse, le peuple, ceux qui vivent[10]
de leurs mains[11] ? Mais mon comportement à leur égard
leur a fait trouver en moi tantôt mieux qu'un père, tantôt
mieux que des fils ou encore que des frères[12] du fait de
ma mansuétude quotidienne et de mes fréquents secours
qui les ont délivrés de grands périls. Tout ce qu'il était
possible de faire pendant ces lourdes levées d'impôts[13] au
moyen du cri et de l'indignation, c'est par moi que cela
a été fait et que les coups des plus forts sur les plus faibles
ont été retenus[14] ainsi que les accès de dureté des
employeurs contre leurs employés ; voilà pourquoi, si
c'est l'un de ceux-là[15] qui s'est avisé de commettre un tel
acte contre ma personne, je suis la victime d'une
injustice.

5. Mais je suis tout autant injustement traité si c'est
l'un de ceux dont la fonction est de siéger au Conseil qui
en est arrivé là. Car qui entre tous ne sait ce que j'ai tout
le temps soit dit, soit fait en faveur de ce Conseil auprès
de ceux qui dirigent la province[16], auprès de ceux qui sont
à la tête de plusieurs provinces, auprès des puissances préfectorales, auprès des maîtres du monde eux-mêmes[17] ?
Et qui ignore cette guerre incessante que je mène en

ὕστερόν τινες ἐσομένων ἀνθρώπων — τῶν μὲν γὰρ νῦν
οὐδένα τἀμὰ ἀγνοεῖν ὑπολαμβάνω — γόητας καὶ φάρμακα καὶ χαμαιλέοντας ἀκούοντες τιμωρουμένων ἀνθ᾽
ὧν ἔπαθον ὑπ᾽ ἐμοῦ νομίσωσι ταῦτα ἀνθρώπων εἶναι
παραβαινόντων μὲν νόμους, εἰκὸς δέ τι παθόντων ὑπὲρ   5
αὐτῶν ἀγανακτούντων. Δεῖ δή με διαλεχθῆναι περὶ
ἐμαυτοῦ καὶ ὅστις ἐγὼ πρὸς ἕκαστον τῶν ἐθνῶν τῶν ἐν
τῇ πόλει. Οὕτω γὰρ ἂν φανείην οὐ δίκην δεδωκώς, ἀλλ᾽
ἠδικημένος.

4. Ἐν τίσι δή με προσήκει ζητῆσαι τὸν τοῦτο ἐργα-   10
σάμενον ; Ἐν τοῖς πολλοῖς καὶ τῷ δήμῳ καὶ οἷς ἦν ἐν
ταῖς χερσὶν ὁ βίος ; Ἀλλ᾽ οὕτω γε προσενήνεγμαι τούτοις, ὥστε τοῖς μὲν ἀμείνων πατρός, τοῖς δὲ παίδων, τοῖς
δὲ ἀδελφῶν γεγένημαι ἡμερότητί τε τῇ καθ᾽ ἑκάστην
ἡμέραν καὶ βοηθείαις πολλαῖς αἳ μεγάλους αὐτοῖς κιν-   15
δύνους λελύκασιν. Ὅσον τε ἦν ἐν ταῖς βαρείαις ταύταις
εἰσπράξεσι βοῇ τε καὶ ἀγανακτήσει γενέσθαι, παρ᾽ ἐμοῦ
γεγένηται πληγαί τε ἰσχυροτέρων εἰς ἀσθενεστέρους
κεκώλυνται μισθωσαμένων τε ἀγνωμοσύναι κατὰ τῶν
αὐτοὺς μεμισθωκότων, ὥστ᾽ εἴ τῳ τούτων τι τοιοῦτον   20
τετόλμηται κατὰ τῆς ἐμῆς κεφαλῆς, ἠδίκημαι.

5. Ἠδίκημαι δὲ καὶ εἰ τῶν τις ἐν τῷ βουλεύειν ὄντων.
ἐπὶ τοῦτο ἧκε. Τίς γὰρ τῶν ἁπάντων οὐκ οἶδεν οἷά μοι
παρὰ πάντα τὸν χρόνον ὑπὲρ τῆσδε τῆς βουλῆς τὰ μὲν
εἴρηται, τὰ δὲ πέπρακται πρὸς τοὺς τὸ ἔθνος ἄγοντας,   25
πρὸς τοὺς πλείοσιν ἔθνεσιν ἐφεστηκότας, πρὸς ὑπάρ-
χων δυνάμεις, πρὸς αὐτοὺς τοὺς ἁπάντων κυρίους ; Τὸν
συνεχῆ τὲ τοῦτον πόλεμον τίς ἀγνοεῖ πρὸς τοὺς ἐν

---

3. 1 μὲν om. V ‖ 6 δή Reiske Foerster : δὲ codd.

4. 10 δή AVPI : δεῖ C ‖ 14 τε om.V ‖ 15 ἡμέραν AVPI : -ρα C ‖
20 αὐτοὺς Foerster : αὐτοὺς V αὐτοῖς ACPI ‖ τούτων τι prop. Sintenis
Foerster : τι τούτων codd. ‖ τοιοῦτον ACPI : τοιοῦτο V.

5. 28 τὲ codd. : δὲ Foerster.

faveur du Conseil contre ceux qui ont occupé des charges publiques[18] ? Ceux-là considèrent ses réussites comme des échecs personnels et ses échecs comme des réussites et ils se constituent en armée pour frapper, attaquer et tantôt dire du mal, tantôt en faire. Bien qu'ils détiennent la plupart de ses biens — comment, ce n'est pas le moment de le dire —, ils s'indignent de ne pas tous les détenir[19]. **6.** Est-il une seule chose que ceux-là[20] n'aient pas entreprise, eux qui voulaient me détacher des autres[21] et faire de moi le chef et le guide de leur faction[22] et annonçaient que je serais tout ce qui existe dans le genre ? Et ce qu'ils m'ont souvent déclaré, je ne le passerai pas sous silence. En effet, ils ajoutaient qu'ils iraient jusqu'à se prosterner[23]. Assurément, cela ne m'a pas convaincu d'abandonner ma position[24] mais, par respect pour mes ancêtres[25], j'ai considéré qu'il m'incombait de rester du même côté en conservant à ceux qui avaient exercé des charges ce que la loi leur accorde et sans les priver de justes honneurs[26], mais en prétendant rester juste à l'égard du Conseil, de sorte qu'eux non plus[27] ne puissent pas porter contre moi ce genre d'accusation[28].

7. Je crois qu'aucun avocat non plus ne pourrait m'adresser ce genre de reproche propre à justifier qu'il m'ait infligé ce châtiment. En effet, il apparaîtra clairement que j'ai toujours tenu devant les gouvernants[29] les propos les plus favorables à leur sujet et quiconque en disait du mal, je l'ai combattu. Et, en parole, il n'en est pas un à qui j'aie jamais reproché de ne pas respecter la loi et, à ceux qui avaient besoin d'avocats, je n'ai jamais non plus conseillé d'en fuir certains et d'en prendre d'autres, parmi eux, pour leur défense, en avançant que les uns ne valaient rien alors que les autres avaient toutes les compétences. Si, dans les salutations, l'un d'eux était plus prompt que moi, j'estimais être dans mon tort et lorsqu'ils étaient souffrants, soit j'allais moi-même les visiter, soit je leur envoyais des gens pour qu'ils m'informent de leur état de santé physique[30].

ἀρχαῖς γεγενημένους ὑπὲρ τῆς βουλῆς πολεμούμενον ;
Οἵ τά τε ἀγαθὰ τὰ αὐτῆς σφῶν αὐτῶν ἡγοῦνται κακά, τὰ
κακὰ δὲ ἀγαθὰ καὶ γενόμενοι στρατόπεδον βάλλουσιν,
ἅπτονται, κακῶς νῦν μὲν λέγουσι, νῦν δὲ ποιοῦσι. Καίτοι
τὰ πολλὰ τῶν ταύτης ἔχοντες, τὸ δὲ ὅπως, νῦν οὐ καιρὸς   5
λέγειν, ὅτι μὴ πάντα ἀγανακτοῦσιν. 6. Οὗτοι τί τῶν
πάντων οὐκ ἐκίνησαν, τῶν μὲν ἀποστῆσαί με βουλόμενοι, ποιῆσαι δὲ τῆς ἑαυτῶν μερίδος ἔξαρχον καὶ ἡγεμόνα
καὶ πάντα τὰ τοιαῦτα ἔσεσθαι λέγοντες ; Καὶ ὃ δὴ πολλάκις εἰρήκασιν, οὐ σιωπήσομαι. Προσετίθεσαν γὰρ ὅτι   10
δὴ καὶ προσκυνήσουσιν. Οὐ μὴν ἐμέ γε ταῦτα λιπεῖν τὴν
τάξιν ἀνέπεισεν, ἀλλ᾽ αἰδούμενος τοὺς ἐμαυτοῦ προγό-
νους μένειν δεῖν ἐπὶ τῶν αὐτῶν ᾠήθην τηρῶν μὲν τοῖς
ἄρξασι τὰ παρὰ τοῦ νόμου καὶ τῶν δικαίων τιμῶν οὐκ
ἀποστερῶν, εἶναι δὲ δίκαιος περὶ τὴν βουλὴν ἀξιῶν,   15
ὥστε τί μοι τοιοῦτον ἐγκαλεῖν οὐδ᾽ οὗτοι δύναιντ᾽ ἄν.
7. Οἶμαι δὲ οὐδ᾽ ἂν τῶν συνδίκων οὐδένα μοι μέμψα-
σθαί τι τοιοῦτον δι᾽ ὃ δικαίως ἂν ἐπὶ ταύτην ἦλθε τὴν
δίκην. Πρός τε γὰρ τοὺς ἄρχοντας ἀεὶ τὰ βελτίω περὶ
αὐτῶν εἰρηκὼς φανήσομαι καὶ ὅστις λέγοι κακῶς, ἐμα-   20
χεσάμην. Γλώττῃ τε [οὐδενὸς] οὐδενὶ πώποτε ἐνεκάλεσα
μὴ τηρεῖν τὸν νόμον τοῖς τε συνδίκων δεομένοις οὐδεπώποτε παρήνεσα τοὺς μὲν φυγεῖν, τοὺς δὲ αὐτῶν προβα-
λέσθαι, τοὺς μὲν οὐδὲν εἶναι λέγων, τοὺς δὲ πάντα δύνασθαι. Ἐν δὲ ταῖς προσρήσεσιν εἴ μέ τις φθάσειεν, ἀδικεῖν   25
ἡγούμην ἔν τε ταῖς ἀσθενείαις, τὰ μὲν αὐτὸς ὡς αὐτοὺς
ᾔειν, τὰ δ᾽ ἔπεμπον τοὺς εἰσομένους οὗ τύχης αὐτοῖς εἴη
τὰ σώματα.

5. 6 μὴ APVI : δὴ Α^{γρ}CP^{γρ}I^{γρ}.
6. 9 alt. καὶ om. V ‖ δὴ ACPI : δὲ V.
7. 18 post δι᾽ ὃ add. καὶ V ‖ 20 λέγοι API : λέγει CV ‖ 21 τε codd. :
δὲ Reiske Foerster ‖ οὐδενὸς del. Foerster ‖ οὐδενὶ codd. : οὐδὲν
Reiske ‖ 23 αὐτῶν ACPI : αὑτῶν V Reiske Foerster ‖ 23-24 προβαλέ-
σθαι ACPI : -βαλλέσθαι V.

8. Soit. Mais est-ce l'un de vous, jeunes gens, qui a commis ce sacrilège[31] ? Certes, il y en a qui, plus d'une fois, se sont comportés à mon égard avec grossièreté en jugeant bon de mettre au premier rang ce qui par nature occupe le second[32]. Cependant, je n'ai pas cherché de châtiment pour cela ni n'en ai infligé alors qu'en infliger un m'aurait été facile si je l'avais voulu[33], mais je les ai laissés être fous et cette folie je l'ai supportée, sans les accuser quand ils ne fréquentaient pas mes cours ni les renvoyer quand ils avaient décidé d'y venir, qu'on appelle cela sottise, inconscience ou clémence, ce qu'on veut, je ne contesterai pas. Qui plus est, je ne les ai négligés ni quand ils étaient malades[34] ni quand ils avaient été mêlés à un désordre par ceux qui se plaisent à insulter les gens de leur âge et que le titre de soldat approvisionne[35] largement en arrogance[36]. Mieux encore, dans ces circonstances, j'ai pris soin d'eux, j'ai été dévoué, j'ai défendu, secouru, soustrait à une lourde main[37]. **9.** Quant à mes pratiques relatives au salaire[38], en est-il un seul qui ne les ait pas admirées, à part parmi les maîtres pour lesquels mon usage[39] a représenté un préjudice, leurs élèves jugeant normal qu'il en aille de même aussi chez eux ? De quoi s'agit-il ? Si on le veut, on m'en verse un, si on ne le souhaite pas, on ne m'en verse pas. Et assurément, ceux qui le veulent représentent la plus faible proportion et ceux qui ne le souhaitent pas la plus grande. Ce qui fait la gratuité pour le pauvre, c'est sa pauvreté, pour le riche, sa richesse. Car celui qui possède beaucoup pense m'accorder une faveur en fréquentant mes cours. Il n'y en a pas un[40] qui arriverait au degré de sollicitude et d'équité que j'ai pour vous, si bien que si aujourd'hui on découvre que le méfait vient de certains d'entre vous, le plus clairement du monde je suis victime d'une injustice, n'ayant obtenu aucun bienfait pour prix de mes bienfaits. **10.** Il me faut encore montrer qu'à l'égard des maîtres[41] aussi j'ai été irréprochable : eh bien donc, le fameux

8. Εἶεν. Ἀλλ᾽ ὑμῶν τινι τοῦτο ἠσεβήθη τῶν νέων ;
Εἰσὶ μέν τινες, οἷς ἀσελγῶς οὐκ ὀλίγα πέπρακται πρὸς
ἐμὲ τὰ δεύτερα τῇ φύσει πρότερα ποιεῖν ἀξιοῦσιν. Οὐ
μὴν ἐζήτησά γε τούτου δίκην οὐδ᾽ ἔλαβον λαβὼν ἂν
ῥᾳδίως, εἴπερ ἐβουλόμην, ἀλλ᾽ ἀφεὶς αὐτοὺς μαίνεσθαι   5
τῆς μανίας ἠνειχόμην οὔτε αἰτιώμενος οὐκ εἰσιόντας
οὔθ᾽ ὁπότε δόξειεν εἰσελθεῖν ἀπωθῶν, ὃ εἴτε εὐήθειαν
εἴτε ἀναισθησίαν εἴτε φιλανθρωπίαν βούλεταί τις καλεῖν,
οὐ διοίσομαι. Οὐ τοίνυν οὔτε νοσοῦντας περιεῖδον οὔτε
εἰς ταραχὴν ἐμπεσόντας ὑπὸ τῶν ἡδέως τοῖς τηλικού-   10
τοις ἐπηρεαζόντων οἷς ἡ τοῦ στρατιώτου προσηγορία
μέγα πρὸς ὕβριν ἐφόδιον. Ἐν τοίνυν τούτοις ἐφρόντισα,
προὐθυμήθην, ἤμυνα, ἐπήρκεσα, χειρὸς βαρείας ἐξειλό-
μην. 9. Τά γε μὴν περὶ μισθοῦ τίς τῶν ἁπάντων οὐκ
ἐθαύμασε, πλὴν τῶν διδασκάλων οἷς οὑμὸς νόμος ἐγέ-   15
νετο ζημία ταῦτα καὶ παρ᾽ ἐκείνοις τῶν νέων ἀξιούντων
ἔχειν ; Τὰ δέ ἐστι τί ; Βουληθείς τις ἔδωκεν, οὐκ ἐθελή-
σας οὐκ ἔδωκε. Καὶ πολλοστὸν δὴ μέρος οἱ βουλόμενοι,
τὸ δ᾽ οὐκ ἐθέλον πολύ. Ποιεῖ δὲ τὴν ἀτέλειαν τῷ πένητι
μὲν ἡ πενία, τῷ πλουτοῦντι δὲ ὁ πλοῦτος. Ὅτῳ γὰρ ἔνι   20
πολλά, φοιτῶν ἡγεῖται χαρίζεσθαι. Οὐδ᾽ ἂν εἷς ἐφίκοιτο
τῆς ἐμῆς εἰς ὑμᾶς κηδεμονίας καὶ δικαιοσύνης, ὥστ᾽ εἰ
τοῦτο τὸ νῦν παρ᾽ ὑμῶν τισιν εὑρίσκεται, σαφέστατα
ἀνθρώπων ἠδίκημαι χρηστοῖς οὐ χρηστὰ κεκομισμένος.
10. Ἔτι τοίνυν προσήκει με φανῆναι καὶ περὶ τοὺς   25
διδασκάλους βέλτιστον γεγενημένον · οὐκοῦν ὁ μὲν

8. 5 αὐτοὺς ἀφεὶς V ‖ 9 pr. οὔτε Reiske Foerster : οὐδὲ codd. ‖
13 ἐπήρκεσα ACVP : ἀπ- I.
9. 22 ὑμᾶς ACPI : ἡμᾶς V ‖ 24 κεκομισμένος ACVP : κεκοσμημένος I.

Ascalonite[42] les empoignait à tour de rôle ; soit il les maintenait dans la crainte des coups, soit il allait jusqu'à les frapper. Et dès qu'il avait fait son apparition, ils devaient tous bondir de leur chaire pour affluer vers lui au pas de course et l'escorter, puis, pour regagner leur chaire, ils attendaient son signal, et ils n'avaient pas l'autorisation de le regarder en face, mais ils devaient s'incliner en reconnaissance de son autorité. Si bien qu'aucun d'eux, à ces moments-là, n'aurait pu s'occuper d'autre chose[43] mais que tout leur temps devait être dévolu à ce personnage et à ses exigences. Et je passe sous silence une taxe d'un nouveau genre sur les jeunes gens et la manière dont l'esclave[44] qu'il employait pour ses étudiants exigeait le paiement de cette taxe et comment les maîtres tremblaient pendant ces extorsions[45]. **11.** Or, celui qui, à la mort de ce dernier, hérita de son autorité[46] était lui aussi originaire de Palestine, mais, bien qu'en position de jouir des mêmes conditions[47], il ne le put pas, ses dispositions naturelles, à mon avis, n'atteignant pas le même niveau[48]. Celui-là ignorait même jusqu'à leur nom pour la plupart[49], et il s'isolait des autres pour donner ses leçons tantôt dans un coin, tantôt dans un autre[50]. **12.** Pour moi, je n'ai suivi aucun des deux : j'ai évité de chercher, comme le premier, à dominer, et je ne ressemblais en rien au second pour ce qui est du naturel ; je me mêle à tous sans prétendre à aucune supériorité sur aucun mais en cohabitant[51] sur un pied d'égalité[52]. On a le droit de rire, de badiner, de plaisanter et tantôt mes traits d'esprit entraînent les leurs, tantôt ils y répondent. Lorsque j'ai entendu dire[53] que des jeunes gens, chez eux, se laissaient pousser la barbe[54], je n'ai pas réagi en homme lésé mais je me suis autant retenu de me révolter que de mendier. Et moi qui n'ai pas remédié à la vente des biens paternels par une nouvelle acquisition, quand j'ai constaté qu'il y en avait

Άσκαλωνίτης ἐκεῖνος ἥρπαζεν ἀεί τινα τούτων καὶ τοὺς
μὲν εἰς φόβον καθίστη πληγῶν, τοὺς δὲ καὶ ἔπαιε. Καὶ
φανέντος εὐθὺς ἅπαντας ἔδει τῶν θρόνων ἀναπηδήσα-
ντας δρόμῳ τε συρρεῖν ὡς αὐτὸν καὶ παραπέμπειν, καὶ
τὴν ἐπὶ τοὺς θρόνους αὖθις ὁδὸν ἀπὸ τῶν ἐκείνου νευ-   5
μάτων ἐλάμβανον, ἀντιβλέπειν δὲ οὐκ ἐξῆν, ἀλλὰ
κύπτειν τε ἔδει καὶ τὴν ὑπεροχὴν εἰδέναι. Ὥστ᾽ οὐδεὶς
ἂν τηνικαῦτα ἑτέρῳ παρεκάθητο, ἀλλ᾽ ἔδει πάντα
τοῦτον εἶναι τὸν χρόνον ἐκείνου τε καὶ τῶν παρ᾽ ἐκείνου.
Καὶ παραλείπω καινόν τινα φόρον νέων καὶ ὡς ὁ παῖς ᾧ   10
πρὸς τοὺς ὁμιλητὰς ἐχρῆτο τοῦτον εἰσέπραττε τὸν
φόρον καὶ ὡς ἐν ταῖς ἐκδείαις ταύταις ἔτρεμον οἱ διδάσκαλοι. 11. Ὁ τοίνυν ἐκείνου τεθνεῶτος ἐκδεξάμενος τὴν
ἡγεμονίαν ἦν μὲν ἐκ Παλαιστίνης καὶ αὐτός, παρὸν δὲ
τῶν αὐτῶν ἀπολαύειν οὐκ ἔσχε τῆς φύσεως, οἶμαι, τῶν   15
ἴσων οὐκ ἐφικνουμένης. Ὁ δὲ καὶ μέχρι τῶν ὀνομάτων
ἠγνόει τοὺς πλείονας καὶ τῶν ἄλλων ἀπαρτήσας αὐτὸν
ἐν γωνίαις ἄλλοτε ἄλλαις συνῆν. 12. Ἐγὼ δὲ οὐδέτερον,
ἀλλ᾽ ἔφυγον μὲν τὸ ζητεῖν, ὥσπερ ὁ πρότερος, κρατεῖν,
ἦν δὲ οὐδὲν ἐοικὼς τῷ δευτέρῳ κατὰ τὴν φύσιν, ἀλλ᾽   20
ἀναμίγνυμαι μὲν ἅπασιν ἐν οὐδενὶ πλεονεκτεῖν οὐδενὸς
ἀξιῶν, ἀλλ᾽ ἀπ᾽ ἴσου τοῦ σχήματος συνδιατρίβων.
Γελᾶν δὲ ἔξεστι καὶ σκώπτειν καὶ παίζειν. Καὶ τἀμὰ νῦν
μὲν ἡγεῖται τῶν παρ᾽ ἐκείνων, νῦν δ᾽ ἕπεται. Νέους δὲ
παρ᾽ αὐτοῖς ἀκούων γένεια τρέφειν οὐκ ἐποίησα τὸ τῶν   25
ἠδικημένων, ἀλλ᾽ ἴσον ἀπέσχον τοῦ τε ἀγανακτῆσαι καὶ
τοῦ προσαιτῆσαι. Τὴν δὲ τῶν πατρῴων πρᾶσιν οὐ

10. 6 δὲ Foerster : τε codd. ‖ 9 τῶν AVPI : τὸν C ‖ ἐκείνου Reiske
Foerster : ἐκεῖνον codd. ‖ 12 ἐν om. I ‖ ἐκδείαις ACPᵖᶜI : ἐνδείαις
VPᵃᶜ.
11. 15 τῶν αὐτῶν AVPI : τὸν αὐτὸν C ‖ 17 αὐτὸν AVPI : αὐτὸν C.
12. 20-22 κατὰ — ἀξιῶν om.V ‖ 25 αὐτοῖς ACVPI [ῖ in ras. P] :
αὐτοῖς prop. Cobet Foerster ‖ γένεια codd. : γύναια prop. Cobet
Foerster.

parmi eux qui passaient de la pauvreté à la richesse[55], je me suis réjoui avec eux de leur sort sans m'affliger sur ma personne. **13.** Même lorsque certains faisaient preuve d'insolence et que l'amitié des gouverneurs les portait à l'arrogance[56], je ne me suis pas enflé de colère et je n'ai pas cherché à me venger, mais tout en étant convaincu que ces comportements n'étaient pas justes, je me résignais pourtant à les supporter. Et alors que les élèves rejoignaient[57] jour après jour qui, les uns, qui, les autres, en contrevenant à une loi établie[58], certes, je concevais du chagrin du fait de leur nombre, mais, pour me préserver du chagrin, je me calmais, et, pour parer à un nouveau changement[59], je me suis endurci comme un être de fer[60]. Je pourrais développer davantage sur ce chapitre aussi pour montrer qui je suis, mais je pense là encore que cela suffit. Donc, si l'un d'entre eux sait comment ces maléfices sont entrés ici[61], ce ne sera pas en qualité de qui se fait justice.

14. Moi qui ai donc eu une telle conduite à l'égard de tous, je pensais qu'à la révélation de ces faits, la cité se soulèverait à l'image des vagues d'Homère[62], les uns exhortant les autres à enquêter sur l'affaire. Et même s'il n'était pas facile de trouver, au moins aurait-il fallu qu'ils y mettent de la bonne volonté. En réalité, ils furent si loin d'éprouver une telle colère et d'accorder à un si grand malheur ce qui lui était dû qu'ils ressemblèrent à peu de choses près à des gens qui dorment[63]. Il n'y en a donc pas eu un seul dans le lot pour pousser un cri, se frapper la cuisse ou tendre un bras vers le ciel[64]. Pourtant, il aurait été à leur honneur même de se méprendre alors et de porter la main sur les premiers venus, fussent-ils absolument hors de cause. **15.** Mais en vérité, quand c'est un cocher et un cheval que l'on croit avoir été entravés de cette

θεραπεύσας ἑτέρᾳ κτήσει, πλουσίους δὲ ἐκ πενήτων
τινὰς ἐκείνων ὁρῶν τοῖς μὲν συνήσθην τῆς τύχης, ἐμαυτῷ
δὲ οὐ συνηχθέσθην. 13. Ἀλλ᾽ οὐδὲ θρασυνομένων τινῶν
καὶ τῇ τῶν ἀρχόντων φιλίᾳ πρὸς ὑπεροψίαν χρωμένων
θυμοῦ τε ἐνεπλήσθην καὶ τιμωρίαν ἐζήτησα, ἀλλ᾽ ὡς μὲν   5
οὐ δίκαια ταῦτα, ἠπιστάμην, φέρειν δὲ ὅμως ἠξίουν.
Ἄλλων δὲ ἄλλοις προστιθεμένων παρ᾽ ἡμέραν νόμον
κείμενον παραβαινόντων ᾔδειν μὲν τὴν ἀπὸ τοῦ πλήθους
λύπην, ὡς δ᾽ ἂν ἄλυπος εἴην, ἡσύχαζον πρός τε καινό-
τητα ἑτέραν ὥσπερ τις σιδηροῦς ἐκαρτέρησα. Καὶ πλεί-   10
οσι μὲν ἔχω λόγοις κἀνταῦθα δεικνύειν ἐμαυτόν, ἀρκεῖν
δὲ ἡγοῦμαι καὶ ταῦτα. Οὕτω καὶ εἴ τις τούτων οἶδεν,
ὅπως δεῦρο εἰσῆλθεν ἐκεῖνα τὰ φάρμακα, τήν γε τοῦ
δίκην λαμβάνοντος οὐκ ἂν ἔχοι τάξιν.
14. Ἐγὼ μὲν δὴ τοιοῦτος εἰς ἅπαντας, ᾤμην δὲ τού-   15
των πεφηνότων κινήσεσθαι τὴν πόλιν κατὰ τὰ Ὁμήρου
κύματα παρακαλούντων ἀλλήλους ἐπὶ ζήτησιν τοῦ
πράγματος. Καὶ γὰρ εἰ μὴ ῥᾴδιον εὑρεῖν, ἀλλὰ τό γε
τῶν βουλομένων ἔδει γενέσθαι. Νῦν δὲ τοσοῦτον ἀπέσχον τῆς τοιαύτης ὀργῆς καὶ τοῦ τὰ προσήκοντα ἀπο-   20
δοῦναι τοσούτῳ κακῷ, ὥστε μικρὸν τῶν καθευδόντων
διήνεγκαν. Οὐκοῦν οὐδὲ εἷς ἐξ ἁπάντων οὔτ᾽ ἐβόησεν
οὔτε τὸν μηρὸν ἔπληξεν οὔτε τὴν χεῖρα ἦρεν εἰς οὐρα-
νόν. Καίτοι καλῶς γ᾽ ἂν εἶχεν αὐτοῖς καὶ ἁμαρτεῖν
ἐνταῦθά τι καὶ τὰς χεῖρας ἐπὶ τοὺς παραπίπτοντας   25
ἀφεῖναι, κἂν εἰ πλεῖστον ἀπεῖχον τῆς αἰτίας. 15. Νῦν δ᾽
ἡνιόχου μὲν καὶ ἵππου δοξάντων τοῦτον ἐμπεποδίσθαι

13. 10 ἐκ[αρτέ]ρησα in ras P.
14. 16 κινήσεσθαι ACP : -σεσθε V ‖ 22 οὐδὲ εἷς V : οὔτε εἷς
ACPI ‖ 25 τι om. Pᵃᶜ ‖ 26 ἀ[φ]εῖναι in ras P.

manière[65], tout est en émoi comme si la cité était ruinée,
alors que moi, je n'ai été gratifié que d'une molle attention pour ces événements. Et on a vite cessé de parler de
ce que j'ai subi : les uns considèrent qu'il n'y a rien
de terrible à ce qu'on m'ait abattu, les autres qu'il est
même très bien que je ne sois plus dans les mêmes dispositions et que je n'aspire plus aux discours ni aux démonstrations ni à tout ce à quoi j'aspirais auparavant mais à la
mort, aux funérailles et au tombeau, et que j'aie du mal
à supporter qu'on mentionne le bain[66], du mal à supporter
aussi qu'on m'invite à dîner. Voilà comment je suis payé
de retour[67] par ceux qui habitent aujourd'hui la cité.

τὸν τρόπον πάντα κινεῖται καθάπερ ἀπολωλυίας τῆς
πόλεως, νωθείᾳ δὲ αὐτὸς τῇ περὶ ταῦτα τετίμημαι. Καὶ
ταχέως ὁ λόγος ὁ περὶ ὧν ἔπαθον πέπαυται τῶν μὲν
οὐδὲν δεινὸν ἡγουμένων, εἴ τίς με κατήνεγκε, τῶν δὲ καὶ
λίαν τοῦτ᾽ ἀγαθὸν μὴ εἶναί μοι τὴν ψυχὴν οἵαπερ ἦν, 5
μηδὲ ἐρᾶν λόγων μηδὲ ἐπιδείξεων μηδ᾽ ὧνπερ τὸν
ἔμπροσθεν χρόνον, ἀλλὰ θανάτου καὶ ἐκφορᾶς καὶ
τάφου καὶ δυσχεραίνειν μέν, εἴ τις βαλανείου μνησθείη,
δυσχεραίνειν δέ, εἴ τις ἐπὶ σιτία καλοίη. Τοιοῦτοί μοι
παρὰ τῶν νῦν τὴν πόλιν οἰκούντων οἱ μισθοί. 10

15. 9 τοιοῦτο[ί] in ras P.

NOTES

1. **§1** Le pluriel employé ici (γόησι) relève sans doute plus d'un procédé de style que d'une volonté de rendre un compte exact de la situation ; en effet, la mise en œuvre du maléfice dont Libanios fut victime (voir notice) ne nécessitait vraisemblablement pas l'association de plusieurs sorciers. Plus loin dans le paragraphe, Libanios emploie d'ailleurs un singulier (voir *infra*, n. 2). On retrouve le même emploi du pluriel au paragraphe 3 (voir *infra*, n. 7). En revanche, dans la périphrase d'*Or*. I, 248 qui désigne les sorciers soupçonnés par les amis du sophiste : τινας οἷς δόξα τούτων εἶναι τεχνίτας (« des gens qui avaient une réputation d'experts en ces pratiques »), le pluriel correspond bien à un groupe de personnes parmi lesquelles pourrait se trouver le coupable. Le choix du mot τεχνίτας dans ce dernier passage atteste bien que le substantif γόης employé ici se réfère à un individu qui a été initié aux arts magiques, quelle que soit la forme revêtue par cette initiation (M. Martin 2005, p. 143-151). Il n'est donc pas garanti que l'ennemi du sophiste et le sorcier soit la même personne. On notera aussi que ce substantif, contrairement à son synonyme μάγος, n'est pas épicène et n'appartient qu'au genre masculin : c'est bien à un homme que songe Libanios.

2. **§2** Le pronom τοιοῦτον est plus vraisemblablement au neutre qu'au masculin. Ici, Libanios évoque l'acte ; plus tard dans ce même paragraphe, il en évoque l'auteur ou le commanditaire : τὸν δεδρακότα, en abandonnant le pluriel du début du texte pour le singulier.

3. « Vous pourriez même ne pas attendre » : l'infinitif accompagné de la particule ἄν (μηδ' ἄν … ἀναμεῖναι) peut être traduit soit par un conditionnel présent, soit par un conditionnel passé. Le choix du passé a été effectué par A. F. Norman 2000, p. 126 (« You, I believe, would not even have waited ») et A. J. Festugière 1959, p. 453 (« Car, m'est avis, vous n'auriez même pas attendu tribunal et jugement ») mais il implique qu'au moment du discours, l'affaire est passée en jugement ; or, nous n'en avons aucune preuve. La seule chose qui soit mentionnée par Libanios lui-même au sujet d'un éventuel recours à la justice se lit

dans *Or.* I, 248 : il y raconte s'être opposé à certains amis dont le projet était de traîner en justice des personnes réputées expertes en magie noire (voir la notice). Il est donc très probable que Libanios n'ait pas porté cette affaire devant le tribunal du gouverneur. On peut plutôt lire ici le contentement du sophiste à l'idée que ses élèves, en colère à cause de ce qu'il a subi, n'hésiteraient pas à passer par des moyens tout personnels de venger leur maître s'ils savaient sur qui donner du coup de poing. C'est exactement le sentiment contraire de celui exprimé dans l'exorde du discours XXXIV où Libanios reproche à ses disciples d'être indifférents aux calomnies du pédagogue (*Or.* XXXIV, 1 et n. 4).

4. §3 Les liens (δεσμά) sont les conséquences psychologiques de l'envoûtement (κατάδεσμος).

5. L'aspiration à mourir est également évoquée dans le passage du *Bios* (*Or.* I, 243-244) qui rapporte cet épisode de la vie de Libanios. Sur les relations entre ces deux textes, voir la notice.

6. Le souci de la postérité apparaît aussi dans des termes proches dans *Or.* XXXIV, 2.

7. Dans le récit de cette douloureuse aventure (*Or.* I, 249), Libanios évoque un seul caméléon retrouvé dans sa salle de classe. Le pluriel employé ici relève, comme dans le paragraphe 1 (voir *supra* n. 1), d'un procédé d'amplification.

8. On peut hésiter, pour traduire le neutre adverbial εἰκὸς, entre « probablement » et « naturellement » au sens de « de manière juste et normale ». C'est ce dernier sens qu'ont choisi A. J. Festugière 1959, p. 453 : « vengeance d'hommes qui sans doute enfreignaient la loi mais n'éprouvaient rien que de naturel en s'indignant contre moi » et A. F. Norman 2000, p. 126 : « a revenge of persons who believe (νομί-σωσι ?) themselves injured by me and whose behaviour, though illegal, is a *natural* (εἰκὸς) reaction. » Leur traduction suggère que se rendre justice à soi-même pour un tort qu'on a subi est compréhensible et acceptable. Libanios lui-même tolère ce type de réaction mais seule-ment chez de jeunes élèves fougueux attachés à leur maître et qui cherchent à tirer vengeance de ses ennemis. La question est en fait celle du point de vue : si on adopte celui des auteurs du maléfice, on peut justifier l'option de A. F. Norman et A. J. Festugière ; si on adopte celui des générations à venir qui cherchent à comprendre la situation et émettent des hypothèses, ce que traduit le verbe νομίσωσι, on s'arrêtera sur la traduction d'εἰκὸς par « probablement » ou « vraisemblable-ment ». Tel est le choix que nous avons fait.

9. Le terme τὸ ἔθνος peut désigner une province ou, comme ici, une certaine catégorie de population caractérisée par son activité. Cette acception professionnelle est parfois renforcée par un complément du nom renvoyant à un « corps de métier » précis par exemple dans *Or.* I, 169 : τὸ διδασκάλων ἔθνος (« le corps enseignant »), *Or.* I, 206 : τὸ

τῶν σιτοποιῶν ἔθνος (« la corporation des boulangers »), *Or.* LXIV, 112 : τὸ τῶν τραγῳδιοποιῶν ἔθνος (« la corporation des poètes tragiques »). Le substantif peut prendre dans certains cas une acception péjorative, ce qui n'est pas le cas dans notre discours : dans *Or.* LI, 13 (τι ἕτερον ἔθνος), il sert à dénoncer une certaine « race » de professeurs de rhétorique passant leur temps aux genoux des gouverneurs. Chez Platon, le terme est chargé de la même connotation : τὸ μιμητικὸν ἔθνος (« la race des poètes » *Tim.* 19 d) et ἢ λῃστὰς ἢ κλέπτας ἢ ἄλλο τι ἔθνος (« les pirates, les voleurs ou une autre race » *R.* 1, 351c).

10. §4 L'imparfait du texte grec (ἦν) se réfère au moment du préjudice.

11. L'emploi de la conjonction καί établit un rapport de synonymie entre les trois syntagmes de l'énumération qui se réfère uniquement aux petites gens d'Antioche. Ils relèvent toutefois d'approches différentes : τοῖς πολλοῖς fait référence à leur supériorité numérique, τῷ δήμῳ à leur appartenance au corps civique (*Or.* XI, 150-154) et οἷς ἦν ἐν ταῖς χερσὶν ὁ βίος au fait qu'il s'agit de travailleurs manuels, d'artisans.

12. Aux trois éléments de l'énumération précédente correspond le mouvement ternaire de cette phrase. Pour évoquer sa sollicitude à l'égard du peuple d'Antioche et ses rapports de proximité avec lui, Libanios emprunte des comparaisons aux liens du sang : le peuple d'Antioche et lui appartiennent à la même famille. Le choix des termes « père », « fils » et « frère » est remarquable dans le sens où plusieurs types de relation s'entrecroisent : si une certaine égalité règne entre frères, le fils doit obéissance à son père. Si Libanios endosse les trois rôles à la fois, c'est donc qu'il se met au service des gens du peuple et les traite sur un pied d'égalité tout en conservant sa supériorité sur eux. Une même métaphore familiale sous-tend la description des relations entre peuple et Conseil dans *Or.* XI, 152 où le premier est dans la posture d'un enfant par rapport au second qui tient la place de parents. On rencontre encore une semblable énumération des liens de parenté dans *Or.* XXIX, 18 au sujet de la flagellation infligée au boulanger Antiochos : « Qui devait être plutôt que moi blessé par ces événements ? Qui devait en souffrir ? Qui s'en indigner ? Quel père ? Quelle mère ? Quels frères ? Quelle famille ? » (Τίνα γὰρ ἔδει πρὸ ἐμοῦ τοῖς γενομένοις πληγῆναι ; Τίνα ἀλγῆσαι ; Τίνα ἀγανακτῆσαι ; Ποῖον πατέρα ; Τίνα μητέρα ; Ποίους ἀδελφούς ; Ποίαν συγγένειαν ;)

13. L'expression ταῖς βαρείαις ταύταις εἰσπράξεσι (« ces lourdes levées d'impôts ») est à rapprocher de βαρεῖαν φοράν (*Or.* XXXIII, 33 : « la lourde contribution ») et de ὁ ἀφόρητος φόρος, ἄργυρος καὶ χρυσός (*Or.* XLVI, 22 : « le tribut insupportable, le chrysargyre »). Ces trois syntagmes désignent vraisemblablement le même impôt : d'abord, de manière générale, les substantifs εἴσπραξις et φορά/

εἰσφορά/φόρος désignent tous des taxes, à cette différence près que le point de vue adopté passe de celui qui prélève à celui qui apporte sa contribution. Cette nuance ressort avec évidence de l'emploi successif par Libanios dans la lettre 160 des groupes verbaux οὐκ εἰσπράξεις τὰς εἰσφοράς (*Ep.* 160, 1 : « tu ne prélèveras pas les impôts ») et οὔκουν (...) εἰσοίσω τὴν εἰσφοράν (*Ep.* 160, 2 : « je ne verserai pas l'impôt »), l'εἴσπραξις étant ce qui relève de l'action rendue par le verbe εἰσπράσσω (« exiger une somme d'argent ») ; de plus, le chrysargyre semble avoir focalisé la protestation antifiscale dans l'œuvre de Libanios qui le présente à chaque fois comme écrasant les contribuables, en l'occurrence les commerçants et artisans, conformément à une topique répandue par ailleurs (J.-M. Carrié 2014, p. 137-139). R. S. Bagnall 1992, p. 17, souligne la difficulté que devait représenter pour les artisans et commerçants le fait de mettre de côté les sommes nécessaires à des prélèvements sur des revenus de plusieurs années consécutives, ce qui pourrait expliquer pourquoi cet impôt était si impopulaire. Ainsi Zosime (2, 38, 2), qui fait remonter sa création à Constantin, sans doute par partisanerie puisqu'en fait les prélèvements d'or et d'argent, dont il est une adaptation, existaient déjà sous Dioclétien (J.-M. Carrié 1999, p. 206), décrit leur désespoir au moment des levées : Οὗτος καὶ τὴν εἰσφορὰν ἐπήγαγε χρυσοῦ τε καὶ ἀργύρου πᾶσι τοῖς ἁπανταχοῦ γῆς μετιοῦσι τὰς ἐμπορίας καὶ τοῖς ἐν ταῖς πόλεσι πανωνίαν προτιθεῖσι, μέχρι καὶ τῶν εὐτελεστάτων, οὐδὲ τὰς δυστυχεῖς ἑταίρας ἔξω ταύτης ἐάσας τῆς εἰσφορᾶς, ὥστε ἦν ἰδεῖν μέλλοντος τοῦ τετραετοῦς ἐνίστασθαι χρόνου, καθ᾽ ὃν ἔδει τοῦτο τὸ τέλος εἰσφέρεσθαι, θρήνους ἀνὰ πᾶσαν πόλιν καὶ ὀδυρμούς, ἐνστάντος δὲ μάστιγας καὶ βασάνους ἐπιφερομένας τοῖς σώμασι τῶν διὰ πενίαν ἐσχάτην ζημίαν ὑπενεγκεῖν μὴ δυναμένων. (« C'est lui qui imposa le versement d'or et d'argent à ceux qui, partout dans le monde, s'adonnent au commerce et à ceux qui, dans les villes, offrent à vendre toutes sortes d'objets, et cela jusqu'aux plus humbles aussi, sans même permettre aux malheureuses prostituées d'échapper à cet impôt, si bien que – quand approchait l'échéance de la période de quatre ans où il fallait que le terme soit versé – on pouvait être témoin de pleurs et de lamentations dans toute la ville et, le terme une fois échu, des coups de fouet et des tortures infligés aux membres de ceux qui ne pouvaient supporter le poids d'une amende à cause de leur extrême indigence », traduction F. Paschoud 1979, cité par R. Delmaire 1985, p. 122). Sa suppression en 498 par Anastase provoqua dans tout l'Orient une joie extraordinaire (R. Delmaire 1985, p. 121 ; J.-M. Carrié 2014, p. 138-142). La périodicité du chrysargyre reste toutefois débattue car la documentation relative à cet impôt est en apparence contradictoire : certains textes, comme celui de Zosime cité plus haut, parlent d'une période de quatre années mais l'appellation la plus courante du chrysargyre n'en reste pas moins *aurum lustrale*, expression qui fait référence à une période de cinq ans. Le témoignage de Libanios lui-même atteste, pour Antioche, d'un rythme pentétérique : ἄργυρος καὶ χρυσός φρίττειν προσιούσας ποιῶν τὰς δεινὰς πεντετηρίδας (*Or.* XLVI, 22 : « le chrysargyre, qui fait trembler à l'idée qu'arrivent les terribles périodes de cinq ans »). R. Delmaire s'efforce de montrer, sources littéraires et *papyri* à l'appui, que la thèse du rythme quinquennal qui a prévalu avant lui n'est pas fondée et que cet impôt n'était pas levé tous les cinq ans à l'occasion des anniversaires quinquennaux des empereurs mais tous les quatre ans et indépendamment de ces célébrations. Il ne considère pas qu'il y ait de contradiction entre les indications de fréquence apportées par Zosime et par Libanios, ce qui l'amène à proposer de traduire les propos du sophiste par : « le chrysargyre, qui fait trembler à l'idée qu'arrive la terrible cinquième année. » (R. Delmaire 1985, p. 126). Le rapprochement avec les concours olympiques pentétériques, organisés tous les quatre ans, c'est-à-dire chaque cinquième année, peut étayer cette thèse. R. S. Bagnall 1992 montre quant à lui que la levée du chrysargyre était annuelle en Égypte ; il conclut donc son étude en indiquant que, globalement, la documentation papyrologique ne permet de trancher ni dans le sens d'une périodicité quadriennale ni dans celui d'une périodicité quinquennale. En revanche, J.-M. Carrié 2014 défend cette dernière thèse ; s'il s'accorde avec R. Delmaire pour ne pas faire dépendre la levée du chrysargyre des jubilés impériaux et pour en fixer la date de création en 314, il montre qu'il n'est possible de rendre compte des dates attestées avec le plus de sûreté comme années de perception du chrysargyre que si on tient compte du rythme indictionnel de quinze ans, soit de trois lustres, introduit en 314. Le rythme de perception du chrysargyre est donc encore sujet à controverse et une explication rendant compte du prélèvement annuel en Égypte reste à trouver. Ce qui est certain, c'est que le chrysargyre était soumis à la *capitatio* c'est-à-dire basé sur le *caput* comme « instrument arithmétique du mode de répartition » (J.-M. Carrié 1993, p. 296). Les *corpora* de commerçants et d'artisans, en tant que groupes fiscalement responsables, devaient assurer eux-mêmes la répartition et la levée du chrysargyre en leur sein. En 386, année de composition du discours, les « travailleurs des ateliers » d'Antioche (*Or.* XXXIII, 33 : τῶν ἐν τοῖς ἐργαστηρίοις) durent payer un lourd impôt (βαρεῖαν φορὰν), très vraisemblablement le chrysargyre (R. Delmaire 1985, p. 127 ; J.-M. Carrié 2014, p. 145). Cette année-là, la pression fiscale fut particulièrement élevée sur les commerçants et artisans d'Antioche qui furent contraints par le gouverneur Tisamène, alors même qu'ils venaient de s'acquitter du chrysargyre, à repeindre leurs boutiques (*Or.* XXXIII, 33) et à tripler l'éclairage nocturne des rues, ce que Libanios dénonce avec virulence (*Or.* XXXIII, 33-35). Quand Libanios évoque dans notre texte « ces lourdes levées d'impôts » qui provoquèrent son indignation, c'est vraisemblablement à cette période particulière qu'il pense en premier lieu.

14. « Les coups des plus forts sur les plus faibles » peuvent faire écho à l'épisode des flagellations ordonnées en 382 par le *comes Orientis* Philagrios sur les boulangers (Voir *Or*. XXXIV, 4 et H.-U. Wiemer 1996, p. 531-533). Libanios rapporte dans son autobiographie (*Or*. I, 208-210) comment il fit arrêter les coups par la persuasion. Dans *Or*. XXIX, 6 (année 384), les boulangers rappellent ses bienfaits à Libanios : « ... ils se souvenaient, disaient-ils, du service que je leur avais rendu autrefois, lorsque je les avais arrachés aux coups et aux tortionnaires. » (... μεμνῆσθαι παλαιᾶς εἰπόντες χάριτος, ἡνίκα αὐτοὺς ἐξήρπασα πληγῶν καὶ βασανιστῶν).

15. Sur les relations de Libanios avec le peuple et les références des discours abordant cette question, voir J. Martin 1988, p. 246-247, H.-U. Wiemer 1996 et B. Schouler 2011, p. 8-18. Libanios évoque fréquemment sa propension à prendre la défense des petites gens, par ses actions, sa force de persuasion et ses discours. Ses motivations relèvent de l'empathie pour ceux qui souffrent et de sa revendication d'une justice égalitaire accessible à tous, quelle que soit leur extraction sociale. Comme il le fait dans notre discours, il résume son attitude dans *Or*. XXIX, 13 : « Qui ne sait pas qu'à chaque fois que je passe par la ville, je ne peux passer à côté de quelqu'un qui pleure sans m'arrêter, compatir, chercher le coupable, et que si je l'attrape, je le punis, si je ne le peux pas, j'en suis affligé ? » (Καίτοι τίς οὐκ οἶδεν, ὡς ἀεὶ διὰ τῆς πόλεως ἐρχόμενος οὐδένα τῶν κλαιόντων παρέρχομαι, ἀλλ' ἔστην, ἤλγησα, ἐζήτησα τὸν ἠδικηκότα, ἑλὼν μὲν ἐπέθηκα δίκην, μὴ δυνηθεὶς δὲ ἠχθέσθην ;)

16. §5 La périphrase désigne les gouverneurs. Dans ses discours, Libanios s'en est pris de manière particulièrement virulente à certains d'entre eux : Tisaménos (*Or*. XXXIII en 386, voir A. F. Norman 1977), Loukianos (*Or*. LVI en 388, voir M. Casella 2010) et Florentios (*Or*. XLVI en 392, voir M. Casella 2010).

17. La périphrase « ceux qui sont à la tête de plusieurs provinces » désigne les vicaires ou comtes d'Orient, placés à la tête du diocèse formé par l'ensemble des provinces du Proche-Orient ; les « puissances préfectorales » sont les préfets du prétoire, les « maîtres du monde » les empereurs. Sur les diocèses et les préfectures, voir D. Feissel 2004, p. 108-110.

18. Comme le souligne P. Petit 1955, p. 72-73, les mots ἄρχων et ἀρχή, de la famille du verbe ἄρχειν, désignent chez Libanios des fonctionnaires impériaux. Le passage oppose les curiales qui exercent des fonctions municipales à ceux qui, après avoir assumé l'ensemble des charges au service de la cité, ont fait carrière aux plus hauts postes de l'administration et ont exercé des fonctions impériales ou « commandements ». Ces derniers, autrement nommés *honorati*, sont désignés dans le texte par deux périphrases verbales : τοὺς ἐν ἀρχαῖς γεγενημένους (§ 5) puis τοῖς ἄρξασι (§ 6). Par rapport aux curiales ordinaires,

ils jouissaient d'un grand prestige. Voir aussi *Or.* XXXV (notice : « Un discours pour la défense des curies » et § 6).

19. D'après Libanios, ceux qui ont occupé des charges publiques d'État détiennent déjà une grande partie des biens du Conseil et cherchent à s'en approprier la totalité. Cette affirmation suggère que la cité dispose de biens propres, gérés par le Conseil. Elle contredit donc la thèse d'une confiscation des biens des villes par les empereurs du IVe siècle, confiscation qui aurait été initiée par Constantin, amplifiée par Constance II à la fin de son règne, réparée par Julien puis rétablie par ses successeurs (G. Bransbourg 2008, p. 257-260). Comme le souligne G. Bransbourg 2008, p. 258-259, cette thèse est toutefois affaiblie par le relatif silence d'Ammien Marcellin et de Libanios sur ces questions, le sophiste ne faisant qu'une brève allusion dans *Or.* XIII, 45 à la restitution de biens à Antioche par Julien, encore que le terme employé soit alors assez vague (κτημάτων) et ne se réfère pas uniquement à des terres, et par le fait que « les productions ultérieures de Libanios ne cessent de témoigner de la persistance des terres municipales ». Il apparaît donc qu'en 386, date de composition du discours, le Conseil possède des biens fonciers dont les *honorati* (voir *supra*, n. 18) « détiennent » (ἔχοντες) la plus grande part, le verbe ἔχω ne signifiant pas dans un tel contexte « être propriétaire » d'une terre mais en être le « *possessor* » c'est-à-dire « l'occupant », celui qui jouit de ses revenus. L'existence de biens fonciers appartenant à la cité d'Antioche est attestée par plusieurs discours de Libanios assez éloignés dans le temps, dont les discours XXXI (de 361, datation établie par A. F. Norman 2000, p. 68) et L (de 385). Plusieurs informations ressortent de ces deux textes : les fonds dont la cité était propriétaire lui avaient été « donnés en héritage par des hommes d'autrefois » (*Or.* L, 5 : χωρία παρὰ παλαιῶν ἀνδρῶν ἐν διαθήκαις δεδομένα τῇ πόλει) et il revenait aux curiales d'en attribuer la jouissance à des particuliers. Le sophiste Zénobios avait ainsi obtenu cet avantage pour lui permettre de vivre plus décemment en touchant les revenus d'une terre : « Ne faisait-il pas fructifier une terre de la cité, très belle et riche en vignes, sur la droite en allant vers Daphné, au bord même du fleuve ? » (*Or.* XXXI, 20 : Ἀγρὸν οὐκ ἐκαρποῦτο τῆς πόλεως κάλλιστόν τε καὶ πολυοινότατον ἐν δεξιᾷ χωροῦντι πρὸς Δάφνην παρ' αὐτὸν τὸν ποταμόν ;) C'est pourquoi Libanios demande aux curiales d'accorder la même faveur à ses adjoints pour compléter leur salaire. Par ailleurs, la plupart de ces propriétés étaient louées aux curiales eux-mêmes et la cité en touchait les rentes : « C'est vous, les curiales, qui exploitez presque toutes les terres de la cité, ce qui lui garantit d'en toucher le revenu complet, mais ne laisse pas non plus sans profit ceux qui se livrent aux efforts. » (*Or.* XXXI, 20 : Γεωργεῖτε τοὺς ἀγροὺς τῆς πόλεως σχεδὸν <ἅπαντας> οἱ βουλεύοντες ὑμεῖς, ὃ τῇ μὲν παρασκευάζει φοιτᾶν ἐντελῆ τὴν πρόσοδον, ἄνευ δὲ κέρδους οὐδὲ τοὺς πονοῦντας

ἀφίησι.) ; « Ces fonds sont exploités par la cité et leur revenu revient à celle qui les possède. » (*Or.* L, 5 : Ταῦτα γεωργεῖται τῇ πόλει καὶ τούτων ἐστὶν ἡ πρόσοδος τῆς κεκτημένης.) De fait, ce sont surtout les grands domaines que les curiales se réservaient, laissant les plus petits à des personnes extérieures à la curie : « Parmi ces terres, il se trouve que certaines sont grandes, d'autres vraiment petites et que les premières sont réparties entre les bouleutes selon la loi qui est droite et juste et que les secondes vont à certains autres qui se tiennent en dehors de l'accomplissement des liturgies, auxquels vous les avez cédées de plein gré en restant maîtres de les enlever à ceux qui les détiennent. Il est nécessaire que les plus grandes soient à vous qui dépensez, subvenez et êtes soumis à de nombreux frais, les uns périodiques, les autres récents. » (*Or.* XXXI, 16-17 : Τούτων δὴ τῶν ἀγρῶν τοὺς μὲν εἶναι συμβαίνει μεγάλους, τοὺς δὲ κομιδῇ μικρούς, καὶ τοὺς μὲν εἰς τοὺς βουλεύοντας μεμερίσθαι κατὰ τὸν ὀρθῶς καὶ δικαίως ἔχοντα νόμον, τοὺς δ' εἰς ἑτέρους τινὰς ἔξω τοῦ λειτουργεῖν ἐστῶτας, οἷς ἑκόντες συγκεχωρήκατε κύριοι τοὺς ἔχοντας ὄντες ἀφελέσθαι. Τοὺς μὲν οὖν μείζους ὑμετέρους εἶναι δεῖ τῶν ἀναλισκόντων καὶ χορηγούντων καὶ πολλαῖς δαπάναις, ταῖς μὲν ἐγκυκλίοις, ταῖς δὲ καιναῖς ὑπακουόντων.) R. Delmaire 1989, p. 654 et 656, considère que les terres évoquées dans ce discours constituent, au même titre que les κλῆροι ἄποροι confiés par Julien aux curiales (Jul., *Mis.,* 370-371 ; J. Gascou 1977), des fonds spéciaux relevant de la *res priuata* et des domaines impériaux, et qu'il s'agit de « possessions agonothétiques » affectées par l'empereur aux liturges en charge des jeux ou de l'entretien des chevaux. Si ce point n'est pas contestable au sujet de ces κλῆροι ἄποροι, il l'est davantage pour les biens-fonds évoqués dans *Or.* XXXI, du fait que c'est une de ces terres qui fut confiée par les curiales eux-mêmes au sophiste Zénobios. Il ressort donc de cet ensemble de textes que les curiales disposaient d'une certaine liberté dans l'attribution de ces lots, qu'il se soit agi de se les réserver à eux-mêmes ou de les confier à des adjudicataires extérieurs au Conseil comme Zénobios ou d'autres, non précisés dans *Or.* XXXI, 16-17, mais aussi que les revenus de ces terres n'avaient pas été plus confisqués par le pouvoir central que les terres elles-mêmes. L'appropriation des revenus des cités par le pouvoir impérial sous Valentinien et Valens semble pourtant être établie aujourd'hui (G. Bransbourg 2008, p. 289 ; G. Chouquer 2014, p. 210) ; cependant, comme le souligne G. Bransbourg 2008, si dans la législation du IVᵉ siècle, on voit s'opérer progressivement un regroupement des biens du patrimoine impérial, des villes et des temples, signe de leur assimilation, c'est à partir d'une constitution de Théodose, contemporaine de notre discours (Cod. Iust., XI, 62, 7) que ce mouvement s'élargit. Cette évolution tardive n'apparaît donc pas dans notre texte. En revanche, ce qui ressort clairement de la confrontation des discours XXXI, L et XXXVI, c'est une autre forme d'évolution qui s'est produite à Antioche entre la décennie 360 et la décennie 380 : alors que les curiales étaient les principaux *possessores* des biens municipaux en 361, en 386, ce sont les *honorati*, extérieurs aux liturgies, qui en « détiennent » la majorité. Libanios esquive la question des méthodes employées par les *honorati* pour s'approprier une grande partie de ces *fundi*. Mais son silence même suggère que ces attributions n'étaient pas admissibles. De fait, les puissants intriguaient auprès de membres de l'administration ou de curiales eux-mêmes pour être favorisés dans ces attributions, manœuvres que certaines lois tentèrent d'empêcher (J. H. W. G. Liebeschuetz 1959, p. 351).

20. §6 Le pronom démonstratif οὗτοι sert à désigner un adversaire en justice et peut présenter une connotation péjorative.

21. « Les autres » désigne ici les curiales. Dans *Or.* II, 7, daté de 380 ou 381, Libanios évoque dans des termes analogues ceux à l'écart desquels il se tient et qui cherchent pourtant à l'attirer à eux pour l'éloigner des curiales : « Et, bien que souvent ces personnes essaient de m'attirer dans leur rang, on peut constater que je ne réponds pas à leur invitation », traduction J. Martin 1988, p. 63.

22. Le substantif μερίς (« la part », « la portion ») peut revêtir un sens social en désignant une classe ou une catégorie de personnes (*Or.* XLVII, 27, τῆς δὲ τῶν ὀλίγα κεκτημένων μερίδος : « la classe des petits possédants », ou *Or.* XXV, 52, τῇ τῶν ἀρχόντων μερίδι : « la classe des gouvernants ») et un sens politique. Dans cette dernière acception, on le rencontre souvent chez Libanios complété par un terme abstrait comme τὸ δίκαιον ou τὸ καλόν pour signifier « le parti de la justice » : ἡ τοῦ δικαίου μερίς (*Or.* XIX, 18 ; LIX, 12 ; LIX, 49 ; L, 22 ; *Ep.* 907, 6) et τῆς τῶν δικαίων μερίδος (*Or.* LI, 22 ; Decl. 50, 33) ou « le parti du bien » : τῆς τοῦ καλοῦ μερίδος (*Or.* LXIV, 82). Complété par un adjectif possessif ou le génitif d'un nom concret, et dans un contexte de lutte ou de rivalité, μερίς désigne un groupe de personnes qui s'opposent par leurs opinions, leur idéologie, leurs intérêts, à un autre groupe ; il s'agit alors de « partis » ou de « camps » : dans *Ep.* 374, 7, τῆς ἑτέρας μερίδος fait référence aux chrétiens ; dans *Or.* I, 71, τὴν ἐμὴν μερίδα renvoie aux partisans de Libanios dans un contexte de compétition rhétorique. Parmi les prosateurs classiques admirés par Libanios, ce sens politique est absent des textes de Platon, mais figure chez Démosthène, notamment dans le discours *Sur la Couronne* (*Or.* XVIII, 64 ; 176).

23. Dans son sens technique, le verbe προσκυνέω-ῶ fait référence à la προσκύνησις ou « prosternation » qui appartient au cérémonial de l'adoration de la pourpre : ceux qui avaient le privilège d'entrer en contact avec l'empereur devaient se présenter à lui en silence, les mains voilées, se prosterner et baiser le bas de son manteau. Cette pratique est commentée par Ammien (15, 5, 18, cité par J.-M. Carrié 1999, p. 151). Cependant, comme l'atteste un passage de l'*Histoire secrète* de

Procope, même en présence de l'empereur, les pratiques couvertes par le verbe προσκυνέω-ῶ étaient en réalité plus variées. Bien que postérieur de plus d'un siècle à notre texte — sa rédaction fut achevée vers 550 —, ce témoignage peut nous aider à nous représenter les marques de respect et de politesse adressées à un personnage éminent du temps de Libanios. Procope met donc en scène les sénateurs face à l'empereur Justinien et à son épouse Théodora et présente ainsi les différentes formes d'hommages appartenant au protocole : « Depuis longtemps, lorsque le haut sénat se rendait auprès de l'empereur, il avait pris l'habitude de **se prosterner** (προσκυνεῖν) de la manière suivante : celui qui était patricien **s'inclinait profondément** vers son sein droit (παρὰ μαζὸν αὐτοῦ προσεκύνει τὸν δεξιόν). L'empereur lui ayant embrassé la tête, il sortait ; tous les autres fléchissaient le genou droit devant l'empereur et se retiraient. Cependant, il n'était pas dans les habitudes de **se prosterner** (προσκυνεῖν) devant une impératrice. Mais quand ils étaient admis auprès de Justinien et de Théodora, tous, et en particulier les dignitaires du rang de patrice, se jetaient aussitôt bouche contre terre, les mains et les pieds étendus (ἔπιπτον μὲν εἰς τὸ ἔδαφος εὐθὺς ἐπὶ στόμα, χειρῶν δὲ καὶ ποδῶν ἐς ἄγαν σφίσι τετανυσμένων), et ils se relevaient après avoir baisé de leurs lèvres chacun des pieds des souverains (τῷ χείλει ποδὸς ἑκατέρου ἁψάμενοι, ἐξανίσταντο) », (*Anecd.* 30, 20-23). Le verbe προσκυνέω-ῶ peut donc renvoyer à différentes formes de saluts plus ou moins obséquieux : inclination du buste, génuflexion, envoi d'un baiser, prosternation au sens fort du terme. Si Libanios emploie ce verbe, et quelles que soient les marques de respect auxquelles il fait allusion, c'est pour dénoncer les grossières manœuvres de flagornerie et de séduction des *honorati* à son égard, prêts à lui promettre des formes de respect disproportionnées, voire relevant du crime de lèse-majesté à l'égard de l'empereur ; en effet, en annonçant qu'il ne taira pas leur promesse et en créant ainsi un effet de suspens (« Et ce qu'ils m'ont souvent déclaré, je ne le passerai pas sous silence. »), Libanios amplifie la gravité de leur comportement, ce qui incline notre choix de traduction du verbe par « se prosterner », d'autant plus qu'à d'autres endroits de son œuvre, le sophiste évoque d'autres gestes de courtoisie qui lui étaient réservés par des hommes d'importance et que malgré leur caractère ostentatoire, ils ne méritent pas à ses yeux l'appellation de προσκυνήσις. Dans *Or.* II, 6 par exemple, il décrit le respect que lui manifestent « les magistrats et les puissants » (τῶν ἐν τέλει καὶ δυνατῶν) : « Ils me baisent la tête, les yeux et les mains » (Οἳ φιλοῦσι μέν μου καὶ ὀφθαλμοὺς καὶ κεφαλὴν καὶ χεῖρας), cérémonial qu'on retrouve en partie dans l'attitude de certains quémandeurs à l'égard des gouverneurs comme dans *Or.* LII, 22 : ... κεφαλήν τε καὶ ὄμματα φιλοῦντες χειρῶν τε ἁπτόμενοι καὶ γόνατα τιμῶντες. J. Martin 1988, p. 248, voit dans toutes ces manifestations de politesse « les efforts des gouverneurs, des hauts magistrats et des *honorati* pour attirer Libanios à eux en le détournant de la défense des curies. » De manière générale, au sein d'une élite locale formée à la *paideia* et dans les relations entre cette élite et le pouvoir central, les manifestations de courtoisie constituaient, avec la rhétorique, un important moyen de persuasion (P. Brown 1998, p. 52-53). Pourrait-on déceler aussi dans la solennité des puissants face à Libanios l'hommage intéressé au détenteur d'une charge honorifique ? Eunape, dans son chapitre consacré à Libanios, affirme que celui-ci avait refusé la charge de préfet du prétoire honoraire offerte successivement par plusieurs empereurs ayant succédé à Julien. Effectivement, dans l'*Or.* II, le sophiste évoque un brevet refusé avant 380-381 (*Or.* II, 8 : τὸ γραμματεῖον ἐκεῖνο, ὃ διεωσάμην), brevet qui lui aurait permis de recevoir la visite chez lui des détenteurs de charges et de « remplir de tumulte les résidences des gouverneurs quand [il] serai[t] allé leur rendre visite », traduction J. Martin 1988, p. 64. Mais il ressort bien de certains de ses textes que Libanios finit par être détenteur, peut-être dès 383-384, d'un titre honorifique que P. Petit considère comme un « titre de préfet du prétoire honoraire » (P. Petit 1951, p. 289-294.) J. Martin 1988, p. 248-250, reprend tous les éléments de ce dossier pour tenter d'établir que le titre finalement acquis qui conférait à Libanios le droit de recevoir les gouverneurs à son domicile est celui de questeur. Quoi qu'il en soit, sous Théodose, Libanios jouit des mêmes droits et prérogatives que les *honorati* : siéger à côté des juges, participer avec eux aux cérémonies officielles (P. Petit 1951, p. 291-292). L'hypothèse selon laquelle les marques de respect qu'il recevait, même si elles étaient exagérées, avaient à voir avec ce titre de questeur n'est donc pas à exclure. Sur l'octroi de dignités honoraires aux élites provinciales, voir A. Laniado 2002, p. 164.

24. Le substantif τάξις (« position ») file ici une métaphore militaire amorcée par le verbe ἀποστῆσαι (« faire défection ») mais Libanios joue sur la polysémie du terme qui peut se référer en même temps à une position sociale qu'il ne veut pas quitter, préférant rester du côté des curiales, ce qui l'amène de fait à livrer bataille pour eux. Dans un autre contexte, le syntagme λιπεῖν τὴν τάξιν peut se référer au fait d'abandonner son poste de professeur ; c'est le cas dans *Or.* I, 214 : Οὐ μὴν ἐπειθόμην γε ταῖς περὶ τοῦ με δεῖν λιπεῖν τὴν τάξιν παραινέσεσιν (« Je ne me laissai pas convaincre par les conseils me faisant devoir de quitter mon poste »). Dans les deux situations, Libanios justifie sa décision de rester en place par son sens du devoir.

25. Les ancêtres de Libanios appartenaient à la classe curiale (J. Wintjes 2005, p. 43-62 ; B. Cabouret 2012 b, p. 322-328). Son grand-père et son grand-oncle paternels sont présentés dans *Or.* I, 3 comme des bouleutes « doués pour l'éloquence » (εἰπεῖν ἱκανούς) et Libanios précise que leur mort priva la famille d'une « grande fortune » (χρημάτων μεγάλων). Quant à son grand-père maternel, lui aussi

« remarquable en tout et particulièrement dans l'art oratoire » (τἄλλα τε ὄντι λαμπρῷ καὶ ῥητορικῷ), il mourut « en laissant à la *Boulè* deux vaillants champions » (δύο προμάχοις τὴν βουλὴν παραδόντι) : Phasganios et Panolbios, les oncles de Libanios. Dans *Or.* II, 10, Libanios fait allusion aux « portraits » et aux « liturgies » de ses ancêtres dont, par simplicité, il ne s'est jamais enorgueilli mais que toute la cité connaît : « Mais je ne l'ai jamais dit. Je ne me suis jamais enorgueilli des portraits de mes ancêtres ou de leurs liturgies. Il me suffisait que la cité connût ces choses qui touchent à ma famille » (Εἶπον δὲ οὐδεπώποτε οὐδὲ ἐπήρθην ταῖς εἰκόσιν αὐτῶν οὐδὲ ταῖς λειτουργίαις, ἀλλ᾽ ἀρκεῖν ἡγησάμην τὸ ταῦτα ἡμῖν συνειδέναι τὴν πόλιν, traduction J. Martin 1988, p. 64). Dans *Or.* XV, 10, il évoque « les combats de [ses] ancêtres en faveur de la cité » (ἄθλους τῶν ἐμῶν ὑπὲρ τῆς πόλεως προγόνων).

26. Cette remarque fait écho à *Or.* II, 6 : après avoir évoqué les marques de respect reçues des magistrats et des puissants (voir *supra*, n. 23), Libanios indique que lui-même les gratifie des honneurs qui leur sont dus ; ils le quittent en ayant obtenu de lui autant que lui d'eux, ce que Libanios exprime en ces termes : « ils partent sans avoir rien de moins » (ἔχοντες δ᾽ οὐδὲν ἔλαττον ἀπέρχονται). J. Martin 1988, p. 63, traduit par : « quand ils me quittent ils n'en reçoivent pas moins les honneurs que je leur dois. » Libanios s'en tient donc, dans ses relations avec les *honorati*, à la politesse requise.

27. On notera l'ambiguïté du pronom οὗτοι employé deux fois dans ce paragraphe. En première place, il désigne de manière certaine les *honorati*. La suite du texte et le début du paragraphe 7 montrent cependant que, dans sa seconde occurrence, il désigne plutôt les membres du Conseil. Sa fonction est alors de reprendre le dernier élément cité, c'est-à-dire τὴν βουλὴν.

28. L'accusation en question serait d'avoir changé de « camp » (voir *supra*, n. 24) ; or, ni les petites gens d'Antioche, ni ses curiales ne peuvent faire grief à Libanios de les avoir abandonnés. Le souci de ne pas trahir sa cité est très présent chez le sophiste ; dans *Or.* XV, 10, il en fait mention quand il expose à Julien comment les Antiochéens l'ont persuadé, malgré ses réticences, de lui présenter leur requête en lui rappelant les combats de ses ancêtres pour la défense de la cité (voir *supra*, n. 25) et en lui montrant leurs tombes. Libanios a donc décidé de se plier à leur demande, « en partie par honte, en partie par crainte des Erinyes dont il faut penser qu'elles s'indignent quand la patrie est négligée, comme de l'impiété filiale, et par-dessus tout redoutant ton opinion au cas où tu me considérerais comme brutal, impie et traître à ce qu'il y a de plus précieux ... » » (... τὰ μὲν αἰσχυνθείς, τὰ δὲ δείσας Ἐρινῦς, ἃς ἀγανακτεῖν δεῖ νομίζειν πατρίδος ἀμελουμένης, ὥσπερ ἀμέλει τοκέων, καὶ πρὸ τούτων τὴν σὴν γνώμην φοβηθείς,

μή με ἡγήσῃ θηριώδη καὶ δυσσεβῆ καὶ τῶν τιμιωτάτων προδότην ...) Piété familiale et piété civique se confondent.

29. §7 Libanios évoque ici les avocats dans leur ensemble, ce qui
confère au substantif τοὺς ἄρχοντας le sens général de « gouvernants »
plutôt que de « gouverneurs » (sur le sens des mots formés à partir
d'ἄρχειν, voir *supra*, n. 18). Antioche étant la résidence du gouverneur
de province, du comte d'Orient et, éventuellement, du préfet du prétoire, le nom peut désigner dans l'œuvre du sophiste tous ces représentants du pouvoir impérial auxquels étaient attachés des avocats. Parce
qu'il avait formé un certain nombre d'entre eux à la rhétorique, le
sophiste était bien placé pour attester de leurs capacités auprès de ceux
qu'ils allaient seconder et accompagner en tournée (*Or.* XLVI, 3), mais
aussi auprès de ses concitoyens ayant besoin d'être défendus.

30. Dans *Or.* II, 21, les visites aux malades sont assimilées à des
liturgies dont seuls pourraient se dispenser des détenteurs d'atélie.
Libanios est sensible au respect de ces règles de courtoisie et, s'il les
observe scrupuleusement, il n'en attend pas moins des autres. Par
exemple, il se montre obligeant avec Zénobios qu'une longue maladie
retient chez lui en lui rendant des visites quotidiennes alors même que
le vieux maître lui tient rigueur de son installation récente au *Bouleuterion* (*Or.* I, 104-105). Par la suite, malgré la goutte et la vieillesse, le
sophiste continue à s'acquitter de cette charge envers les uns et les
autres et s'il ne peut plus courir, il se transporte à cheval ou se fait
porter par ses serviteurs (*Or.* II, 22). Dans le pire des cas, il envoie
quelqu'un prendre des nouvelles de la personne souffrante. Ne pas respecter ces règles de politesse équivaudrait à « désavouer » celui qu'on
a négligé (P. Brown 1998, p. 52) : c'est ainsi que Libanios reproche à
Eustathios, gouverneur en fonction vers 389, de ne pas monter chez lui
pour le voir et, pire encore, de ne pas même faire monter quelqu'un
à sa place pour s'enquérir de sa santé (*Or.* LIV, 34). Refuser une visite
de la sorte revêt la même signification : Zénobios ferme parfois sa porte
à son ancien élève sans pour autant réussir à le décourager (*Or.* I, 105) ;
Libanios, s'il s'est parfois permis de laisser dehors des personnages
importants, les a toujours accueillis lorsqu'il était malade, comme si y
échapper dans de telles circonstances était beaucoup plus grave (*Or.* II,
9). La « mosaïque de Kimbros » (fin du IVᵉ s.-début du Vᵉ), qui dépeint
l'histoire d'un jeune homme à partir de sa prime jeunesse en accordant
une grande place à des scènes de sa vie sociale et scolaire, représente
à plusieurs reprises un malade entouré de visiteurs (figures 5. 2 et 5. 7
dans C. Marinescu, S. Cox, R. Wächter 2007, p. 103-104 ; *idem* 2005,
p. 1271-1275), preuve que ces visites avaient une place importante dans
les règles de sociabilité.

31. §8 L'emploi de termes sacralisant l'enseignement de la rhétorique et les lieux où il est prodigué est très fréquent chez Libanios ;

au-delà de simples ornements métaphoriques, on peut les lire comme des indices d'une véritable sacralisation de la parole (C. Saliou 2015 b, p. 13-14 ; voir aussi *Or.* XXXV, n. 80 au § 21). Ici, le sacrilège a été commis contre la personne même de Libanios.

32. L'expression « mettre au premier rang ce qui par nature occupe le second » fait référence aux penchants des élèves pour les mimes, les courses de chevaux ou le jeu de dés qui les détournent de leurs études (R. Cribiore 2007, p. 27-28), en bref, à toutes les passions de l'âme et du corps que Libanios assimile à des formes d'esclavage dans le discours XXV (B. Schouler 1973, p. 91-99).

33. Libanios aime se présenter comme un professeur peu sévère, bien que cette image soit parfois contredite : dans *Or.* XLIII, 9, il promet aux professeurs de rhétorique qu'une fois réglé le problème des défections d'élèves, ils pourront enfin maintenir l'ordre dans leur classe en faisant s'activer fouets et cravaches.

34. Libanios revient ici sur le thème des visites aux malades. Sur les élèves malades que le maître soutient, voir *Or.* XXXV, 15. Dans la « mosaïque de Kimbros », un panneau (figure 5. 2, voir références *supra*, n. 30) représente un certain Marianos au chevet d'Apol(l)onidès, un jeune homme malade comme le prouve au dessus de sa tête une personnification de la maladie (ΝΟΣΟΣ). Or, dans la scène précédente, Marianos est représenté sous les traits d'un professeur assis, devant lequel le jeune Kimbros est figuré debout. Peut-être Apolonidès est-il un ancien élève de Marianos.

35. Le nom ἐφόδιον désigne en premier lieu les provisions de voyage pour une armée. Mais Libanios ne l'emploie qu'une seule fois dans son sens propre (*Arg.* 8, 2). Toutes les autres occurrences du mot sont métaphoriques et liées à des contextes extrêmement variés, quel que soit le genre des textes concernés. Cependant, ἐφόδιον se rapporte invariablement à des « ressources » ou « moyens » dont la possession amène à un certain résultat ; c'est pour cette raison qu'un complément introduit par εἰς, πρὸς ou ἐπὶ régissant l'accusatif lui est le plus souvent associé. Ainsi, dans *Or.* LXIV, 106, le travail est la meilleure ressource pour réaliser un désir (εἰς τὴν ἐπιθυμίαν ἐφόδιον) ou dans *Or.* V, 23, la chasse est un « viatique » (traduction J. Martin 1988, p. 146) pour se préparer à être victorieux au combat (εἰς νίκην ἐφόδιον). Le mot ἐφόδιον ne peut donc suffire à orienter notre interprétation du nom στρατιώτου tel qu'il est employé dans notre texte et à déterminer si, dans l'esprit de Libanios, ce sont plutôt les soldats ou les membres de l'administration revêtus des insignes militaires qui se sentent autorisés par leur titre à faire preuve d'insolence (sur l'ambiguïté du mot, voir *Or.* XXXIV n. 18 au § 3). De même, le nom προσηγορία ne se rattache pas uniquement chez Libanios au titre attaché à une fonction administrative (par exemple *Or.* XLVI, 11 ; *Or.* XXV, 53) ou militaire (*Decl.* 22, 23). Ce sont donc plutôt des rapprochements avec d'autres

discours qui peuvent nous guider mais aussi les choix de vocabulaire habituellement opérés par le sophiste. Le comportement brutal des fonctionnaires attachés aux représentants du pouvoir impérial à Antioche est à plusieurs reprises dénoncé par Libanios ; on les voit notamment s'en prendre aux curiales (*Or.* XXXV, 8 et n. 32) ou aux cabaretiers (*Or.* XLVI, 11). Mais il est vrai que, dans ce dernier discours, l'attitude des soldats de la garnison est elle aussi blâmée et que tous, civils ou militaires, sont représentés comme des brigands et des rustres (voir *infra*, n. 36). En revanche, quand, dans *Or.* XXXV, 8, Libanios évoque les turpitudes des fonctionnaires, ce n'est pas le terme στρατιῶται qu'il emploie, mais la périphrase « valets des gouverneurs » (τοὺς τῶν ἀρχόντων ὑπηρέτας) ; de même, dans le discours XLVI, il use d'abord de termes précis pour énumérer différentes catégories d'agents civils au service du pouvoir impérial puis d'un raccourci sous forme de périphrase (§ 11) : « des hérauts, des courriers, des bourreaux et il y a aussi d'autres fonctions constituant un titre » (κήρυκες, ἡμεροδρόμοι, βασανισταί, ἔνι δὲ καὶ ἄλλα ἅττα ἔργα ποιοῦντα προσηγορίας) ; enfin, il reprend des périphrases pour désigner le même personnel (§ 13) : « ceux qui sont au service de qui dirige la province, ceux au service de qui en dirige plusieurs, ceux au service du chef d'armée » (τοὺς ὑπὸ τῷ τὸ ἔθνος ἄγοντι, τοὺς ὑπὸ τῷ πλείονα, τοὺς ὑπὸ τῷ στρατηγῷ). En revanche, tout de suite après, quand il s'agit des membres de la troupe en stationnement à Antioche, le lexique est plus direct : τὸν λόχον puis στρατιῶται. Dans ce passage au moins, la distinction est donc très nette entre personnel civil et personnel militaire dans les choix d'expression de Libanios. De fait, il appert que le plus souvent, le terme στρατιῶται se rapporte à des militaires (voir *infra*, n. 36 pour les références). On pourrait aussi ajouter que l'insulte verbale qui, dans notre discours, pousse les élèves à réagir, semble être une arme souvent utilisée par la soldatesque (*Or.* XLVII, 33). Ce sont donc plutôt les militaires qui, dans notre discours, invectivent les jeunes gens et provoquent ainsi des bagarres.

36. Au IVᵉ siècle comme aux siècles antérieurs, un grand nombre de troupes stationnèrent à Antioche et autour de la ville pendant plusieurs mois d'affilée en préparation des campagnes contre les Perses, comme cela se produisit sous Julien (Amm., 22, 12, 6 ; N. Pollard 2000, p. 107), mais il n'y eut vraisemblablement pas de garnison permanente sur le territoire de la cité (N. Pollard 2000, p. 277-279). Selon P. Petit 1955, p. 187, « la ville est trop éloignée de la frontière pour être vraiment une garnison. En cas de guerre, les troupes se rassemblent sur l'Euphrate, dans la région d'Hiérapolis ; en période de paix, surtout à l'époque calme de Théodose, les troupes cantonnées dans la ville sont certainement peu nombreuses. » N. Pollard 2000, p. 301, s'appuie sur les textes de Libanios pour établir ce point en citant les différentes circonstances au cours desquelles des soldats firent cruellement défaut

à la ville, prouvant ainsi l'absence de garnison permanente : la rébellion des cinq cents soldats engagés pour la construction du port de Séleucie de Piérie (*Or.* XX, 18-20), puis la révolte des statues de 387 que la troupe d'archers sur place ne put écraser, faute d'un soutien militaire qui n'arriva que plus tard d'un camp sans doute extérieur à la cité elle-même (*Or.* XLVI, 13-14). Cependant, les empereurs séjournant dans cette capitale et les fonctionnaires qui y étaient basés tels que le gouverneur, le comte d'Orient et le *magister officiorum* étaient accompagnés de troupes attachées à leur personne, les *comitatus,* ce qui explique la présence quasi permanente de soldats mêlés à la vie quotidienne des Antiochéens (J.-M. Carrié 1999, p. 622 ; N. Pollard 2000, p. 302 ; M. Casella 2010, p. 291) et les désagréments liés à cette cohabitation forcée. Vers 393, année probable de la composition du discours XLVI, une troupe est stationnée à Antioche (*Or.* XLVI, 13 : τὸν δὲ ἐγκαθή-μενον λόχον), peut-être depuis les émeutes de 387 (N. Pollard 2000, p. 108). Les soldats sont invariablement représentés par Libanios comme brutaux et malhonnêtes, s'adonnant à toutes sortes d'excès : voracité et ivrognerie, rapine, provocations et bagarres, corruption (*Or.* XXVII, 14 ; *Or.* XLV, 5 ; *Or.* XLVI, 13 ; *Or.* XLVII, 7-10 ; 33 ; *Or.* L, 27-29). Les témoignages de Libanios sont corroborés par ceux d'auteurs contemporains (Amm., 22, 12, 6) ou postérieurs (Josué le stylite 81, 86, cité par N. Pollard 2000, p. 107-109) qui dénoncent les mêmes vices, à Antioche ou à Édesse.

37. Χειρὸς βαρείας est une citation d'Homère, *Il.* I, 219. Ce passage devait être très bien connu de Libanios qui lui emprunte aussi l'insulte « œil de chien » (κυνὸς ὄμματ' ἔχων : I, 225) rencontrée dans *Or.* XXXIV, 6. La main lourde est celle d'Achille qui, poussé par sa colère, a dégainé son épée et est sur le point de frapper Agamemnon. Mais Athéna arrive, envoyée par Héra, et le dissuade de commettre ce geste. C'est ainsi qu'Achille « pesa de sa lourde main sur la poignée d'argent » (ἐπ' ἀργυρέῃ κώπῃ σχέθε χεῖρα βαρεῖαν) et repoussa sa grande épée dans son fourreau. Cette citation de l'épopée donne de l'écho au texte : les élèves de Libanios auraient pu payer cher leur mouvement d'humeur contre les soldats. L'adjectif βαρύς peut prendre le sens précis de « violent ».

38. §9 Le terme μισθός renvoie aux honoraires versés à Libanios par les parents d'élèves. Le sophiste ne fournit jamais d'indication sur la valeur des sommes versées mais, d'après la diversité du lexique employé, il est évident que le montant variait d'une famille à une autre, selon les possibilités ou la générosité de chacune. Des cadeaux en nature pouvaient aussi faire office de salaire même s'il est parfois délicat de faire la part précise entre ceux qui comptaient comme rémunération et ceux qui étaient offerts par amitié. Les lettres de Libanios nous permettent de dresser un inventaire de ces cadeaux : productions

agricoles comme du vin et de l'huile d'olive, pièces de vêtement comme des tuniques en lin, livres, animaux. Voir R. Cribiore 2007, p. 188-189, pour un recensement de ces divers cadeaux.

39. Comme il ressort surtout du discours XXXIV qui compte neuf occurrences du terme νόμος, la classe de Libanios était régie par un ensemble de lois, de règles ou de pratiques décidées par le sophiste lui-même ou héritées de ses prédécesseurs.

40. Il faut entendre : « il n'y a pas un autre maître ».

41. §10 Le terme διδάσκαλος est générique et englobe toutes les catégories de professeurs. Dans l'ensemble constitué par les paragraphes 10-11, il désigne les professeurs de rhétorique adjoints de sophistes et travaillant sous leur autorité.

42. L'identité de ce professeur a été discutée. Ce qui ressort clairement du texte, c'est qu'il était originaire d'Ascalon en Palestine et qu'il fut le prédécesseur d'un autre Palestinien évoqué dans le paragraphe suivant et identifié comme Zénobios puisque Libanios devait lui succéder. R. Foerster, Vol. III, p. 232, a suggéré qu'il pourrait s'agir d'Aidésios, mais sans trancher. La *PRLE* 1, p. 991, soutient ce point de vue dans l'article consacré à Zénobios : « official rhetor at Antioch in succession to Adesius I ». Cependant, il s'agit vraisemblablement plutôt d'Ulpianos. En effet, d'après *Or.* IV, 9, Aidésios eut deux successeurs dont l'un était particulièrement apprécié de Libanios qui le pleura beaucoup : Οὐκοῦν ὑγιαίνων μὲν Αἰδέσιος τὰς φρένας ᾤχετο, ταὐτὸ δὲ ὑπῆρξε τοῖς μετ' ἐκεῖνον. Ὧν ἐγὼ τῷ πρεσβυτέρῳ τὸν ἴσον βεβίωκα χρόνον καὶ οἶδά γε θρηνήσας αὐτὸν ὑπὲρ τοὺς ἄλλους, νέος τῶν ἐκείνου ῥευμάτων ἀποστερούμενος. (« Aidésios était sain d'esprit quand il nous a quittés, et la même grâce fut accordée à ses successeurs. J'ai vécu aussi longtemps que le plus âgé des deux, et je me souviens de l'avoir pleuré plus que les autres quand, tout jeune, je fus privé de la source de connaissances qu'il faisait couler », traduction J. Martin 1988, p. 119.) Or, le maître que fréquente Libanios quand il est pris par l'amour des études est très certainement Ulpianos, évoqué aussi dans *Or.* I, 8 comme un maître regretté (voir aussi le commentaire afférent dans P. Petit 1979, p. 287). Ce même Ulpianos est par ailleurs évoqué dans *Or.* XLIX, 18, comme un personnage très influent à Antioche au temps du grand-père de Libanios ; il y apparaît en effet comme le sophiste qui, dirige la cité « au doigt et à l'œil » (τῷ τότε σοφιστῇ τὴν πόλιν ἀπὸ νευμάτων ἄγοντι, traduction J. Martin 1988, p. 288). On notera la similitude des expressions employées dans cette citation et dans le discours XXXVI : αὖθις ὁδὸν ἀπὸ τῶν ἐκείνου νευμάτων ἐλάμβανον, similitude qui conforte l'identification du personnage. Cet Ulpianos est par ailleurs mentionné par Eunape (*VS* 10, 3) comme un professeur régnant sur Antioche dans le domaine de la rhétorique : τὸν Οὐλπιανὸν κρατοῦντα τῆς Ἀντιοχείας ἐπὶ λόγοις et comme le maître

de Prohairésios ; il l'est aussi par la *Souda* O 912 qui indique qu'il était actif à Emèse avant de s'installer à Antioche et qu'il composa des discours variés. Il est donc probable que Libanios, qui fut l'élève d'Ulpianos, ait lui-même vu et vécu ce qu'il rapporte sur le comportement de ce professeur. Dans *Or.* I, 8, et *Or.* IV, 9, Libanios ne fait pas allusion à la sévérité d'Ulpianos ; il note seulement l'excellence de ce maître.

43. Le verbe παρακάθημαι suivi du datif peut signifier « s'occuper de ». L'adjectif ἕτερος prenant son sens par rapport à un groupe de deux éléments, et l'effectif d'une classe de rhétorique dépassant deux membres, le complément ἑτέρῳ ne doit pas être considéré comme un masculin (« quelqu'un d'autre ») mais comme un neutre singulier (« quelque chose d'autre ») : à l'arrivée d'Ulpianos, ses adjoints, plutôt que de se consacrer à l'enseignement, leur « autre » activité, devaient être entièrement concentrés sur l'attitude à adopter face à leur supérieur.

44. Quelle était la fonction précise de cet esclave ? L'expression : ὁ παῖς ᾧ πρὸς τοὺς ὁμιλητὰς ἐχρῆτο est assez vague pour qu'on puisse tout imaginer. Avait-il comme fonction de faire respecter l'ordre en usant de la menace ou des coups puisqu'il semble même capable de terroriser les adjoints d'Ulpianos lorsqu'il prélève la taxe ? Ou son rôle se limitait-il à percevoir auprès des élèves le salaire du maître et auprès des adjoints cette retenue sur leurs appointements ? Des esclaves étaient aussi employés au sein de l'école municipale comme appariteurs (*Or.* XXXIV, 5 ; *Or.* V, 50).

45. Ce passage fait la preuve que les élèves payaient directement les adjoints qui les avaient fait travailler, que ce n'était pas le sophiste qui prélevait de son salaire des sommes à leur redistribuer par la suite et que les élèves ne payaient les assistants du maître ni sous les yeux de celui-ci, ni en même temps ; sinon, il lui eût été facile de prélever aussitôt sa taxe. Or, il se trouve que certains élèves ne peuvent s'acquitter de leur dû au moment où il leur est réclamé.

46. §11 Le terme ἡγεμονία renvoie à l'autorité du professeur en tant que position dominante au sein de l'école municipale pour l'enseignement de la rhétorique c'est-à-dire à une réalité institutionnelle plutôt qu'à un ascendant psychologique exercé sur les autres et forçant leur respect. C'est pourquoi Libanios précise que le successeur direct d'Ulpianos était un personnage plutôt falot. Il s'agit de Zénobios, originaire d'Élousa en Palestine (*PLRE* 1, p. 991).

47. Que signifie précisément, dans l'esprit de Libanios « jouir des mêmes conditions » ? Il s'agit sans doute moins de profiter de son autorité pour prélever des sommes sur le salaire des assistants, ce que Libanios ne peut trouver louable, que de jouir des marques de respect des autres enseignants.

48. Il semble bien que dans *Or*. I, 8, Zénobios soit compté au nombre des « fantômes de sophistes » ou des « maîtres aveugles » vers lesquels Libanios s'est tourné après la mort d'Ulpianos et dont il finit par s'éloigner de peur de « tomber dans un abîme d'ignorance », leur préférant un grammairien (traduction P. Petit 1979, p. 98). Cela ne l'empêcha pas de composer une monodie en son hommage et un éloge après sa disparition (*Ep*. 405, 9). Tout est affaire de circonstances.

49. Le texte ne précise pas si le maître ignore le nom de ses élèves ou de ses assistants. Le contexte incite cependant à pencher pour la seconde hypothèse.

50. L'évocation suggère un espace assez vaste pour que le sophiste et ses adjoints puissent s'y réunir sans être contraints à la promiscuité.

51. §12 Le participe συνδιατρίβων traduit le partage d'un même espace de travail entre Libanios et certains maîtres.

52. Ce rapport égalitaire n'empêche cependant pas Libanios de diriger le travail de ses adjoints (voir *Or*. XXXIV, 16).

53. La difficulté de ce passage à partir duquel Libanios traite de ses propres relations avec les διδάσκαλοι tient de la succession des trois formes verbales, d'abord συνδιατρίβων et ἀναμίγνυμαι, puis ἀκούων. Les deux premières traduisent en effet une grande proximité entre le sophiste et ces maîtres ; la troisième, une certaine distance, puisque Libanios n'apprend ce qui se passe chez certains d'entre eux que par ce qu'il en entend dire. C'est que Libanios, sans le préciser, ne se réfère pas tout au long de ce paragraphe aux mêmes types de professeurs : les adjoints-rhéteurs du début laissent insensiblement la place aux grammairiens.

54. A. J. Festugière 1959, p. 456, rejette les corrections apportées à ce passage par l'édition de R. Foerster et restaure, à juste titre, la leçon des manuscrits principaux : aux élèves entretenant « chez eux » (παρ' αὐτοῖς) « des petites femmes » (γύναια), nous préfèrerons avec lui des élèves se laissant pousser « la barbe » (γένεια) « chez eux », c'est-à-dire chez certains maîtres (παρ' αὐτοῖς), plus précisément les grammairiens.

55. Les élèves « retenus » par les grammairiens représentent un manque à gagner pour Libanios d'autant plus dommageable qu'il n'a pas, d'après ce qu'il dit lui-même, retrouvé le niveau de fortune foncière de son père (P. Petit 1955, appendice 3, p. 407-411). Un tel enrichissement de grammairiens, passés de la pauvreté à la fortune, est cependant douteux et il faut sans doute faire ici la part de l'amplification rhétorique et du goût de Libanios pour les contrastes bien tranchés.

56. §13 Après ses adjoints-rhéteurs et les grammairiens au paragraphe précédent, Libanios aborde ici ses relations avec des sophistes concurrents.

57. Le verbe προστίθεμαι se rencontre aussi dans *Or*. III, 26, dans le même contexte des défections d'élèves : νέων τῶν μὲν προστιθεμένων, τῶν δὲ ἑτέρωσε πλεόντων (« quand des élèves rejoignent ma classe et quand d'autres me quittent pour d'autres rivages », traduction J. Martin 1988, p. 99). Sur ces défections, voir *Or*. XXXIV, n. 116 au § 30.

58. Cette « loi » établie sur laquelle aucun texte de Libanios ne nous livre d'informations précises reposait vraisemblablement sur un contrat moral entre le sophiste et ses élèves qui, une fois inscrits sur sa liste, s'engageaient à poursuivre leur année scolaire dans sa classe.

59. Le nouveau changement est une nouvelle défection possible.

60. Avoir « un cœur de fer dans la poitrine » (σιδήρεος ἐν φρεσὶ θυμός) est une image homérique présente dans l'*Iliade* (V 191 ; XXII 357).

61. L'adverbe δεῦρο signale que Libanios prononce son discours ou feint de le prononcer dans sa salle de cours.

62. §14 *Il*. IV, 422-423 : Ὡς δ' ὅτ' ἐν αἰγιαλῷ πολυηχέϊ κῦμα θαλάσσης ὄρνυτ' ἐπασσύτερον Ζεφύρου ὑπο κινήσαντος· (« Comme sur le rivage sonore les vagues marines, successives, naissent sous l'impulsion du Zéphyr », traduction P. Brunet 2010, p. 111.)

63. Les élèves passifs « dorment » eux aussi dans *Or*. XLIII, 10 et Libanios emploie le même verbe quand il évoque son enfance auprès d'une mère aimante qui n'imposait pas à ses fils de travailler s'ils n'en avaient pas envie : « elle ne savait pas se fâcher contre un enfant qui dormait » (*Or*. I, 4 : οὐκ ᾔδει χαλεπῆναι πρὸς καθεύδοντα παῖδα). Le verbe est un synonyme de « paresser ».

64. Ces manifestations d'affliction trouvent des illustrations littéraires dès l'épopée homérique où hommes et dieux se frappent les cuisses en pleurant (*Il*. XII, 162 ; XV, 113 ; XV, 397-398).

65. §15 Libanios évoque ici les défixions agonistiques, plus précisément les κατάδεσμοι ἡνιόχων. C'est le monde de l'hippodrome et des courses de char qui a généré le plus grand nombre de tablettes d'envoûtement dont les victimes désignées étaient soit des chevaux, soit des cochers. Leur but était de « lier » hommes et/ou animaux pour les empêcher d'avancer ou pour les faire tomber de manière à perdre la course. Ces pratiques de magie noire étaient très répandues (M. Martin 2010, p. 98-111). Les fouilles de l'université de Princeton menées en 1934 sur l'emplacement du cirque d'Antioche ont mis au jour cinq tablettes de ce type (Fl. Heintz 1998, p. 339-341 ; *Id*. 2000 ; S. Trzcionka 2007, p. 39) dont une seule à ce jour a été déchiffrée et a fait l'objet d'une publication (A. Hollmann 2003). Par ailleurs, neuf figurines de plomb à l'effigie de chevaux et gravées d'un ou de deux noms complètent cet ensemble (Fl. Heintz 1999, p. 219-220). Sur la question de la magie dans le milieu des courses à Antioche, voir aussi *Or*. XXXV, 13 et notes afférentes. Une autre tablette de défixion

NOTES 167

trouvée à Antioche pendant la campagne de 1934 est déchiffrée et traduite (A. Hollmann 2011 ; M. Arbabzadah 2011) mais elle est sans relation avec le monde des courses.

66. La mention du bain dans un tel contexte signale l'importance de cette pratique sociale (B. Schouler 1984, p. 971-974) : au même titre qu'arrêter d'enseigner, d'offrir des démonstrations oratoires, de faire des visites et même de s'alimenter, ne plus fréquenter les bains signifie renoncer à toute vie sociale, voire à la vie même pour Libanios. D'ailleurs, dans *Or*. I, 246, la liste de ses renoncements dus à la souffrance physique et morale commence par la référence aux bains. Ceux-ci étaient nombreux à Antioche (C. Saliou 2000, p. 803-805 ; *Ead.*, 2014) et ils sont souvent mentionnés dans l'*Antiochicos* (voir *Or*. XI, n. 3 au § 212), qu'ils soient publics ou privés (§ 244-245), d'hiver ou d'été (§ 220 ; C. Saliou 2004) ou fonctionnant même après la tombée de la nuit (§ 257).

67. Le dernier mot du discours est le substantif que Libanios emploie régulièrement pour désigner les rétributions versées par les parents d'élèves. Voir *supra*, n. 38 au § 9.

INDEX NOMINUM

INDEX GRAECITATIS

Cet index regroupe les mots grecs qui font l'objet d'un commentaire. Les références renvoient au discours et au paragraphe concernés puis au numéro de la note.

TABLE DES MATIÈRES